增值税财税信息化实务案例集

谢 娜 编著

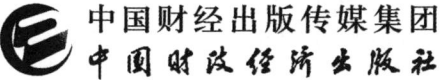

图书在版编目（CIP）数据

增值税财税信息化实务案例集/谢娜编著．--北京：中国财政经济出版社，2019.12
ISBN 978-7-5095-9491-9

Ⅰ.①增…　Ⅱ.①谢…　Ⅲ.①增值税-税收管理-管理信息系统-案例-中国　Ⅳ.①F812.424

中国版本图书馆 CIP 数据核字（2019）第 276922 号

责任编辑：张若丹　　　　　责任校对：李　丽

中国财政经济出版社 出版

URL：http://www.cfeph.com
E-mail：cfeac@cfemg.cn

（版权所有　翻印必究）

社址：北京市海淀区阜成路甲 28 号　邮政编码：100142
营销中心电话：010-88191522
天猫网店：中国财政经济出版社旗舰店
网址：http://zgczjjcbs.tmall.com
北京财经印刷厂印刷
710×1000 毫米　16 开　21.5 印张　413 000 字
2019 年 12 月第 1 版　2019 年 12 月北京第 1 次印刷
定价：75.00 元
ISBN 978-7-5095-9491-9
（图书出现印装问题，本社负责调换）
本社质量投诉电话：010-88190744
打击盗版举报热线：010-88191661　QQ：2242791300

前　　言

税务信息化的管理进入"金三后"时代，企业财税业务工作实际的知识和技能也需要进行更新和完善。在我国，财税业务不分家。本书以新的增值税纳税申报表填写为依据，以新企业会计准则和会计法为基础，针对企业的实际业务，通过大量案例使学生在短时间内掌握企业财税业务操作技能。

本书的主要内容包括：认识增值税，了解增值税征收管理的基本业务流程，掌握不同行业增值税纳税申报表的填写，掌握"金三后"纳税申报业务流程；掌握增值税特殊业务的会计处理方法，从筹集资金设立公司、企业日常经营活动、会计凭证的编制、财务核算、登记账簿、试算平衡，到编制财务报表、增值税纳税申报表全流程进行演练，使学生快速掌握企业财税技能。

本书的主要亮点有：第一，以营改增后最新的增值税纳税申报流程为主线，结合实际情况，分行业进行技能的模拟训练。案例丰富，可操作性强，结合最新的财税政策，承前启后，把握政策宗旨，重点分析和演练实际操作中可能遇到的问题和解决方法。第二，以丰富的案例为分析对象，跨行业从不同角度来分析解决复杂的问题，财税结合，账表结合，综合练习分析，思路清晰，循序渐进，更方便实际操作。

本书由广西财经学院谢娜总撰写、修改和定稿，蒙强负责主审，广西航天信息有限公司韦为协助编写。广西财经学院黄金萍和黄紫薇进行资料整理。在这里感谢航天信息股份有限公司的大力支持。由于时间有限，难免有不足之处，恳请读者批评指正，我们会持续进行更新和完善。

编者

2019 年 7 月

目 录

第一章 增值税基础 （1）
第一节 增值税概述 （1）
第二节 增值税征税范围 （3）
第三节 增值税税率与征收率 （7）
第四节 增值税计税方法 （13）
第五节 增值税一般纳税人和小规模纳税人的认定与管理 （16）

第二章 增值税实务操作 （20）
第一节 增值税会计科目的设置 （20）
第二节 营改增前后税负情况比较分析 （21）
第三节 增值税销项税额的确定与会计核算 （24）
第四节 增值税进项税额的确定与会计核算 （32）
第五节 增值税应纳税额的计算与会计核算 （41）
第六节 增值税特殊业务会计处理 （47）

第三章 增值税纳税申报 （61）
第一节 增值税纳税人分类 （61）
第二节 增值税申报期限和申报方式 （63）
第三节 增值税申报办理流程 （73）

第四章 增值税一般纳税人纳税申报表填写 （78）
第一节 主表《增值税纳税申报表（一般纳税人适用）》的填写 （78）
第二节 《增值税纳税申报表附列资料（一）》（本期销售情况明细）的填写 （86）
第三节 简易计税报表的填写 （94）
第四节 《增值税纳税申报表附列资料（三）》（服务、不动产和无形资产扣除项目明细）的填写 （100）

第五节 《增值税纳税申报表附列资料（二）》（本期进项税额明细）
　　　　的填写 ··· (103)

第五章 税额抵减、减免情况表的填写 ··· (113)
第一节 《增值税纳税申报表附列资料（四）》（税额抵减情况表）
　　　　的填写 ··· (113)
第二节 《增值税减免税申报明细表》的填写 ··· (118)

第六章 小规模纳税人纳税申报表填写 ·· (121)
第一节 小规模纳税人纳税申报表主表的填写 ··· (121)
第二节 小规模纳税人申报表选填说明 ·· (130)
第三节 小规模纳税人申报时间及报送资料 ·· (139)

第七章 一般纳税人申报表填写实例 ··· (149)
第一节 商贸企业填写案例 ··· (149)
第二节 生活服务业企业填写实例 ·· (158)
第三节 建筑业企业填写实例 ·· (167)
第四节 房地产企业填写实例 ·· (178)
第五节 金融企业申报实例 ··· (189)

第八章 增值税网上申报 ·· (200)
第一节 增值税一般纳税人网上申报流程 ··· (200)
第二节 增值税小规模纳税人网上申报流程 ·· (214)

第九章 一般企业财务报表格式 ·· (225)
第一节 企业财务报表填写说明 ··· (225)
第二节 一般企业财务报表格式 ··· (226)

第十章 综合实战演练 ··· (234)
第一节 综合案例一 ·· (234)
第二节 综合案例二 ·· (250)
第三节 综合案例三 ·· (265)
第四节 综合案例四 ·· (289)
第五节 综合案例五 ·· (311)

第一章

增值税基础

第一节 增值税概述

一、增值税基本概念

增值税是以商品（含应税劳务和应税行为）在流转过程中产生的增值额作为征税对象而征收的一种流转税。按照我国增值税法的规定，增值税是对在我国境内销售货物或者提供加工、修理修配劳务（以下简称"应税劳务"），销售服务（交通运输服务、邮政服务、电信服务、建筑服务、金融服务、现代服务、生活服务）、无形资产或者不动产（以下简称"应税行为"）以及进口货物的企业单位和个人，就其销售货物、提供应税劳务、应税行为的增值额和货物进口金额为计税依据而课征的一种流转税。

增值税之所以能够在世界上众多国家推广，是因为其可以有效地防止商品在流转过程中的重复征税问题，并使其具备保持税收中性、普遍征收、税收负担由最终消费者承担、实行税款抵扣制度、实行比例税率、实行价外税制度等特点。我国现在采用的是消费型增值税。

经国务院批准，我国自 2016 年 5 月 1 日起已经在全国范围内全面推开营改增试点，建筑业、房地产业、金融业、生活服务业等全部营业税纳税人纳入试点范围，由缴纳营业税改为缴纳增值税。

增值税征收通常包括生产、流通或消费过程中的各个环节，是基于增值额或差价为计税依据的中性税种。从计税原理上说，增值税是对商品生产、流通、劳务服务中多个环节的新增价值或商品的附加值征收的一种流转税。增值税实行价外税，也就是由消费者负担，有增值才征税，没有增值不征税。增值税已经成为我国最主要的税种之一。增值税由国家税务局负责征收，税收收入中 50% 为中央财政收入，50% 为地方收入。进口环节的增值税由海关负责征收，税收收入全部为中央财政收入。

根据对外购固定资产所含税金扣除方式的不同，增值税可以分为：

1. 生产型增值税。生产型增值税指在征收增值税时，只能扣除属于非固定资产项目的那部分生产资料的税款，不允许扣除固定资产价值中所含有的税款。该类型增值税的征税对象大体上相当于国民生产总值，因此，称为生产型增值税。

2. 收入型增值税。收入型增值税指在征收增值税时，只允许扣除固定资产折旧部分所含的税款，未提折旧部分不得计入扣除项目金额。该类型增值税的征税对象大体上相当于国民收入，因此，称为收入型增值税。

3. 消费型增值税。消费型增值税指在征收增值税时，允许将固定资产价值中所含的税款全部一次性扣除。这样，就整个社会而言，生产资料都排除在征税范围之外。该类型增值税的征税对象仅相当于社会消费资料的价值。因此，称为消费型增值税。我国从2009年1月1日起，在全国所有地区实施消费型增值税。

怎样区分价内税和价外税？

我们在计算需要缴纳多少税的时候，需要根据价格乘以税率，一般认为，凡税金构成价格组成部分的，称为价内税，比如消费税；凡税金作为价格之外附加的，称为价外税，比如增值税。与之相对应，价内税的计税依据为含税价格，价外税的计税依据称为不含税价格。

此外，由于征收价内税的商品的特殊定价机制，随着商品的流转还会出现"税上加税"的重复征税问题，且流通环节越多，问题越严重。

相比而言，价外税的税款是独立于商品的价格的，且形式公开、数额固定，很容易在人们的心理上产生较大的税负压力。但是价外税对价格的影响较小，是一种中性的税收，加之转嫁渠道安全流畅，不存在重复征税等问题，所以具有广阔的发展空间，必将成为越来越多国家流转税的主要形式。

二、小结练习

【单选题】下列不属于增值税特点的是（　　）。
A. 保持税收中性
B. 普遍征收
C. 实行价内税制度
D. 实行税款抵扣制度
【答案】C

第二节 增值税征税范围

根据《中华人民共和国增值税暂行条例》（以下简称《增值税暂行条例》）和《营业税改征增值税试点实施办法》的规定，在中华人民共和国境内（以下简称"境内"）销售货物、提供应税劳务、应税行为以及进口货物的单位和个人，为增值税的纳税人，纳税人应当依照《增值税暂行条例》的规定缴纳增值税。增值税的征税范围包括在境内销售货物、提供应税劳务、应税行为以及进口货物。

一、征税范围的一般规定

（一）销售或进口的货物

货物是指有形动产，包括电力、热力、气体在内。

（二）提供的加工、修理修配劳务

加工是指受托加工货物，即委托方提供原料及主要材料，受托方按照委托方的要求制造货物并收取加工费的业务；修理修配是指受托对损伤和丧失功能的货物进行修复，使其恢复原状和功能的业务。

（三）应税行为

应税行为包括销售服务、无形资产或者不动产。具体见表1-1。

表1-1　　　　　　　　　　应税行为的具体范围

交通运输服务	陆路运输服务	通过陆路（地上或地下）运送货物或者旅客的运输业务活动，包括铁路运输、公路运输、缆车运输、索道运输及其他陆路运输；出租车公司向使用本公司自有出租车的出租车司机收取的管理费用，属于陆路运输
	水路运输服务	通过江、河、湖、川等天然、人工水道或者海洋航道运送货物或者旅客的运输业务活动；水路运输的程租、期租业务，属于水路运输服务
	航空运输服务	通过空中航线运送货物或者旅客的运输业务活动；航空运输的湿租业务，属于航空运输服务
	管道运输服务	通过管道设施输送气体、液体、固体物质的运输业务活动
	无运输工具承运业务，按照交通运输服务缴纳增值税	

续表

建筑服务	工程服务	是指新建、改建各种建筑物、构筑物的工程作业
	安装服务	是指生产设备、动力设备、起重设备、运输设备、传动设备、医疗实验设备以及其他各种设备、设施的装配、安置工程作业；固定电话、有线电视、宽带、水、电、燃气、暖气等经营者向用户收取的安装费、初装费、开户费、扩容费以及类似收费，按照安装服务缴纳增值税
	修缮服务	是指对建筑物、构筑物进行修补、加固、养护、改善，使之恢复原来的使用价值或者延长其使用期限的工程作业
	装饰服务	是指对建筑物、构筑物进行修饰装修，使之美观或者具有特定用途的工程作业
	其他建筑服务	是指上列工程作业之外的各种工程作业服务；钻井、打井、拆除建筑物、平整土地、园林绿化、疏浚（不含航道疏浚）、建筑物平移、搭脚手架、爆破、矿山穿孔、表面附着物剥离和清理等
金融服务	贷款服务	是指将资金贷与他人使用而取得利息收入的业务活动；各种占用、拆借资金取得的收入，包括金融商品持有期间（含到期）利息（保本收益、报酬、资金占用费、补偿金等）收入、信用卡透支利息收入、买入返售金融商品利息收入、融资融券收取的利息收入，以及融资性售后回租、押汇、罚息、票据贴现、转贷等业务取得的利息及利息性质的收入，按照贷款服务缴纳增值税
	直接收费金融服务	是指为货币资金融通及其他金融业务提供相关服务并且收取费用的业务活动。［包括提供货币兑换、账户管理、电子银行、信用卡、信用证、财务担保、资产管理、信托管理、基金管理、金融交易场所（平台）管理、资金结算、资金清算、金融支付等服务］
	保险服务	人身保险服务和财产保险服务
	金融商品转让	指转让外汇、有价证券、非货物期货和其他金融商品所有权的业务活动。其他金融商品转让，包括基金、信托、理财产品等各类资产管理产品和各种金融衍生品的转让
现代服务	广播影视服务	包括广播影视节目（作品）的制作服务、发行服务和播映（含放映）服务
	研发和技术服务	包括研发服务、合同能源管理服务、工程勘察勘探服务、专业技术服务
	信息技术服务	利用计算机、通信网络等技术对信息进行生产、收集、处理、加工、存储、运输、检索和利用，并提供信息服务的业务活动。包括软件服务、电路设计及测试服务、信息系统服务、业务流程管理服务和信息系统增值服务

续表

现代服务	文化创意服务	包括设计服务、知识产权服务、广告服务和会议展览服务
	物流辅助服务	包括航空服务、港口码头服务、货运客运场站服务、打捞救助服务、装卸搬运服务、仓储服务和收派服务
	租赁服务	包括融资租赁服务和经营租赁服务（水路运输的光租业务、航空运输的干租业务，属于有形动产经营性租赁）
	鉴证咨询服务	包括认证服务、鉴证服务和咨询服务（翻译服务和市场调查服务属于咨询服务。不包括劳务派遣）
	商务辅助服务	包括企业管理服务、经纪代理服务、人力资源服务、安全保护服务
	其他现代服务	指除研发和技术服务、信息技术服务、文化创意服务、物流辅助服务、租赁服务、鉴证咨询服务、广播影视服务和商务辅助服务以外的现代服务
电信服务	基础电信服务	指利用固网、移动网、卫星、互联网，提供语音通话服务的业务活动，以及出租或者出售带宽、波长等网络元素的业务活动
	增值电信服务	指利用固网、移动网、卫星、互联网、有线电视网络，提供短信和彩信服务、电子数据和信息的传输及应用服务、互联网接入服务等业务活动。卫星电视信号落地转接服务，按照增值电信服务计算缴纳增值税
邮政服务	邮政普遍服务	指函件、包裹等邮件寄递，以及邮票发行、报刊发行和邮政汇兑等业务活动
	邮政特殊服务	指义务兵平常信函、机要通信、盲人读物和革命烈士遗物的寄递等业务活动
	其他邮政服务	指邮册等邮品销售、邮政代理等业务活动
生活服务	文化体育服务	包括文化服务和体育服务
	教育医疗服务	包括教育服务和医疗服务
	旅游娱乐服务	包括旅游服务和娱乐服务
	餐饮住宿服务	包括餐饮服务和住宿服务
	居民日常服务	是指主要为满足居民个人及其家庭日常生活需求提供的服务
	其他生活服务	是指除文化体育服务、教育医疗服务、旅游娱乐服务、餐饮住宿服务和居民日常服务之外的生活服务
销售无形资产	无形资产	是指不具实物形态，但能带来经济利益的资产，包括技术、商标、著作权、商誉、自然资源使用权和其他权益性无形资产
	技术	包括专利技术和非专利技术
	自然资源使用权	包括土地使用权、海域使用权、探矿权、采矿权、取水权和其他自然资源使用权

销售服务，是指提供交通运输服务、邮政服务、电信服务、建筑服务、金融服务、现代服务、生活服务。

销售无形资产，是指转让无形资产所有权或者使用权的业务活动。无形资产，是指不具实物形态，但能带来经济利益的资产，包括技术、商标、著作权、商誉、自然资源使用权和其他权益性无形资产。

销售不动产，是指转让不动产所有权的业务活动。不动产，是指不能移动或者移动后会引起性质、形状改变的财产，包括建筑物、构筑物等。

二、征税范围的特殊规定

（一）视同销售行为

1. 将货物交付其他单位或个人代销；
2. 销售代销货物；
3. 设有两个以上机构并实行统一核算的纳税人，将货物从一个机构移送至其他机构用于销售，但相关机构设在同一县（市）的除外；
4. 将自产或委托加工的货物用于非增值税应税项目；
5. 将自产、委托加工的货物用于集体福利或个人消费；
6. 将自产、委托加工或购买的货物作为投资提供给其他单位或个体经营者；
7. 将自产、委托加工或购买的货物分配给股东或投资者；
8. 将自产、委托加工或购买的货物无偿赠送其他单位或者个人；
9. 财政部和国家税务总局规定的其他情形。

（二）视同应税行为（销售服务、无形资产或者不动产）

1. 单位或者个体工商户向其他单位或者个人无偿提供服务，但用于公益事业或者以社会公众为对象的除外。
2. 单位或者个人向其他单位或者个人无偿转让无形资产或者不动产，但用于公益事业或者以社会公众为对象的除外。
3. 财政部和国家税务总局规定的其他情形。

（三）混合销售

一项销售行为如果既涉及货物又涉及服务，为混合销售。从事货物的生产、批发或者零售的单位和个体工商户的混合销售行为，按照销售货物缴纳增值税；其他单位和个体工商户的混合销售行为，按照销售服务缴纳增值税。

上述从事货物的生产、批发或者零售的单位和个体工商户，包括以从事货物的生产、批发或者零售为主，并兼营销售服务的单位和个体工商户在内。

（四）兼营

纳税人兼营销售货物、劳务、服务、无形资产或者不动产，适用不同税率或者征收率的,应当分别核算适用不同税率或者征收率的销售额;未分别核算的,从高适用税率。

三、小结练习

1.【多选题】 以下属于增值税视同销售行为的有(　　)。
A. 将货物交付其他单位或个人代销
B. 将自产、委托加工的货物用于集体福利或个人消费
C. 自产、委托加工或购买的货物分配给股东或投资者
D. 自产、委托加工或购买的货物无偿赠送其他单位或者个人
【答案】ABCD

2.【多选题】 甲公司当月发生的下列业务中,应按"销售货物"申报缴纳增值税的有(　　)。
A. 销售小汽车内部装饰品
B. 销售小汽车零配件
C. 提供汽车维修服务
D. 销售进口小汽车
【答案】ABD
【解析】选项C:按照"提供加工、修理修配劳务"申报缴纳增值税。

第三节　增值税税率与征收率

一、税率

根据财政部、税务总局、海关总署《关于深化增值税改革有关政策的公告》,自2019年4月1日起,将制造业等行业现行16%的税率降至13%,将交通运输业、建筑业等行业现行10%的税率降至9%;保持6%一档的税率不变。

(一)基本税率

增值税一般纳税人销售或者进口货物,提供加工、修理修配劳务,除低税率适用范围外,税率一律为13%。这就是通常所说的基本税率。

(二)低税率

1. 增值税一般纳税人销售或者进口下列货物,按低税率9%计征增值税。
(1)粮食、食用植物油。
(2)自来水、暖气、冷气、热水、煤气、石油液化气、天然气、沼气、居民用煤炭制品。

(3) 图书、报纸、杂志。

(4) 饲料、化肥、农药、农机、农膜。

(5) 国务院及其有关部门规定的其他货物。

2. 零税率。

纳税人出口货物和财政部、国家税务总局规定的应税行为，税率为零；但是，国务院另有规定的除外。

(三) 营改增一般纳税人增值税税率

(1) 纳税人发生应税行为，除第 (2) 项、第 (3) 项、第 (4) 项规定外，税率为6%。

(2) 提供交通运输、邮政、基础电信、建筑、不动产租赁服务，销售不动产，转让土地使用权，税率为9%。

(3) 提供有形动产租赁服务，税率为13%。

(4) 境内单位和个人发生的跨境应税行为，税率为零。具体范围由财政部和国家税务总局另行规定。

二、征收率

增值税对小规模纳税人及一些特殊情况采用简易征收办法，对小规模纳税人及特殊情况适用的征收比例称为征收率。

增值税征收率为3%，财政部和国家税务总局另有规定的除外。

注意：营改增纳税人除部分不动产销售和租赁行为的征收率为5%以外，小规模纳税人发生的应税行为以及一般纳税人发生特定应税行为，增值税征收率为3%。具体规定见表1-2。

表1-2　　　　　　　　增值税——税率与征收率

	税率
基本税率13%	销售或进口货物（列举的低税率和零税率除外）、提供劳务、有形动产租赁服务
低税率9%	销售或进口老百姓生活离不开的：①粮食（农产品）；②水、气（自来水、暖气、煤气、天然气等）；③精神食粮（图书、报纸、杂志、音像制品、电子出版物）；④饲料、化肥、农药、农机、农膜；⑤食用盐
	销售服务中交通运输业、邮政服务业、建筑业、基础电信、不动产租赁、销售不动产、转让土地使用权
低税率6%	销售服务中现代服务（租赁服务除外）、增值电信、金融服务、生活服务、销售无形资产（不含转让土地使用权，含转让补充耕地指标）

续表

税率	
零税率	纳税人出口货物
	境内单位和个人跨境销售国务院规定的服务（航天运输服务、完全在境外消费的研发服务、合同能源管理服务、设计服务、广播影视制作和发行服务、软件服务、电路设计及测试服务、信息系统服务、转让技术等）、无形资产
	按国家规定取得相关资质的国际运输服务

注：（1）销售劳务只可能按基本税率13%或征收率3%；
（2）征收率不仅适用于小规模纳税人，一般纳税人在某些情况下也可以适用

征收率	
法定征收率3%	小规模纳税人
	一般纳税人适用简易征收办法的
	某些特殊销售项目按3%征收率减按2%征收增值税
	适用5%征收率以外的
特殊征收率5%	2016年5月1日全面营改增后的特殊项目
	房和地的租售
	个人出租住房，按5%减按1.5%计算应纳税额
	一般纳税人和小规模纳税人提供劳务派遣服务选择差额纳税的
	一般纳税人提供人力资源外包服务，选择简易计税办法的

征收率的特殊政策	
征收率框架	3%减按2%的情形
	5%减按1.5%的情形
	差额征税的情形
	一般纳税人必须选择简易计税的情形
	一般纳税人可以选择简易计税依照3%征收率的情形
	全面营改增过程中的特殊项目，适用5%征收率的情形
3%减按2%	（1）一般纳税人销售自己使用过的属于不得抵扣且未抵扣进项税额的固定资产
	（2）小规模纳税人销售自己使用过的固定资产
	（3）纳税人销售旧货（旧货专营单位）
5%减按1.5%	个人出租住房
差额征税的情形	（1）提供物业管理服务的纳税人，向服务接受方收取自来水水费，以扣除其对外支付的自来水水费后的余额为销售额（差额征税），按3%缴纳
	（2）一般纳税人和小规模纳税人提供劳务派遣服务，以取得的全部价款和价外费用为销售额，按照3%缴纳；也可以选择差额纳税，以取得的全部价款和价外费用，扣除代用工单位支付给劳务派遣员工的工资、福利等按简易计税5%计算

续表

	征收率的特殊政策
一般纳税人必须选择简易计税的情形	（1）自来水公司销售自来水（必须选择）
	（2）寄售商店代销寄售物品（必须选择，包括居民个人寄售的物品在内，居民个人销售自己使用过的物品属于法定免税范畴）
	（3）典当业销售死当物品（必须选择）
一般纳税人可以选择简易计税依照3%征收率的情形	（1）县级及县级以下小型水力发电单位（装机容量为5万千瓦以下）生产的自产电力
	（2）自产建筑用和生产建筑材料所用的砂、土、石料
	（3）以自己采掘的砂、土、石料或其他矿物连续生产的砖、瓦、石灰
	（4）自己用微生物、微生物代谢产物、动物毒素、人或动物的血液或组织制成的生物制品
	（5）单采血浆站销售非临床用人体血液
	（6）药品经营企业销售生物制品
	（7）自产的自来水
	（8）公共交通运输服务（轮客渡、公交、地铁、出租车等，不含铁路运输）
	（9）经认定的动漫企业为开发动漫产品提供的动漫脚本编撰、形象设计、背景设计、动画设计等
	（10）电影放映、仓储服务、装卸搬运服务、收派服务、文化体育服务
	（11）资管产品管理人运营资管产品过程中发生的增值税应税行为
	（12）提供非学历教育、教育辅助服务
	（13）以清包工方式提供建筑服务
	（14）销售电梯的同时提供安装服务，其安装服务可以按照甲供工程选择适用简易计税（对安装运行后的电梯提供的维护保养服务，按照"其他现代服务"缴纳增值税）
	（15）自2018年5月1日起，增值税一般纳税人生产销售和批发、零售抗癌药品
	（16）2019年3月1日起，增值税一般纳税人生产、销售和批发、零售罕见病药品
	（17）非企业性单位中的一般纳税人提供的研发和技术服务、信息技术服务、鉴证咨询服务，以及销售技术、著作权等无形资产，可以选择简易计税方法按3%征收率；非企业性单位中的一般纳税人提供技术转让、技术开发和与之相关的技术咨询、技术服务，可以选择简易计税方法按照3%征收率

续表

征收率的特殊政策	
全面营改增后特殊项目，适用5%征收率的情形（房和地的租售、劳务派遣、人力外包）	（1）一般纳税人（选择）、小规模纳税人、其他个人（减按1.5%）取得的不动产经营租赁收入
	（2）一般纳税人选择简易计税方法的不动产销售（不是房地产开发企业）
	（3）小规模纳税人销售自建或取得的不动产
	（4）其他个人销售其取得的不动产（不含自建，不含购买的住房）
	（5）房地产开发企业中的小规模纳税人销售自行开发的房地产项目
	（6）一般纳税人2016年4月30日以前签订的不动产融资租赁合同，或以2016年4月30日前取得的不动产提供的融资租赁服务
	（7）纳税人转让2016年4月30日以前取得的土地使用权
	（8）一般纳税人提供人力资源外包服务，选择简易计税办法的
	（9）一般纳税人和小规模纳税人提供劳务派遣服务，以取得的全部价款和价外费用为销售额，按照3%缴纳；也可以选择差额纳税，以取得的全部价款和价外费用，扣除代用工单位支付给劳务派遣员工的工资、福利等按简易计税5%计算
	（10）一般纳税人收取试点前开工的一级公路、二级公路、桥、闸通行费，选择简易计税方法的

三、小结练习

1.【多选题】 甲公司是增值税一般纳税人，主营餐饮服务，2019年5月，取得销售收入10万元，出售使用过的2009年之前购买的固定资产，取得收入10 000元，下列说法正确的有( )。

A. 餐饮收入应交增值税5 660.8元

B. 餐饮收入应交增值税14 529.91元

C. 出售固定资产应交增值税194.17元

D. 出售固定资产应交增值税192.31元

【答案】 AC

2.【多选题】 下列属于增值税税率的有( )。

A. 13%   B. 9%   C. 6%   D. 3%

【答案】 ABC

3.【多选题】 某航空公司为增值税一般纳税人，2019年7月取得的含税收入包括航空培训收入57.72万元、航空摄影收入222.6万元、湿租业务收入196.2万元、干租业务收入237.3万元。该公司计算的下列增值税销项税额，正确的有( )。

A. 航空培训收入的销项税额 5.72 万元

B. 航空摄影收入的销项税额 12.6 万元

C. 湿租业务收入的销项税额 19.8 万元

D. 干租业务收入的销项税额 27.3 万元

【答案】BCD

【解析】航空摄影、航空培训，属于物流辅助服务，税率为 6%；湿租业务属于交通运输服务，税率为 9%；干租业务属于有形动产租赁服务，税率为 13%。

选项 A，航空培训收入的销项税额 = 57.72 ÷ (1 + 6%) × 6% = 3.27 (万元)

选项 B，航空摄影收入的销项税额 = 222.6 ÷ (1 + 6%) × 6% = 12.6 (万元)

选项 C，湿租业务收入的销项税额 = 196.2 ÷ (1 + 9%) × 9% = 16.2 (万元)

选项 D，干租业务收入的销项税额 = 237.3 ÷ (1 + 13%) × 13% = 27.3 (万元)

2019 年最新税率与征收率如表 1-3 所示。

表 1-3　　2019 年最新税率与征收率

序号	税目	税率
	税率	
1	销售或者进口货物（除 9~12 项外）	13%
2	加工、修理修配劳务	13%
3	有形动产租赁服务	13%
4	不动产租赁服务	9%
5	销售不动产	9%
6	建筑服务	9%
7	运输服务	9%
8	转让土地使用权	9%
9	饲料、化肥、农药、农机、农膜	9%
10	粮食等农产品、食用植物油、食用盐	9%
11	自来水、暖气、冷气、热水、煤气、石油液化气、天然气、二甲醚、沼气、居民用煤炭制品	9%
12	图书、报纸、杂志、音像制品、电子出版物	9%
13	邮政服务	9%
14	基础电信服务	9%

续表

序号	税目	税率
税率		
15	增值电信服务	6%
16	金融服务	6%
17	现代服务	6%
18	生活服务	6%
19	销售无形资产（除土地使用权外）	6%
20	出口货物	0
21	跨境销售国务院规定范围内的服务、无形资产	0
征收率		
1	销售货物	3%
2	加工、修理修配劳务	3%
3	销售服务（除另有规定外）	3%
4	销售无形资产	3%
5	销售不动产	5%

第四节 增值税计税方法

增值税计税方法总结如表1-4所示。

表1-4 增值税计税方法

类型	适用范围	应纳税额
一般计税方法	一般纳税人	当期应纳增值税=当期销项税额-当期进项税额
简易计税方法	①小规模纳税人；②一般纳税人特定销售项目	当期应纳增值税=当期销售额×征收率
扣缴计税方法	境外单位或个人在境内提供应税劳务，在境内未设有经营机构	应扣缴增值税=接受方支付的价款÷（1+税率）×税率

一、一般纳税人适用的计税方法

一般纳税人销售货物或者提供应税劳务和应税行为适用一般计税方法计税。其计算公式是：

当期应纳增值税税额=当期销项税额-当期进项税额

= 销售额 × 税率 – 当期进项税额

纳税人销售货物或提供应税劳务和应税服务，按照销售额和规定的税率计算并向购买方收取的增值税税额为销项税额。

（一）销售额的一般规定

1. 销售额为纳税人销售货物或提供应税劳务向购买方收取的全部价款和价外费用。

2. 所谓价外费用，包括销售方在价外向购买方收取的手续费、补贴、基金、集资费、返还利润、奖励费、违约金、滞纳金、延期付款利息、赔偿金、代收款项、代垫款项、包装费、包装物租金、储备费、优质费、运输装卸费以及其他各种性质的价外收费。

一般计税方法的销售额不包括销项税额，纳税人采用销售额和销项税额合并定价方法的，按照下列公式计算销售额：

不含税销售额 = 含税销售额 ÷ （1 + 税率）

含税销售额的换算情况有：

（1）价税合计金额；

（2）商业企业零售价；

（3）普通发票上注明的销售额；

（4）价外费用视为含税收入；

（5）逾期包装物押金。

但是一般纳税人销售或提供财政部和国家税务总局规定的特定的销售货物、应税服务、应税行为，可以选择适用简易计税方法计税，一经选择，36个月内不得变更。

（二）特殊方式下的销售额

1. 采取折扣方式销售（见表 1–5）。

表 1–5　　　　　　　　　特殊销售方式的税务处理

方式	税务处理
折扣销售（商业折扣）	①销售额和折扣额在同一张发票上的"金额"栏分别注明的，可按折扣后的销售额征收增值税； ②未在同一张发票"金额"栏注明折扣额，而仅在发票的"备注"栏注明折扣额的，折扣额不得从销售额中减除
销售折扣（现金折扣）	①不得从销售额中减除现金折扣额； ②现金折扣计入"财务费用"
销售折让	货物销售后，由于其品种、质量等原因购货方未予退货，但销货方需给予购货方的一种价格折让，税法承认。按规定开具红字发票，可以从销售额中减除折让额

2. 采取以旧换新方式销售（见表1-6）。

表1-6　　　　　　　　以旧换新销售方法的税务处理

类型	税务处理
除金银首饰外所有的增值税应税货物	按新货物同期销售价格确定销售额，不得扣减旧货物的收购价格
金银首饰	可按销售方实际收取的不含增值税的全部价款征收增值税（不含税的差额部分）（同消费税）
以旧换新	以销售新货物的销售额为销售额，不能扣减回收旧货的金额

二、小规模纳税人适用的计税方法

小规模纳税人销售货物提供应税劳务和应税行为适用简易计税方法计税。简易计税方法的公式是：

当期应纳增值税额 = 当期销售额（不含增值税）× 征收率

1. 一般业务：

增值税税额 = 售价 ÷ （1 + 3%）× 3%

2. 销售自己使用过的固定资产或旧货：

增值税税额 = 售价 ÷ （1 + 3%）× 2%

需要说明的是：纳税人（一般纳税人/小规模纳税人）销售自己使用过的不得抵扣且未抵扣过进项税的固定资产可以放弃减税，按照简易办法依照3%征收率缴纳增值税，并可开具或由主管税务机关代开增值税专用发票

三、小结练习

1.【单选题】甲公司是增值税一般纳税人，取得不含税销售收入10 000元，适用增值税税率13%，购进电脑5 000元（含税）用于职工福利，本月应交增值税（　　）元。

A. 1 300　　　　　B. 726.50　　　　　C. 973.50　　　　　D. 900

【答案】A

2.【单选题】甲服装厂为增值税一般纳税人，2019年9月销售给乙企业300套服装，不含税价格为700元/套，适用增值税税率13%。由于乙企业购买数量较多，甲服装厂给予乙企业7折的优惠，并按原价开具了增值税专用发票，折扣额在同一张发票的"备注"栏注明。甲服装厂当月的销项税额为（　　）元。

A. 19 100　　　　B. 27 300　　　　C. 36 890　　　　D. 47 600

【答案】B

【解析】甲服装厂当月的销项税额＝700×300×13%＝27 300（元）。

3. 【多选题】根据增值税法律制度的规定，一般纳税人以下销售行为中，可以选择按照简易计税方法计算增值税的有（　　）。

　　A. 自来水厂销售自产的自来水
　　B. 县级以下小型水力发电站销售生产的电力
　　C. 食品厂销售的食用植物油
　　D. 煤气公司销售的煤气

【答案】AB

【解析】一般纳税人销售自产的下列货物，可以选择按照简易办法依照3%征收率计算缴纳增值税：（1）县级及县级以下小型水力发电单位生产的电力；（2）建筑用和生产建筑材料所用的砂、土、石料；（3）以自己采掘的砂、土、石料或其他矿物连续生产的砖、瓦、石灰（不含黏土实心砖、瓦）；（4）用微生物、微生物代谢产物、动物毒素、人或动物的血液或组织制成的生物制品；（5）自来水；（6）商品混凝土（仅限于以水泥为原料生产的水泥混凝土）。

4. 【计算题】某百货公司家电部以旧换新销售电冰箱10台，新冰箱零售价3 159元/台，旧冰箱100元/台；其金银首饰部采取以旧换新方式向消费者销售金项链10条，每条新项链的零售价格为3 000元，每条旧项链作价1 800元，每条项链取得差价款1 200元，则：

　　电冰箱销售额＝3 159×10÷（1+13%）＝27 955.75（元）
　　项链销售额＝1 200×10÷（1+13%）＝10 619.47（元）

第五节　增值税一般纳税人和小规模纳税人的认定与管理

一、一般纳税人与小规模纳税人身份的选择

按照现行税法的规定，增值税一般纳税人和小规模纳税人采用了不同的征收办法。一般纳税人按照13%、9%、6%的税率，以销项税额抵减进项税额的方式计算应纳税额；小规模纳税人则以销售额乘以3%征收率的方式计算应纳税额。那么，究竟是一般纳税人的税收负担重，还是小规模纳税人的税收负担重呢？其实国家在进行税收制度设计时，是根据一般纳税人的税收负担率设计的小规模纳税人的征收率，所以总体而言，增值税一般纳税人的税收负担与小规模纳税人的税收负担是基本相同的。但是在总体税收负担基本相同的情况下，由于企业的具体情况不同，所以对于不同类型的企业而言，一般纳税人和小规模纳税人的增值税税收负担是不同的。

　　一般纳税人应纳税额＝销项税额－进项税额

= 含税销售额 ÷（1 + 增值税税率）× 增值税税率 − 可抵扣项目金额 × 增值税税率

小规模纳税人应纳税额 = 含税销售额 ÷（1 + 增值税征收率）× 增值税征收率

从以上公式我们可以看到，可以抵扣的进项税额越多，按照一般纳税人纳税税负越轻，可以抵扣的进项税额越少，按照小规模纳税人纳税税负越轻。

增值税纳税企业在成立之初，在决定是否办理一般纳税人资格认定时需要注意以下问题：

1. 除个人外，如果年销售额超过一般纳税人的标准，则纳税人没有任何选择的余地，一定要根据国家的规定及时办理一般纳税人的认定手续，否则企业将按照增值税一般纳税人的适用税率计算应纳税额，且不得抵扣进项税额，不得使用增值税专用发票。而且企业一旦被认定为一般纳税人，除另有规定外，不得转为小规模纳税人。因此，如果企业在经营过程中可以抵扣的进项税额较少，增值额销项税额较高的话，那么按照一般纳税人纳税税负较重。如果企业不想被认定为一般纳税人，需要提前将企业拆分成若干个小规模纳税人。只有纳税人的销售额低于一般纳税人的标准，且会计与税务核算不健全时，以及非企业性单位、不经常发生应税行为的企业，纳税人才有在一般纳税人和小规模纳税人身份中进行选择的余地，其他条件下纳税人是没有选择的权利的。

2. 在纳税人有选择余地时需要根据下列因素进行选择：

（1）企业原材料种类、获得服务的类型、采购途径及所获得的增值税扣税凭证情况。企业从一般纳税人采购，取得增值税专用发票时可以按照税率抵扣进项税额；企业从小规模纳税人处购入的原材料，即使能够取得税务机关代开的增值税专用发票，也只能按照购进价格的3%抵扣进项税额，如果只能取得普通发票，则无法抵扣进项税额。因此，原材料种类、获得服务的类型，采购途径及所获得的增值税扣税凭证情况直接影响企业的进项税额抵扣，影响增值税税负。

（2）企业的客户。如果企业的客户以一般纳税人为主，则企业在销售的过程中就需要向客户开具增值税专用发票，如果企业本身不是一般纳税人，无法开具增值税专用发票，将影响客户进项税额的抵扣，进而影响产品的销售和企业未来的发展。

企业只有全面考虑以上因素后，权衡利弊，才能对纳税人的身份作出正确的决策。

二、一般纳税人与小规模纳税人的登记和管理

（一）办理一般纳税人资格登记的程序

一般纳税人资格实行登记制，登记事项由纳税人向其主管税务机关办理。程序如下：

1. 纳税人向主管税务机关填报《增值税一般纳税人资格登记表》，并提供税务登记证件（包括纳税人领取的由工商行政管理部门核发的加载法人和其他组织统一社会信用代码的营业执照）。

2. 纳税人填报内容与税务登记信息一致的，主管税务机关当场登记。

3. 纳税人填报内容与税务登记信息不一致，或者不符合填列要求的，税务机关应当场告知纳税人需要补正的内容。

（二）申请一般纳税人资格的条件

年应税销售额未超过规定标准的纳税人，会计核算健全，能够提供准确税务资料的，可以向主管税务机关办理一般纳税人资格登记，成为一般纳税人。营改增试点实施前应税行为年销售额未超过500万元的试点纳税人，如会计核算健全，能够提供准确税务资料的，也可以向主管税务机关申理增值税一般纳税人资格登记。

试点纳税人试点实施前的应税行为年销售额用以下公式换算：

应税行为年销售额 = 连续不超过12个月应税行为营业额合计 ÷ （1 + 3%）

按规定差额征收营业税的试点纳税人，上述公式中"应税行为营业额"按未扣除前的营业额计算。

会计核算健全，是指能够按照国家统一的会计制度规定设置账簿，根据合法、有效凭证核算。

能够准确提供税务资料，是指能够按规定如实填报增值税纳税申报表及其他相关资料，并按期进行申报纳税。

（三）下列纳税人不办理一般纳税人资格认定

1. 个体工商户以外的其他个人；
2. 选择按照小规模纳税人纳税的非企业性单位；
3. 选择按照小规模纳税人纳税的不经常发生应税行为的企业。

（四）一般纳税人资格登记管理的所在地

纳税人应当向其机构所在地主管税务机关申请一般纳税人资格认定。

三、小结练习

1.【多选题】 下列关于增值税小规模纳税人的表述正确的有(　　)。

A. 实行简易征收办法

B. 不得自行开具或向税务机关申请代开增值税专用发票

C. 不得抵扣进项税额

D. 一经认定为小规模纳税人，不得再转为一般纳税人

【答案】 AC

2.【多选题】 认定一般纳税人资格依据的年应税销售额是指纳税人在连续不超过 12 个月的经营期内累计应征增值税销售额，包括(   )。

A. 纳税申报销售额　　　　　　　B. 稽查查补销售额
C. 纳税评估调整销售额　　　　　D. 免税销售额

【答案】 ABCD

3.【多选题】 增值税纳税人身份划分标准为(   )。

A. 从事货物生产或者提供应税劳务的纳税人，年应征增值税销售额在 500 万元以下为小规模纳税人
B. 营改增应税服务年应税销售额在 500 万元以上的为一般纳税人
C. 从事货物批发或者零售的纳税人，年应征增值税销售额在 500 万元以下的为小规模纳税人
D. 从事货物批发或者零售的纳税人，年应征增值税销售额在 80 万元下的为一般纳税人

【答案】 ABC

第二章

增值税实务操作

第一节 增值税会计科目的设置

一、一般纳税人增值税会计科目的设置

根据现行规定,一般纳税人应在"应交税费"科目下设置"应交增值税""未交增值税""增值税留抵税额""待抵扣进项税额"等二级科目进行明细核算。其中,"应交增值税"二级科目应采用专栏核算。

根据增值税核算内容的要求,"应交增值税"二级科目下设置的专栏如表2-1所示。

表2-1　　　　　　　应交税费——应交增值税

借方专栏	贷方专栏
1. 进项税额	1. 销项税额
2. 已交税金	2. 转出多交增值税
3. 出口抵减内销产品应纳税额	3. 出口退税
4. 减免税款	4. 进项税额转出
5. 转出未交增值税	
6. 营改增抵减的销项税额	

明细科目说明如下:

(一)"应交税费——应交增值税"

"应交税费——应交增值税"账户的设置上采用多栏式账户的方式,在借方和贷方各设若干专栏加以反映。

1. "进项税额"专栏,记录一般纳税人购进货物、服务、无形资产、不动产或者接受加工修理修配劳务而支付的、准予从销项税额中抵扣的增值税税额。一般纳税人购进货物、服务、无形资产、不动产或者接受加工修理修配劳务支付

的进项税额，用蓝字登记；退回中止或者折让应冲销的进项税额，用红字登记。

2. "已交税金"专栏，核算企业当月上缴本月增值税税额。

3. "出口抵减内销产品应纳税额"专栏，反映出口企业销售出口货物后，向税务机关办理免抵退税申报，按规定计算的应免抵税额。

4. "减免税款"专栏，反映企业按规定减免的增值税税款。

5. "转出未交增值税"专栏，核算企业月末转出应缴未缴的增值税。

6. "营改增抵减的销项税额"专栏，用于记录该企业因按规定扣减销售额而减少的销项税额。

7. "销项税额"专栏，记录一般纳税人销售货物、服务、无形资产或者不动产应收取的增值税额。一般纳税人销售货物、服务、无形资产或者不动产应收取的销项税额，用蓝字登记；退回以及中止或者折让应冲销的销项税额，用红字登记。

8. "转出多交增值税"专栏，记录企业月末转出多交的增值税。

9. "出口退税"专栏，记录企业向境外提供适用增值税零税率的应税服务，按规定计算的当期免抵退税额或按规定直接计算的应收出口退税额。

10. "进项税额转出"专栏，记录由于各类原因而不应从销项税额中抵扣，按规定转出的进项税额。

（二）"应交税费——未交增值税"

月份终了，企业应将当月发生的应缴增值税税额自"应交税费——应交增值税"科目转入"应交税费——未交增值税"明细科目。

（三）"应交税费——增值税留抵税额"

"增值税留抵税额"明细科目，核算一般纳税人试点当月按照规定不得从应税行为的销项税额中抵扣的月初增值税留抵税额。

（四）"应交税费——待抵扣进项税额"

"待抵扣进项税额"明细科目，核算一般纳税人按税法规定不符合抵扣条件，暂不予在本期申报抵扣的进项税额。

二、小规模纳税人增值税会计科目的设置

小规模纳税人应在"应交税费"科目下设置"应交增值税"明细科目，不需要再设置上述专栏。

第二节 营改增前后税负情况比较分析

营业税的计税依据是营业额，而增值税是以商品（含应税劳务和应税行为）

在流转过程中产生的增值额作为征税对象而征收的一种流转税。

在营业税改征增值税之前,由于营业税属于价内税,纳税人根据实际取得的价款确认营业额,按照营业额和营业税税率的乘积确认应交营业税。在营业税改征增值税之后,由于增值税属于价外税,一般纳税人取得的含税销售额,先进行价税分离换算成不含税销售额,再按照不含税销售额与增值税税率之间的乘积确认销项税额。

营业税计算公式如下:

营业税应纳税额 = 营业额 × 营业税税率

增值税一般计税方法下,公式为:

增值税应纳税额 = 当期销项税额 - 当期进项税额
= 当期不含税销售额 × 增值税税率 - 当期进项税额

增值税简易计税方法下,公式为:

增值税应纳税额 = 含税销售额 ÷ (1 + 征收率) × 征收率

以酒店业为例:

年销售额在 500 万元以下的酒店,将其归为增值税小规模纳税人。按政策规定,这部分纳税人适用简易计税方法,依照 3% 的征收率计算缴纳增值税(不含税销售额乘以 3%),与原先 5% 的营业税税率相比,其税收负担直接下降约 40%。

年销售额在 500 万元以上的酒店,将其归为增值税一般纳税人,这部分纳税人适用 6% 的增值税税率。增值税是价外税征收而营业税是价内征收的,因此,6% 的增值税税率按营业税口径计算,相当于 5.66% 的营业税税负水平。也就是说,营改增后酒店业增值税一般纳税人,即使没有任何进项税可以抵扣,税负最多也只比营业税制度下增加 0.66 个百分点。而改革后,酒店的材料采购、设备采购、服务采购、不动产购置和租赁、办公支出等都可以获得进项抵扣,总体上看,纳税人的税收负担一般都有不同程度的下降。

【例 2-1】太原新天地假日酒店成立于 2006 年 8 月 25 日,2019 年 5 月取得客房收入 100 万元,餐厅收入 60 万元,当月购入办公用电脑 3 台,取得的增值税专用发票上注明不含税价款 1 万元,税款 0.13 万元,以银行存款支付。当月购入 1 辆汽车,取得的机动车销售发票上注明不含税价 10 万元,税款 1.3 万元,以银行存款支付。

1. 假如 2019 年 5 月仍缴纳营业税,那么 2019 年应缴纳的营业税计算与相应的账务处理如下:

(1) 应纳营业税 = (1 000 000 + 600 000) × 5% = 80 000(元)

借:营业税金及附加　　　　　　　　　　　　　　80 000
　　贷:应交税费——应交营业税　　　　　　　　　　　80 000

（2）确认客房和餐厅收入：

借：银行存款/库存现金　　　　　　　　　　　　1 600 000
　　贷：主营业务收入　　　　　　　　　　　　　　　　1 600 000

（3）购入电脑：

借：固定资产——电脑　　　　　　　　　　　　　11 300
　　贷：银行存款　　　　　　　　　　　　　　　　　　　11 300

购入汽车：

借：固定资产——汽车　　　　　　　　　　　　　113 000
　　贷：银行存款　　　　　　　　　　　　　　　　　　　113 000

2. 2019年5月应纳的增值税计算与相应的账务处理如下：

（1）不含税销售额=（1 000 000+600 000）÷（1+6%）=1 509 433.96（元）

销项税额=1 509 433.96×6%=90 566.04（元）

借：银行存款/库存现金　　　　　　　　　　　　1 600 000
　　贷：主营业务收入　　　　　　　　　　　　　　　　1 509 433.96
　　　　应交税费——应交增值税（销项税额）　　　　　　90 566.04

（2）购入电脑：

借：固定资产——电脑　　　　　　　　　　　　　10 000
　　应交税费——应交增值税（进项税额）　　　　　1 300
　　贷：银行存款　　　　　　　　　　　　　　　　　　　11 300

购入汽车：

借：固定资产——汽车　　　　　　　　　　　　　100 000
　　应交税费——应交增值税（进项税额）　　　　　13 000
　　贷：银行存款　　　　　　　　　　　　　　　　　　　113 000

（3）进项税额=1 300+13 000=14 300（元）

当月应纳增值税=90 566.04-14 300=76 266.04（元）

我们进行一下对比分析：

营业税制下，新天地酒店按其收入全额，依5%的税率计算交纳营业税，营业税税额为80 000元。而增值税制下，增值税一般计税方法采用的是当期购进扣税法计算本月应纳增值税额，即应纳税额=当期销项税额-当期进项税额，这里计算出当月应纳增值税税额为76 266.04元。

也就是说，营业税是包含在营业额里面的，通过营业额乘以营业税税率就可以直接计算出营业税；而计算增值税时是以不包含增值税的销售额乘以增值税税率计算出当期的销项税额，还要减去当期可以抵扣的进项税额，才可以计算出当期应纳的增值税。

【例2-2】假设太原新天地假日酒店营改增后成为增值税小规模纳税人，则

2019年5月应纳的增值税计算和相应的账务处理如下：

（1）当月应纳增值税 =（1 000 000 + 600 000）/（1 + 3%）×3% = 46 601.94（元）

借：银行存款/库存现金　　　　　　　　　　　　1 600 000
　　贷：主营业务收入　　　　　　　　　　　　　1 553 398.06
　　　　应交税费——应交增值税　　　　　　　　　46 601.94

（2）购入电脑：

借：固定资产——电脑　　　　　　　　　　　　　　11 300
　　贷：银行存款　　　　　　　　　　　　　　　　　11 300

购入汽车：

借：固定资产——汽车　　　　　　　　　　　　　　113 000
　　贷：银行存款　　　　　　　　　　　　　　　　　113 000

我们进行一下对比分析：

营业税制下，新天地酒店按其收入全额，依5%的税率计算交纳营业税，营业税税额为80 000元。而在增值税制下，简易计税方法采用的是不含税销售额乘以征收率计算得出当期应纳增值税，这里计算出当月应纳增值税额为46 601.94元。

通过上述比较可以看出，增值税下税负是下降的。

第三节　增值税销项税额的确定与会计核算

一、销售额的确定

（一）一般销售方式下的销售额

销售额是指纳税人销售货物或者提供应税劳务向购买方收取的全部价款和价外费用。特别需要强调的是，尽管销项税额也是销售方向购买方收取的，但是由于增值税采用价外计税方式，用不含税价作为计税依据，因而销售额中不包括向购买方收取的销项税额。

价外费用，包括价外向购买方收取的手续费、补贴、基金、集资费、返还利润、奖励费、违约金、滞纳金、延期付款利息、赔偿金、代收款项、代垫款项、包装费、包装物租金、储备费、优质费、运输装卸费以及其他各种性质的价外收费。但下列项目不包括在内：

1. 受托加工应征消费税的消费品所代收代缴消费税。

2. 同时符合以下条件的代垫运输费用：

（1）承运部门的运输费用发票开具给购买方的；

（2）纳税人将该项发票转交给购买方的。

3. 同时符合以下条件代为收取的政府性基金或者行政事业性收费：

（1）由国务院或者财政部批准设立的政府性基金，由国务院或者省级人民政府及其财政、价格主管部门批准设立的行政事业性收费；

（2）收取时开具省级以上财政部门印制的财政票据；

（3）所收款项全额上缴财政。

4. 销售货物的同时代办保险而向购买方收取的保险费，以及向购买方收取的代购买方缴纳的车辆购置税、车辆牌照费。

应税行为的销售额是指纳税人发生应税行为取得的全部价款和价外费用，财政部和国家税务总局另有规定的除外。

但不包括以下项目：

（1）代为收取并符合相关规定的政府性基金或者行政事业性收费。

（2）以委托方名义开具发票代委托方收取的款项。

需要注意的是，对增值税一般纳税人（包括纳税人自己或代其他部门）向购买方收取的价外费用和逾期包装物押金，应视为含税收入，在征税时换算成不含税收入再并入销售额。

（二）营改增差额销售额的确定

1. 金融商品转让，按照卖出价扣除买入价后的余额为销售额。转让金融商品出现的正负差，按盈亏相抵后的余额为销售额。若相抵后出现负差，可结转下一纳税期与下期转让金融商品销售额相抵，但年末时仍出现负差的，不得转入下一个会计年度。

2. 经纪代理服务，以取得的全部价款和价外费用，扣除向委托方收取并代为支付的政府性基金或者行政事业性收费后的余额为销售额。

3. 融资租赁和融资性售后回租业务。

（1）经人民银行、银监会或者商务部批准从事融资租赁业务的试点纳税人，提供融资租赁服务，以取得的全部价款和价外费用，扣除支付的借款利息（包括外汇借款和人民币借款利息）、发行债券利息和车辆购置税后的余额为销售额。

（2）经人民银行、银监会或者商务部批准从事融资租赁业务的试点纳税人，提供融资性售后回租服务，以取得的全部价款和价外费用（不含本金），扣除对外支付的借款利息（包括外汇借款和人民币借款利息）、发行债券利息后的余额为销售额。

4. 试点纳税人中的一般纳税人提供客运场站服务，以其取得的全部价款和价外费用，扣除支付给承运方运费后的余额为销售额。

5. 试点纳税人提供旅游服务，可以选择以取得的全部价款和价外费用，扣除向旅游服务购买方收取并支付给其他单位或者个人的住宿费、餐饮费、交通费、签证费、门票费和支付给其他接团旅游企业的旅游费用后的余额为销售额。

6. 试点纳税人提供建筑服务适用简易计税方法的，以取得的全部价款和价外费用扣除支付的分包款后的余额为销售额。

7. 房地产开发企业中的一般纳税人销售其开发的房地产项目（选择简易计税方法的房地产老项目除外），以取得的全部价款和价外费用，扣除当时向政府部门支付的土地价款后的余额为销售额。

8. 一般纳税人销售其2016年4月30日前取得（不含自建）的不动产，选择适用简易计税方法，以取得的全部价款和价外费用减去该项不动产购置原价或者取得不动产时的作价后的余额为销售额。

（三）特殊销售方式下销售额的计算

1. 折扣方式销售。

注意区分折扣销售、销售折扣、销售折让这三个概念。

（1）折扣销售（商业折扣），是指销货方在销售货物或提供应税劳务时，因购买方购货数量较大等原因而给予购货方的价格优惠（折扣销售不同于销售折扣和销售折让）。

需要注意的是，销售额与折扣额必须在同一张发票上分别注明，且折扣需在金额栏体现，才能按折扣后的余额作为销售额征收增值税；如果折扣额另开发票，不论其在会计上如何处理，均不得从销售额中扣除。

折扣销售只限于价格的折扣，对于实物折扣多付出的实物，不按照折扣销售处理，而按照视同销售计算增值税。

（2）销售折扣（现金折扣）的折扣额不得从销售额中减除。

（3）销售折让，是指货物销售后，由于其品种、质量等原因购货方未予退货，但销售方需给予购货方的一种价格折让。对销售折让可以折让后的货款为销售额。

2. 以旧换新方式销售。

采取以旧换新方式销售，应按新货的同期销售价格确定销售额，不得扣减旧货的收购价格。但金银首饰的以旧换新业务，按销售方实际收取的不含增值税的全部价款计算增值税。

3. 还本销售。

还本销售是指纳税人在销售货物后，到一定期限由销售方一次或分次退还购货方全部或部分价款的一种销售方式。销售额就是货物销售价格，不得扣减还本支出。

4. 以物易物销售。

以物易物销售，双方均作购销处理，以各自发出的货物核算销售额并计算销项税额，以各自收到的货物核算购货额并计算进项税额。

注意：在以物易物活动中，应分别开具合法的票据，如收到的货物不能取得相应的增值税专用发票或其他合法票据的，不能抵扣进项税额。

5. 包装物押金处理。

（1）销售货物收取的包装物押金，如果单独记账核算，时间在1年以内，又未过期的，不并入销售额征税。

（2）因逾期（1年为限）未收回包装物不再退还的押金，应并入销售额征税。

征税时需注意两点：一是逾期包装物押金为含税收入，需换算成不含税价再并入销售额；二是征税率为所包装货物适用税率。

（3）酒类产品：

啤酒、黄酒：按是否逾期处理；

啤酒、黄酒以外的其他酒类产品：收取的押金，无论是否逾期一律并入销售额征税。

【例2-3】某酒厂为增值税一般纳税人，本月向一小规模纳税人销售白酒，开具的增值税普通发票上注明金额93 600元；同时，收取单独核算的包装物押金2 000元（尚未逾期）。此业务酒厂应确认的销项税额计算如下：

销项税额 = （93 600 + 2 000）÷ （1 + 13%）× 13% = 10 998.23（元）

6. 包装物租金的处理。

销售货物的同时收取的包装物租金属于价外费用，应计算缴纳增值税。

7. 一般纳税人销售自己使用过的固定资产（作为固定资产管理提过折旧的固定资产），税务处理和计税公式如表2-2所示。

表2-2

销售情形		税务处理	计税公式
（1）销售2008年12月31日以前购进的固定资产（购进时未抵扣进项税额）		按简易办法：依3%征收率减按2%征收增值税	增值税 = 售价 ÷ （1 + 3%）× 2%
（2）销售自己使用过的2009年以后购进或者自制的固定资产（购进时已抵扣进项税额）		按正常销售货物适用税率征收增值税	增值税 = 售价 ÷ （1 + 税率）× 税率
（3）发生已使用过的固定资产视同销售行为		无法确定销售额的，以固定资产净值为销售额	增值税 = 净值 × 13%
（4）营改增纳税人		销售已使用的未抵扣进项税额的固定资产，依3%减按2%征收增值税	增值税 = 售价 ÷ （1 + 3%）× 2%
		销售已使用的已抵扣进项税额的固定资产，按适用税率征收增值税	增值税 = 售价 ÷ （1 + 税率）× 税率

【例 2-4】某生产企业为增值税一般纳税人，2019 年 10 月把资产盘点过程中不需要用的部分资产进行处理：(1) 销售已使用 12 年的设备（未抵扣过进项税额），取得收入 9 200 元；(2) 销售 2012 年 12 月购入的设备一台（已抵扣进项税额），开具的增值税普通发票上价款为 90 000 元；(3) 将 2013 年 10 月购入并投入使用的设备一台对外投资，购入时取得的增值税专用发票上注明价款 200 000 元、税款 34 000 元，10 年使用期，投资时无法确定销售额。则企业本月应纳增值税计算如下：

应纳增值税 = 9 200 ÷ (1 + 3%) × 2% + 90 000 ÷ (1 + 13%) × 13% + (200 000 - 200 000 ÷ 10 × 6) × 13% = 20 932.62 （元）

8. 视同销售货物、视同应税行为销售额的确定，必须遵从下列顺序：
(1) 按纳税人最近时期同类货物平均售价；
(2) 按其他纳税人最近时期同类货物平均售价；
(3) 按组成计税价格。

组成计税价格 = 成本 × (1 + 成本利润率)

这里的成本利润率为 10%。

属于应征消费税的货物，其组成计税价格中还应包含消费税额。

实行从价计税的：

组成计税价格 = (成本 + 利润) ÷ (1 - 消费税税率)

或：组成计税价格 = 成本 × (1 + 成本利润率) ÷ (1 - 消费税税率)

这里的成本利润率不一定是 10%，看具体规定。

实行复合计税的：

组成计税价格 = (成本 + 利润 + 视同销售数量 × 定额税率) ÷ (1 - 消费税税率)

这里的成本是指所售自产货物的实际生产成本、销售外购货物的实际采购成本。

【例 2-5】某化妆品公司将一批自产的化妆品用作职工福利，化妆品的成本为 8 000 元，该化妆品无同类产品市场销售价格，已知其成本利润率为 5%，消费税税率为 30%。计算该批化妆品的销项税额。

组成计税价格 = 成本 × (1 + 成本利润率) ÷ (1 - 消费税税率) = 8 000 × (1 + 5%) ÷ (1 - 30%) = 12 000 （元）

销项税额 = 12 000 × 13% = 1 560 （元）

9. 含税销售额的换算：

(不含税) 销售额 = 含税销售额 ÷ (1 + 税率)

二、销项税额的计算

销项税额 = 销售额 × 税率

三、会计核算

企业发生的销项税额应通过"应交税费——应交增值税（销项税额）"科目贷方进行核算。

（一）采取一般销售方式销售

确认销售商品收入时，企业应按已收或应收的合同或协议价款，加上应收取的增值税税额，借记"银行存款""应收账款""应收票据"等科目，按确定的收入金额，贷记"主营业务收入""其他业务收入"等科目，按应收取的增值税税额，贷记"应交税费——应交增值税（销项税额）"科目。

【例2-6】甲公司与乙公司签订协议，于2019年9月10日向乙公司销售一批商品。该批商品实际成本为700 000元，商品销售价格为1 000 000元，增值税税额为130 000元；货物已发，款项已收。则甲公司进行如下账务处理：

借：银行存款　　　　　　　　　　　　　　　　　1 130 000
　　贷：主营业务收入　　　　　　　　　　　　　1 000 000
　　　　应交税费——应交增值税（销项税额）　　　130 000
借：主营业务成本　　　　　　　　　　　　　　　　700 000
　　贷：库存商品　　　　　　　　　　　　　　　　700 000

（二）采取折扣方式销售

1. 商业折扣。直接扣除即可，所以不影响销售商品收入的计量。
2. 现金折扣。收入确认时不考虑现金折扣，按合同总价款全额计量收入。当现金折扣以后实际发生时，直接计入当期损益（财务费用）。

【例2-7】甲公司和乙公司为增值税一般纳税人，适用的增值税税率为13%。2019年6月1日，甲公司向乙公司销售一批商品，按价目表上标明的价格计算，其不含增值税税额的售价总额为1 000万元。因属批量销售，甲公司同意给予乙公司20%的商业折扣，折扣额在同一张发票的金额栏注明；同时，为鼓励乙公司及早付清货款，甲公司规定的现金折扣条件为：2/10，1/20，n/30。假定甲公司6月10日收到该笔销售的价款。

要求：计算销项税额并进行相应的账务处理。

销项税额 = 10 000 000 × 80% × 13% = 1 040 000（元）

（1）2019年6月1日，实现销售：

借：应收账款　　　　　　　　　　　　　　　　　9 040 000
　　贷：主营业务收入　　　　　　　　　　　　　8 000 000
　　　　应交税费——应交增值税　　　　　　　　1 040 000

（2）6月10日，收到价款：

借：银行存款　　　　　　　　　　　　　　　　　8 880 000

　　　　财务费用　　　　　　　　　　　（8 000 000×2%）160 000
　　　　　贷：应收账款　　　　　　　　　　　　　　　　9 040 000

（三）以旧换新方式销售

以旧换新销售，是指销售方在销售商品的同时回收与所售商品相同的旧商品。在这种销售方式下，销售的商品应当按照销售商品收入确认条件确认收入，回收的旧商品作为购进商品处理。

【例2-8】 2019年6月，甲公司向乙公司销售电视机1 000台，开出增值税专用发票，增值税税率为13%，每台不含税价款0.2万元，每台成本0.09万元。同时，从乙公司回收1 000台旧电视机，取得增值税专用发票，每台回收价格为0.02万元，增值税的进项税额为2.6万元。款项均已经收付。则甲公司进行如下账务处理：

（1）销售时：
　　借：银行存款　　　　　　　　　　　　　　　　　　2 260 000
　　　　贷：主营业务收入　　　　　　　　　　　　　　　　2 000 000
　　　　　　应交税费——应交增值税（销项税额）　　　　　260 000
　　借：主营业务成本　　　　　　　　　　　　　　　　　　900 000
　　　　贷：库存商品　　　　　　　　　　　　　　　　　　　900 000

（2）回收时：
　　借：原材料　　　　　　　　　　　　　　　　　　　　200 000
　　　　应交税费——应交增值税（进项税额）　　　　　　　26 000
　　　　贷：银行存款　　　　　　　　　　　　　　　　　　226 000

（四）包装物押金的处理

对于啤酒、黄酒，以及除酒类产品以外的其他产品收取的包装物押金在收取押金时不计入销售额征收增值税，而是在包装物逾期未退或者超过1年时计入销售额征收增值税，而对于啤酒、黄酒以外的其他酒类产品，在收取押金时，就要并入销售额征税，不管押金以后会不会逾期。

【例2-9】 广西龙泉酒厂为增值税一般纳税人，2019年5月，销售散装粮食白酒30吨，每吨不含税单价4 000元，收取包装物押金22 600元，全部款项存入银行。（不要求计算消费税）

要求：计算销项税额并进行相应的账务处理。

销项税额 = [4 000×30 + 22 600÷（1 + 13%）]×13% = 18 200（元）
　　借：银行存款　　　　　　　　　　　　　　　　　　　158 200
　　　　贷：主营业务收入　　　　　　　　　　　　　　　　140 000
　　　　　　应交税费——应交增值税（销项税额）　　　　　18 200

（五）包装物租金的处理

【例2-10】某企业为增值税般纳税人，2019年6月销售产品100件，每件不含税价1 000元，同时收到包装物租金10 000元。款项已收。

要求：计算包装物租金的销项税额并进行相应的账务处理。

包装物租金销项税额 = 10 000 ÷ （1 + 13%） × 13% = 1 150.44（元）

借：银行存款　　　　　　　　　　　　　　　　　　10 000
　　贷：其他业务收入　　　　　　　　　　　　　　8 849.56
　　　　应交税费——应交增值税（销项税额）　　　1 150.44

【例2-11】2019年10月，江西A物流企业本月提供交通运输收入100万元，物流辅助收入100万元，按照适用税率，分别开具增值税专用发票，款项已收。

要求：计算销项税额并进行相应的账务处理。

（1）取得运输收入的会计处理：

运输收入销项税额 = 1 000 000 × 9% = 90 000（元）

借：银行存款　　　　　　　　　　　　　　　　　　1 090 000
　　贷：主营业务收入　　　　　　　　　　　　　　1 000 000
　　　　应交税费——应交增值税（销项税额）　　　90 000

（2）取得物流辅助收入的会计处理：

物流辅助收入销项税额 = 1 000 000 × 6% = 60 000（元）

借：银行存款　　　　　　　　　　　　　　　　　　1 060 000
　　贷：其他业务收入——物流　　　　　　　　　　1 000 000
　　　　应交税费——应交增值税（销项税额）　　　60 000

【例2-12】2019年9月，河北A设备租赁公司出租给L公司两台数控机床，收取半年租金18万元并开具发票，L公司使用两个月后发现其中一台机床的齿轮存在故障无法运转，要求A公司派人进行维修并退还L公司维修期间租金2万元，L公司出具"开具红字增值税专用发票通知单"，A公司开具红字专用发票，退还已收租金2万元。

要求：计算销项税额并进行相应的账务处理。

（1）A公司9月取得租金收入的会计处理：

销项税额 = 180 000 ÷ （1 + 13%） × 13% = 20 707.96（元）

借：银行存款　　　　　　　　　　　　　　　　　　180 000
　　贷：主营业务收入——设备出租　　　　　　　　159 292.04
　　　　应交税费——应交增值税（销项税额）　　　20 707.96

（2）A公司开具红字专用发票的会计处理：

应冲销的销项税额 = 20 000 ÷ （1 + 13%） × 13% = 2 300.88（元）

借：银行存款　　　　　　　　　　　　　　　　　　-20 000
　　贷：主营业务收入——设备出租　　　　　　　　-17 699.12

　　　　应交税费——应交增值税（销项税额）　　　　　−2 300.88

【例2−13】A公司为增值税一般纳税人，提供旅游服务，2019年5月取得含税收入106万元，当月替客户支付住宿费、餐费、交通费、旅游景点门票费、保险费等相关费用21.2万元，并取得增值税发票。则A公司进行如下账户处理：

（1）A公司提供应税服务：

借：应收账款　　　　　　　　　　　　　　　　　　　1 060 000
　　贷：主营业务收入　　　［1 060 000÷（1+6%）］1 000 000
　　　　应交税费——应交增值税（销项税额）　　　　　60 000

（2）A公司支付相关费用：

借：主营业务成本　　　　　　　　　　　　　　　　　　200 000
　　应交税费——应交增值税（销项税额抵减）　　　　　12 000
　　贷：应付账款　　　　　　　　　　　　　　　　　　212 000

四、小结练习

【计算分析题】喜悦来物业公司所在地为市区，2019年6月取得物业管理收入50万元，并开具增值税专用发票；另收取电费6万元、水费2万元，并以本单位名义对外开出增值税专用发票。

要求：

（1）请确认2019年6月该公司的销售额并计算销项税额。

（2）请对2019年6月实现的销售额与增值税额作出正确的账务处理。

【答案】

（1）2019年6月该公司的销售额=500 000+60 000+20 000=580 000（元）

销项税额=500 000×6%+60 000×13%+20 000×9%=39 600（元）

（2）账务处理：

借：银行存款　　　　　　　　　　　　　　　　　　　619 600
　　贷：主营业务收入——物业管理费　　　　　　　　500 000
　　　　其他业务收入——水费　　　　　　　　　　　 20 000
　　　　　　　　　　——电费　　　　　　　　　　　 60 000
　　　　应交税费——应交增值税（销项税额）　　　　 39 600

第四节　增值税进项税额的确定与会计核算

一、进项税额的确定

进项税额，是指纳税人购进货物、接受加工修理修配劳务、服务、无形资产或者不动产,支付或者负担的增值税税额。

关于进项税额的概念需从以下三方面理解:

1. 必须是增值税一般纳税人,才涉及进项税额的抵扣问题;

2. 产生进项税额的行为是纳税人购进货物、服务、无形资产、不动产或者接受加工修理修配劳务;

3. 是购买方支付或者负担的增值税税额。

(一) 准予从销项税额中抵扣的进项税额

准予从销项税额中抵扣的进项税额分为两类,一类是以票抵扣,即取得法定扣税凭证,并符合税法抵扣规定的进项税额;另一类是计算抵扣,即没有取得法定扣税凭证,但符合税法抵扣政策,准予计算抵扣的进项税额。

1. 以票抵扣。

(1) 从销售方或者提供方取得的增值税专用发票(含货物运输业增值税专用发票、税控机动车销售统一发票、税局代开专用发票)上注明的增值税税额。

(2) 从海关取得的海关进口增值税专用缴款书上注明的增值税税额。

(3) 接受境外单位或者个人提供的应税服务,从税务机关或者境内代理人取得的解缴税款的中华人民共和国税收缴款凭证上注明的增值税税额。

注意:凭票抵扣时,相应的抵扣凭证应在发票开具之日起180日内到税务机关办理认证手续或申请稽核比对,并在认证通过或稽核比对成功的当月申报抵扣进项税额。

2. 计算抵扣。

购进农产品,除取得增值税专用发票或者海关进口增值税专用缴款书外,按照农产品收购发票或者销售发票上注明的农产品买价和10%的扣除率计算的进项税额。计算公式为:

进项税额 = 买价 × 扣除率

买价,是指纳税人购进农产品在农产品收购发票或者销售发票上注明的价款和按照规定缴纳的烟叶税。

购进农产品,按照《农产品增值税进项税额核定扣除试点实施办法》抵扣进项税额的除外。

注意:对于烟叶税纳税人按规定缴纳的烟叶税,准予并入烟叶产品的买价计算增值税的进项税额,并在计算增值税时予以抵扣。烟叶收购金额包括纳税人支付给烟叶销售者的烟叶收购价款和价外补贴,价外补贴统一暂按烟叶收购价款的10%计算,即:

烟叶收购金额 = 烟叶收购价款 × (1 + 10%)

应纳烟叶税税额 = 收购金额 × 烟叶税 (20%)

烟叶进项税额 = (收购金额 + 烟叶税) × 扣除率 (9%)

= 收购价款 × （1 + 10%） × （1 + 20%） × 9%

（二）不得从销项税额中抵扣的进项税额

纳税人取得的增值税扣税凭证不符合法律、行政法规或者国家税务总局有关规定的，其进项税额不得从销项税额中抵扣。

增值税扣税凭证，是指增值税专用发票、海关进口增值税专用缴款书、农产品收购发票、农产品销售发票和完税凭证。

纳税人凭完税凭证抵扣进项税额的，应当具备书面合同、付款证明和境外单位的对账单或者发票。资料不全的，其进项税额不得从销项税额中抵扣。

下列项目的进项税额不得从销项税额中抵扣：

1. 用于简易计税方法计税项目、免征增值税项目、集体福利或者个人消费的购进货物、加工修理修配劳务、服务、无形资产和不动产。其中涉及的固定资产、无形资产、不动产，仅指专用于上述项目的固定资产、无形资产（不包括其他权益性无形资产）、不动产。

纳税人的交际应酬消费属于个人消费。

2. 非正常损失的购进货物，以及相关的加工修理修配劳务和交通运输服务。

3. 非正常损失的在产品、产成品所耗用的购进货物（不包括固定资产）、加工修理修配劳务和交通运输服务。

4. 非正常损失的不动产，以及该不动产所耗用的购进货物、设计服务和建筑服务。

5. 非正常损失的不动产在建工程所耗用的购进货物、设计服务和建筑服务。纳税人新建、改建、扩建、修缮、装饰不动产，均属于不动产在建工程。

6. 购进的贷款服务、餐饮服务、居民日常服务和娱乐服务。

7. 财政部和国家税务总局规定的其他情形。

注意：第4条和第5条中非正常损失的不动产所耗用的货物，是指构成不动产实体的材料和设备，包括建筑装饰材料和给排水、采暖、卫生、通风、照明、通信、煤气、消防、中央空调、电梯、电气、智能化楼宇设备及配套设施。

不动产、无形资产的具体范围，按照《营业税改征增值税试点实施办法》中所附的《销售服务、无形资产或者不动产注释》执行。

固定资产，是指使用期限超过12个月的机器、机械、运输工具以及其他与生产经营有关的设备、工具、器具等有形动产。

非正常损失，是指因管理不善造成货物被盗、丢失、霉烂变质，以及因违反法律法规造成货物或者不动产被依法没收、销毁、拆除的情形。

8. 适用一般计税方法的纳税人，兼营简易计税方法计税项目、免征增值税项目而无法划分不得抵扣的进项税额，按照下列公式计算不得抵扣的进项税额：

不得抵扣的进项税额 = 当期无法划分的全部进项税额 × （当期简易计税方法

计税项目销售额 + 免征增值税项目销售额) ÷ 当期全部销售额

9. 已抵扣进项税额的购进货物（不含固定资产）、劳务、服务，发生不得从销项税额中抵扣的进项税额规定情形（简易计税方法计税项目、免征增值税项目除外）的，应当将该进项税额从当期进项税额中扣减；无法确定该进项税额的，按照当期实际成本计算应扣减的进项税额。

10. 已抵扣进项税额的固定资产、无形资产或者不动产，发生不得从销项税额中抵扣的进项税额情形的，按照下列公式计算不得抵扣的进项税额：

不得抵扣的进项税额 = 固定资产、无形资产或者不动产净值 × 适用税率

固定资产、无形资产或者不动产净值，是指纳税人根据财务会计制度计提折旧和摊销后的余额。

11. 纳税人适用一般计税方法计税的，因销售折让、中止或者退回而退还给购买方的增值税税额，应当从当期的销项税额中扣减；因销售折让、中止或者退回而收回的增值税税额，应当从当期的进项税额中扣减。

12. 有下列情形之一者，应当按照销售额和增值税税率计算应纳税额，不得抵扣进项税额，也不得使用增值税专用发票：

（1）一般纳税人会计核算不健全，或者不能够提供准确税务资料的。
（2）应当办理一般纳税人资格登记而未办理的。

（三）进项税额转出

购进货物改变生产经营用途的，不得抵扣进项税额。如果在购进时已抵扣了进项税额，需要在改变用途当期作进项税额转出处理。

进项税额转出的方法有三种：

1. 按原抵扣的进项税额转出。

【例2-14】某百货商场为增值税一般纳税人，2019年9月从国有农场购进免税农产品，取得的销售发票上注明价款100 000元；运输农产品支付运费10 000元，并取得货运增值税专用发票，该批农产品的60%用于职工餐厅，40%用于对外销售。

可以抵扣的进项税额 = （100 000 × 9% + 10 000 × 9%）×（1 - 60%）= 3 960（元）

2. 无法准确确定该项进项税额的，按当期实际成本（即买价 + 运费 + 保险费 + 其他有关费用）计算应扣减的进项税额。

进项税额转出数额 = 当期实际成本 × 税率

3. 利用公式：

不得抵扣的进项税额 = 无法划分的全部进项税额 ×（免税或非应税收入 ÷ 全部收入）

【例 2 - 15】某制药厂为增值税一般纳税人，2019 年 8 月销售抗生素药品取得含税收入 113 万元，销售免税药品 50 万元，当月购入生产用原材料一批，取得增值税专用发票上注明税款 6.8 万元，抗生素药品与免税药品无法划分耗料情况。计算该制药厂当月应纳增值税。

不得抵扣进项税额 = 68 000 × [500 000 ÷ (1 000 000 + 500 000)] = 22 667（元）

应纳增值税 = 1 000 000 × 13% - (68 000 - 22 667) = 84 667（元）

二、会计核算

（一）进项税额的会计核算

进项税额一般通过"应交税费——应交增值税（进项税额）""应交税费——待抵扣进项税额"科目进行核算。

操作案例：

1. 国内采购货物或接受应税劳务和应税行为。

一般纳税人国内采购的货物或接受的应税劳务和应税行为，取得的增值税扣税凭证，按税法规定符合抵扣条件可在本期申报抵扣的进项税额，借记"应交税费——应交增值税（进项税额）"科目，按应计入相关项目成本的金额，借记"材料采购""商品采购""原材料""制造费用""管理费用""销售费用""固定资产""主营业务成本""其他业务成本"等科目，按照应付或实际支付的金额，贷记"应付账款""应付票据""银行存款"等科目。购入货物发生的退货或接受服务中止，作相反的会计分录。

【例 2 - 16】济南 A 物流企业为增值税一般纳税人，2019 年 8 月委托上海 B 公司一项运输业务，取得 B 公司开具的货物运输业增值税专用发票，注明的价款为 20 万元，增值税税额为 1.8 万元。济南 A 物流企业应进行如下账务处理：

借：主营业务成本　　　　　　　　　　　　　　　　　200 000
　　应交税费——应交增值税（进项税额）　　　　　　 18 000
　　贷：应付账款——B 公司　　　　　　　　　　　　218 000

【例 2 - 17】A 公司为增值税一般纳税人，2019 年 8 月购入货物 32 000 元，进项税额 4 160 元，收到销售方开具的增值税专用发票后支付了货款，商品已验收入库。A 公司应进行如下账务处理：

借：库存商品　　　　　　　　　　　　　　　　　　 32 000
　　应交税费——应交增值税（进项税额）　　　　　　 4 160
　　贷：银行存款　　　　　　　　　　　　　　　　　 36 160

2. 接受投资转入货物。

企业接受投资转入货物，应按照专用发票上注明的增值税税额，借记"应交税费——应交增值税（进项税额）"科目，按照确认的投资货物价值（已扣增值税），借记"原材料"等科目，按照增值税税额与货物价值的合计数，贷记"实收资本"等科目。

【例2-18】甲企业2019年8月收到乙企业的原材料投资，该批材料成本为100 000元，增值税税额为13 000元，甲企业收到了乙企业开具的增值税专用发票。甲企业应进行如下账务处理：

借：原材料 100 000
　　应交税费——应交增值税（进项税额） 13 000
　　贷：实收资本 113 000

3. 接受捐赠转入的货物。

企业接受捐赠转入的货物，应按照增值税专用发票上注明的增值税税额，借记"应交税费——应交增值税（进项税额）"科目；按照确认的捐赠货物价值（已扣增值税），借记"原材料"等科目；按照增值税税额与货物价值的合计数贷记"营业外收入"等科目。

【例2-19】2019年5月，甲企业接受乙企业捐赠的一台设备，收到的增值税专用发票上注明设备价款100 000元，增值税13 000元。甲企业应进行如下账务处理：

借：固定资产 100 000
　　应交税费——应交增值税（进项税额） 13 000
　　贷：营业外收入 113 000

4. 接受应税劳务。

企业接受应税劳务，应按增值税专用发票上注明的增值税税额，借记"应交税费——应交增值税（进项税额）"科目；按照专用发票上记载的应计入加工、修理修配等货物成本的金额，借记"其他业务支出""制造费用""委托加工物资""销售费用""管理费用"等科目；按应付或实际支付的金额，贷记"应付账款""银行存款"等科目。

【例2-20】甲企业2019年5月发出一批A材料委托外单位加工成量具，发出材料成本4 000元，加工完工后支付加工费2 000元，运费200元（假设运费不符合增值税抵扣条件），加工费专用发票上注明增值税260元，加工完的量具已入库。甲企业应进行如下账务处理：

借：委托加工物资 4 000
　　贷：原材料 4 000
借：委托加工物资 2 200
　　应交税费——应交增值税（进项税额） 260
　　贷：银行存款 2 460

借：周转材料——低值易耗品——量具　　　　　　　6 200
　　贷：委托加工物资　　　　　　　　　　　　　　　　6 200

5. 进口货物。

按照海关提供的完税凭证上注明的增值税税额，借记"应交税费——应交增值税（进项税额）"科目；按照进口货物应计入采购成本的金额，借记"材料采购""商品采购""原材料"等科目；按照应付或实际支付的金额，贷记"应付账款""银行存款"等科目。

【例 2-21】甲进出口公司 2019 年 5 月进口办公设备 500 台，每台进口完税价格 1 万元，委托运输公司将进口办公设备从海关运回本单位，支付运费 9 万元，取得了运输公司开具的货运发票（假设进口关税税率为 15%）。

进口货物进口环节应纳增值税 = 10 000 × 500 × (1 + 15%) × 13% = 747 500（元）

当月可以抵扣的进项税额 = 747 500 + 90 000 ÷ (1 + 9%) × 9% = 754 931.19（元）

借：固定资产　　　　　　　　　　　　　　　　5 832 568.81
　　应交税费——应交增值税（进项税额）　　　　　754 931.19
　　贷：银行存款　　　　　　　　　　　　　　　　6 587 500

6. 购入免税农产品。

增值税一般纳税人购进农产品，取得增值税普通发票或开具农产品收购发票的，按农产品买价和 9% 的扣除率计算进项税额，借记"应交税费——应交增值税（进项税额）"科目；按买价扣除进项税额后的余额，借记"原材料""库存商品"等科目；按实际支付的价款，贷记"应付账款""银行存款"等科目。

【例 2-22】太原 S 餐饮有限公司为增值税一般纳税人，2019 年 10 月，从附近农民手中收购 1 500 元蔬菜，按规定已开具收购凭证，价款已支付。

借：原材料　　　　　　　　　　　　　　　　　　1 365
　　应交税费——应交增值税（进项税额）　　　　　　135
　　贷：库存现金　　　　　　　　　　　　　　　　1 500

（二）进项税额转出的会计核算

1. 已抵扣进项税额的购进货物（不含固定资产）、劳务、服务，发生不得从销项税额中抵扣的进项税额情形（简易计税方法计税项目、免征增值税项目除外）的，应当将该进项税额从当期进项税额中扣减；通过"应交税费——应交增值税（进项税额转出）"科目核算，无法确定该进项税额的，按照当期实际成本计算应扣减的进项税额。

【例 2-23】2019 年 5 月，北京 H 餐饮企业向农业生产者购进免税苹果一批，支付收购价 30 万元，支付运费 5 万元，取得合法票据。月底将购进的 20%

的苹果发放给员工当福利。

（1）购进处理：

进项税额 = 300 000 × 9% + 50 000 ÷ (1 + 9%) × 9% = 31 128.44（元）

借：库存商品/原材料	318 871.56
应交税费——应交增值税（进项税额）	31 128.44
贷：银行存款/应付账款	350 000

（2）发放福利：

进项税额转出 = 31 128.44 × 20% = 6 225.69（元）

借：应付职工薪酬——应付福利费	70 000
贷：应交税费——应交增值税（进项税额转出）	6 225.69
原材料	63 774.31

2. 非正常损失的购进货物，以及相关的加工修理修配劳务和交通运输服务，进项税额不得抵扣，应该通过"应交税费——应交增值税（进项税额转出）"科目进行处理。

【例2-24】A公司2019年9月购入原材料一批，增值税专用发票上注明价款6万元，税额0.78万元，已通过银行存款支付。在10月29日盘点货物时发现该材料短缺2万元（不含税），原因待查明。

（1）9月购进并支付价款：

借：原材料	60 000
应交税费——应交增值税（进项税额）	7 800
贷：银行存款	67 800

（2）10月29日发现材料短缺：

借：待处理财产损溢	22 600
贷：原材料	20 000
应交税费——应交增值税（进项税额转出）	2 600

3. 已抵扣进项税额的不动产，发生非正常损失，或者改变用途，专用于简易计税方法计税项目、免征增值税项目、集体福利或者个人消费的，按照下列公式计算不得抵扣的进项税额，并从当期进项税额中扣减。

不得抵扣的进项税额 = 已抵扣进项税额 × 不动产净值率

不动产净值率 = 不动产净值 ÷ 不动产原值 × 100%

按照规定不得抵扣进项税额的不动产，发生用途改变，用于允许抵扣进项税额项目的，按照下列公式在改变用途的次月计算可抵扣进项税额。

可抵扣进项税额 = 增值税扣税凭证注明或计算的进项税额 × 不动产净值率

【例2-25】2019年6月5日，甲企业以银行存款购入一座办公楼，取得增值税专用发票并认证通过，专用发票上注明的金额为10 000万元，增值税税额 900 万元。该纳税人按照固定资产管理该办公楼，假定分 10 年计提折旧，无残值。2019 年 10 月改变用途用于职工宿舍（本题计算结果以万元为单位）。

2019 年 10 月改变用途用于职工宿舍时：

(1) 计算不动产净值率：

不动产净值率 = [10 000 - 10 000 ÷ (10 × 12) × 4] ÷ 10 000 = 96.67%

(2) 计算不得抵扣的进项税额：

不得抵扣的进项税额 = 900 × 96.67% = 870.03（万元）

(三) 计算应纳税额时进项税额不足抵扣的处理

由于增值税实行购进扣税法，有时企业当期购进的货物很多，在计算应纳税额时会出现当期销项税额小于当期进项税额不足抵扣的情况。根据税法规定，当期进项税额不足抵扣的部分可以结转下期继续抵扣。

(四) 增值税期末留抵税额退税处理

自 2019 年 4 月 1 日起，试行增值税期末留抵税额退税制度。

1. 同时符合以下条件的纳税人，可以向主管税务机关申请退还增量留抵税额：

(1) 自 2019 年 4 月税款所属期起，连续 6 个月（按季纳税的，连续两个季度）增量留抵税额均大于零，且第 6 个月增量留抵税额不低于 50 万元；

(2) 纳税信用等级为 A 级或者 B 级；

(3) 申请退税前 36 个月未发生骗取留抵退税、出口退税或虚开增值税专用发票情形的；

(4) 申请退税前 36 个月未因偷税被税务机关处罚两次及以上的；

(5) 自 2019 年 4 月 1 日起未享受即征即退、先征后返（退）政策的。

2. 所称增量留抵税额，是指与 2019 年 3 月底相比新增加的期末留抵税额。

3. 纳税人当期允许退还的增量留抵税额，按照以下公式计算：

允许退还的增量留抵税额 = 增量留抵税额 × 进项构成比例 × 60%

进项构成比例，为 2019 年 4 月至申请退税前一税款所属期内已抵扣的增值税专用发票（含税控机动车销售统一发票）、海关进口增值税专用缴款书、解缴税款完税凭证注明的增值税额占同期全部已抵扣进项税额的比重。

4. 纳税人应在增值税纳税申报期内，向主管税务机关申请退还留抵税额。

5. 纳税人出口货物劳务、发生跨境应税行为，适用免抵退税办法的，办理免抵退税后，仍符合规定条件的，可以申请退还留抵税额；适用免退税办法的，相关进项税额不得用于退还留抵税额。

6. 纳税人取得退还的留抵税额后，应相应调减当期留抵税额。按规定再次满足退税条件的，可以继续向主管税务机关申请退还留抵税额，但上述第 1 点中的（1）规定的连续期间，不得重复计算。

三、小结练习

【计算分析题】 温馨物业公司所在地为市区，2019 年 5 月购进办公用品，取得增值税专用发票，注明价款 5 000 元；装修办公楼，购进装修用料，取得增值税专用发票，注明价款 10 000 元；本月自用水电费，取得电力公司开具的增值税专用发票，注明电力价款 20 000 元，同时取得水务公司开具的增值税专用发票，注明价款 10 000 元。

要求：
（1）请确认 2019 年 5 月该公司的进项税额。
（2）请对 2019 年 5 月份取得的进项税额作出正确的账务处理。

【答案】
（1）2019 年 5 月的进项税额 = 5 000 × 13% + 10 000 × 13% + 20 000 × 13% + 10 000 × 9% = 5 450（元）
（2）账务处理：

借：管理费用　　　　　　　　　　　　　　　　　　　　35 000
　　长期待摊费用　　　　　　　　　　　　　　　　　　10 000
　　应交税费——应交增值税（进项税额）　　　　　　　5 450
　　贷：银行存款　　　　　　　　　　　　　　　　　　50 450

第五节　增值税应纳税额的计算与会计核算

一、一般纳税人应纳税额的计算与会计核算

月末，企业根据"应交税费——应交增值税"明细账户中核算的增值税业务，结出借、贷方合计和余额。若"应交税费——应交增值税"即为本月应纳增值税税额，通过借记"应交税费——应交增值税（转出未交增值税）"科目，转入"应交税费——未交增值税"科目的贷方。月份终了"应交税费——应交增值税"科目的如为借方余额，反映企业尚未抵扣的增值税。

次月申报缴纳上月应交的增值税时，借记"应交税费——未交增值税"科目，贷记"银行存款"等科目。

企业上缴增值税时，借记"应交税费——应交增值税（已交税金）"科目，贷记"银行存款"等科目。收到退回多缴的增值税时，作相反的会计分录（这适用于代开预征等当月税款当月入库缴纳的情况，不适用于当月计算，次月入库的正常计算纳税的账务处理）。

【例2-26】广西顺通物流有限公司为增值税一般纳税人，2019年5月发生如下经济业务：

(1) 当月委托上海B公司（增值税一般纳税人）一项运输业务，取得B公司开具的货物运输业增值税专用发票，注明价款20万元，增值税税额为1.8万元，增值税专用发票已在当月认证。

(2) 当月与H公司（增值税一般纳税人）签订合同，委托其提供运输服务，于签订协议时全额支付款项6万元，取得货物运输业增值税专用发票，并已在当月认证。

(3) 本月取得交通运输收入100万元，物流辅助收入100万元，按照适用税率分别开具增值税专用发票，款项已收。

(4) 本月购进5辆运输车辆，取得机动车销售统一发票，支付款项67.8万元。

要求：计算当月应纳增值税额并作出相应的账务处理。

(1) 取得B公司货物运输业增值税专用发票后：

借：主营业务成本　　　　　　　　　　　　　　　200 000
　　应交税费——应交增值税（进项税额）　　　　 18 000
　　贷：应付账款——B公司　　　　　　　　　　　218 000

(2) 取得H公司货物运输业增值税专用发票后：

借：主营业务成本　　　　　　　　　　　　　　　55 045.87
　　应交税费——应交增值税（进项税额）　　　　 4 954.13
　　贷：银行存款　　　　　　　　　　　　　　　 60 000

(3) 取得运输收入时：

借：银行存款　　　　　　　　　　　　　　　　　1 090 000
　　贷：主营业务收入——运输　　　　　　　　　 1 000 000
　　　　应交税费——应交增值税（销项税额）　　 90 000

取得物流辅助收入时：

借：银行存款　　　　　　　　　　　　　　　　　1 060 000
　　贷：其他业务收入——物流　　　　　　　　　 1 000 000
　　　　应交税费——应交增值税（销项税额）　　 60 000

(4) 购进运输车辆时：

借：固定资产——运输车　　　　　　　　　　　　600 000
　　应交税费——应交增值税（进项税额）　　　　 78 000
　　贷：银行存款　　　　　　　　　　　　　　　 678 000

本月销项税额 = 90 000 + 60 000 = 150 000（元）

本月进项税额 = 18 000 + 4 954.13 + 78 000 = 100 954.13（元）

本月应纳税额 = 150 000 - 100 954.13 = 49 045.87（元）

借：应交税费——应交增值税（转出未交增值税）　　49 045.87
　　贷：应交税费——未交增值税　　　　　　　　　　49 045.87

下月缴纳增值税时：

借：应交税费——未交增值税　　　　　　　　　　　49 045.87
　　贷：银行存款　　　　　　　　　　　　　　　　　49 045.87

承上例：假设2019年5月没有物流辅助收入，计算当月应纳增值税额并作出相应的账务处理。

本月销项税额 = 90 000元

本月进项税额 = 18 000 + 4 954.13 + 78 000 = 100 954.13（元）

本月的销项税额小于本月的进项税额，不需要缴纳增值税，期末增值税留抵税额为10 954.13元。

对于"应交税费——应交增值税"科目期末借方余额，本例的借方余额为期末增值税留抵税额，在实际工作不作相应的账务处理。

二、小规模纳税人应纳税额的会计核算

税法规定，小规模纳税人不得抵扣任何税款。因此，小规模纳税人核算增值税时只需设置"应交税费——应交增值税"科目即可。

企业销售货物或服务时：

借：银行存款、应收账款等科目（金额为收取的货款）
　　贷：主营业务收入（金额为不含增值税的价款）
　　　　应交税费——应交增值税（金额为计算的增值税税额）

企业购货时，不得抵扣任何进项税额，其购进货物所负担的增值税直接计入购进货物的成本中。

【例2-27】 太原家佳乐餐饮有限公司成立于2019年6月，营改增后为增值税小规模纳税人，2019年6月发生如下业务：

（1）购进蔬菜一批，支付价款2 000元；瓜果一批，支付价款1 000元；

（2）购进增值税税控系统专用设备支付490元，缴纳其技术维护费330元；

（3）5月、6月提供餐饮服务取得不含税销售额100 000元。

要求：计算出本期应纳增值税并对上述业务进行相关的账务处理。

（1）购进蔬菜：

借：原材料——蔬菜　　　　　　　　　　　　　　　2 000
　　贷：银行存款　　　　　　　　　　　　　　　　　2 000

购进瓜果：

借：原材料——瓜果　　　　　　　　　　　　　　　1 000

　　　　贷：银行存款　　　　　　　　　　　　　　　1 000
（2）购进增值税税控系统专用设备：
借：固定资产——税控设备　　　　　　　　　　　490
　　　　贷：银行存款　　　　　　　　　　　　　　　　490
发生防伪税控系统专用设备技术维护费：
借：管理费用　　　　　　　　　　　　　　　　　330
　　　　贷：银行存款　　　　　　　　　　　　　　　　330
抵减当月增值税应纳税额：
借：应交税费——应交增值税　　　　　　　　　　820
　　　　贷：管理费用　　　　　　　　　　　　　　　　330
　　　　　　递延收益　　　　　　　　　　　　　　　　490
（3）提供服务取得收入：
借：银行存款/库存现金　　　　　　　　　　　103 000
　　　　贷：主营业务收入　　　　　　　　　　　　100 000
　　　　　　应交税费——应交增值税　　　　　　　　3 000
（4）本月应纳增值税 = 3 000 - 820 = 2 180（元）
借：应交税费——应交增值税　　　　　　　　　2 180
　　　　贷：银行存款　　　　　　　　　　　　　　　2 180

三、小结练习

1.【计算分析题】 山西新鑫建筑安装有限公司为增值税一般纳税人，主要提供建筑安装服务，2019年5月份增值税有关资料如下：

（1）5月4日，首次购入增值税税控系统设备，取得增值税专用发票，支付价款490元，同时支付当年增值税税控系统专用设备技术维护费330元并取得增值税专用发票。

（2）5月8日，从河北购入建筑用原材料一批，取得的增值税专用发票上注明的价款为30 000元。

（3）5月13日，由于仓库管理不善，造成原材料被盗窃，账面价值6 000元。

（4）5月25日，支付电话费，取得中国网通公司太原分公司开具的增值税专用发票，注明价款10 000元。

（5）5月26日，购进劳保用品，从小规模纳税人处取得其代开的增值税专用发票，注明价款8 000元。

（6）5月28日，销售一批废旧原材料，开具了增值税专用发票，注明价款50 000元。

要求：请根据以上资料计算该公司5月份应纳增值税额，并进行账务处理。

【答案】

(1) 首次购入增值税税控系统专用设备：

借：固定资产——税控设备　　　　　　　　　　490
　　贷：银行存款　　　　　　　　　　　　　　　　　490

发生防伪税控系统专用设备技术维护费：

借：管理费用　　　　　　　　　　　　　　　　330
　　贷：银行存款　　　　　　　　　　　　　　　　　330

抵减当月增值税应纳税额：

借：应交税费——应交增值税（减免税款）　　820
　　贷：管理费用　　　　　　　　　　　　　　　　　330
　　　　递延收益　　　　　　　　　　　　　　　　　490

(2) 5月8日，购入原材料：

借：原材料　　　　　　　　　　　　　　　30 000
　　应交税费——应交增值税（进项税额）　　3 900
　　贷：银行存款　　　　　　　　　　　　　　　33 900

(3) 5月13日，原材料被盗：

借：待处理财产损溢　　　　　　　　　　　6 780
　　贷：原材料　　　　　　　　　　　　　　　　6 000
　　　　应交税费——应交增值税（进项税额转出）　780

(4) 5月25日，支付电话费：

借：管理费用　　　　　　　　　　　　　　10 000
　　应交税费——应交增值税（进项税额）　　　900
　　贷：银行存款　　　　　　　　　　　　　　　10 900

(5) 5月26日，购进劳保用品：

借：管理费用　　　　　　　　　　　　　　　8 000
　　应交税费——应交增值税（进项税额）　　　240
　　贷：银行存款　　　　　　　　　　　　　　　 8 240

(6) 5月28日，销售旧原材料：

借：银行存款　　　　　　　　　　　　　　56 500
　　贷：其他业务收入　　　　　　　　　　　　　50 000
　　　　应交税费——应交增值税（销项税额）　 6 500

(7) 计算应纳增值税：

销项税额 = 6 500 元

进项税额 = 3 900 - 780 + 900 + 240 = 4 260（元）

应纳增值税税额 = 6 500 - 4 260 - 820 = 1 420（元）

2.【计算分析题】 太原家园物业管理有限公司成立于 2012 年 9 月，营改增后为增值税小规模纳税人，2019 年 5 月发生如下业务：

（1）5 月取得物业管理不含税收入 50 000 元；取得停车场租赁不含税收入 30 000 元；

（2）购进办公电脑 2 台，支付价款 5 850 元；

（3）购进增值税税控系统专用设备支付价款 490 元，同时缴纳技术维护费 330 元。

要求：计算本月应纳增值税并对上述业务进行相关的账务处理。

【答案】

（1）取得物业管理收入：

借：银行存款/库存现金	51 500
贷：主营业务收入	50 000
应交税费——应交增值税	1 500

取得停车场租赁收入：

借：银行存款/库存现金	31 500
贷：其他业务收入	30 000
应交税费——应交增值税	1 500

（2）购进电脑：

借：固定资产——电脑	5 850
贷：银行存款	5 850

（3）购进增值税税控系统专用设备：

借：固定资产——税控设备	490
贷：银行存款	490

发生防伪税控系统专用设备技术维护费：

借：管理费用	330
贷：银行存款	330

抵减当月增值税应纳税额：

借：应交税费——应交增值税	820
贷：管理费用	330
递延收益	490

（4）本月应纳增值税 = 1 500 + 1 500 − 820 = 2 180（元）

借：应交税费——应交增值税	2 180
贷：银行存款	2 180

第六节 增值税特殊业务会计处理

一、增值税视同销售会计处理

一般纳税人的有些行为不属于有偿转让货物的销售业务，但为了保证增值税税款抵扣制度的实施，不致因发生下列行为而使增值税抵扣链条中断，也为了避免因发生下列行为而使货物销售税收负担不平衡，防止利用下列行为逃避纳税义务，税法规定要视同销售计征增值税。

（一）将货物交付他人代销（委托方）

将货物交付他人代销，委托方收到代销清单或代销款时，为增值税纳税义务发生时间。若均未收到，则于发货后满180天时计算缴纳增值税。

【例2-28】A公司委托B公司销售商品100件，双方签订的协议价格为200元/件，该商品成本为120元/件，增值税税率13%。B公司将该批商品以每件200元的价格对外销售，共取得价款20 000元，增值税2 600元。A公司按照10%付给B公司手续费，并在B公司交来代销清单时开给B公司同样金额的增值税专用发票。

对于这项业务，A公司应在收到代销清单时计算增值税销项税额 = 20 000 × 13% = 2 600（元）。

借：应收账款　　　　　　　　　　　　　　　　　　22 600
　　贷：主营业务收入　　　　　　　　　　　　　　20 000
　　　　应交税费——应交增值税（销项税额）　　　 2 600

（二）销售代销货物（受托方）

企业销售代销货物，售出时发生增值税纳税义务；取得委托方增值税专用发票，可以抵扣进项税额；受托方收取的代销手续费需交纳增值税。

【例2-29】甲公司委托丙公司销售商品200件，商品已发出，每件成本为60元。合同约定丙公司应按每件100元对外销售，甲公司按不含增值税的售价的10%向丙公司支付手续费。丙公司对外实际销售100件，开出的增值税专用发票上注明的销售价款为10 000元，增值税税额为1 300元，款项已经收到。甲公司收到丙公司开具的代销清单时，向丙公司开具一张相同金额的增值税专用发票。

丙公司对外销售时发生增值税纳税义务，确认销项税额为1 300元，收到甲公司开具的相同金额的增值税专用发票时，确认进项税额1 300元。

对外销售时：

借：银行存款　　　　　　　　　　　　　　　　　　11 300

贷：应付账款　　　　　　　　　　　　　　　　　　　　10 000
　　　　应交税费——应交增值税（销项税额）　　　　　　　1 300
收到增值税专用发票时：
　　借：应交税费——应交增值税（进项税额）　　　　　　　1 300
　　贷：应付账款　　　　　　　　　　　　　　　　　　　　1 300
支付货款并计算代销手续费时确认销项税额 = 100 × 100 × 10% ÷ 1.06 × 6% = 56.6（元）
　　借：应付账款　　　　　　　　　　　　　　　　　　　　11 300
　　贷：其他业务收入　　　　　　　　　　　　　　　　　　943.4
　　　　应交税费——应交增值税（销项税额）　　　　　　　56.6
　　　　银行存款　　　　　　　　　　　　　　　　　　　　10 300

（三）总分机构移送货物

总分机构（不在同县市）之间移送货物用于销售的，移送当天发生增值税纳税义务，例如，位于北京的总机构向天津的分支机构移送一批货物，总机构的税务处理就应该是对移送货物作视同销售，计算销项税额，分支机构对于接收的货物计算进项税额。

（四）将自产或委托加工的货物用于非增值税应税项目

【例2-30】 某企业将自己生产的水泥用于办公楼建造工程，水泥的成本为68 000元，售价为100 000元，增值税税率13%。此项业务属于视同销售业务，需要计算销项税额。

销项税额 = 100 000 × 13% = 13 000（元）
　　借：在建工程　　　　　　　　　　　　　　　　　　　　81 000
　　贷：库存商品　　　　　　　　　　　　　　　　　　　　68 000
　　　　应交税费——应交增值税（销项税额）　　　　　　　13 000

（五）将自产、委托加工的货物用于集体福利或个人消费

【例2-31】 某企业将自己生产的空调作为节日福利发给200名职工，其中生产工人170人，管理人员30人。每台空调的生产成本1 000元，计税价格1 400元，则企业需要将此项业务作视同销售处理，计算增值税销项税额。

销项税额 = 170 × 1 400 × 13% + 30 × 1 400 × 13% = 36 400（元）
　　借：应付职工薪酬　　　　　　　　　　　　　　　　　　316 400
　　贷：主营业务收入　　　　　　　　　　　　　　　　　　280 000
　　　　应交税费——应交增值税（销项税额）　　　　　　　36 400

（六）将自产、委托加工或购买的货物作为投资，提供给其他单位或个体经营者

【例2-32】 某企业将购买的一批货物投资给A公司，这批货物的进价

80 000 元，计税价格 100 000 元。企业应将此项业务作视同销售处理，计算增值税销项税额。

销项税额 = 100 000 × 13% = 13 000（元）

借：长期股权投资　　　　　　　　　　　　　　　　　113 000
　　贷：主营业务收入　　　　　　　　　　　　　　　　100 000
　　　　应交税费——应交增值税（销项税额）　　　　　　13 000

（七）将自产、委托加工或购买的货物分配给股东或投资者

会计处理方式与上述第（六）点相同。

（八）将自产、委托加工或购买的货物无偿赠送给其他单位或者个人

将自产、委托加工或购买的货物无偿赠送，可以计入业务招待费或者销售费用，视赠送对象而定。其账务处理如下：

借：管理费用——业务招待费/销售费用
　　贷：库存商品
　　　　应交税费——应交增值税（销项税额）

在实务中，财务人员往往会把视同销售和进项税额转出的业务相混淆。我们来总结这一部分税务处理的规律：

1. 自产和委托加工的货物不管是向外部移送，还是内部使用，均视同销售进行处理，计算销项税额。

2. 外购的货物：如果是向企业外部移送，视同销售处理；如果是内部使用，其进项税额不允许抵扣，已抵扣的，要将进项税额转出。

【例 2 - 33】某生产企业为增值税一般纳税人，本月实现产品销售收入 100 万元（不含税价），其成本为 80 万元。将一批售价为 19.8 万元的自产产品用于本企业在建工程，其成本为 18 万元。用一批自产品对外投资，其成本为 18 万元，双方协商不含税价格为 20 万元。用一批自产品对外捐赠，成本为 5 万元，不含税平均售价为 5.5 万元。

（1）销售产品：

销项税额 = 1 000 000 × 13% = 130 000（元）

借：银行存款　　　　　　　　　　　　　　　　　　1 130 000
　　贷：主营业务收入　　　　　　　　　　　　　　　1 000 000
　　　　应交税费——应交增值税（销项税额）　　　　　130 000

结转销售成本：

借：主营业务成本　　　　　　　　　　　　　　　　　800 000
　　贷：库存商品　　　　　　　　　　　　　　　　　　800 000

（2）将自产产品用于在建工程：

借：在建工程　　　　　　　　　　　　　　　　　　　205 740

贷：库存商品 180 000
  　　应交税费——应交增值税（进项税额转出） 25 740

（3）用自产产品对外投资：

销项税额 = 200 000 × 13% = 26 000（元）

  借：长期股权投资 226 000
  　　贷：主营业务收入 200 000
  　　　　应交税费——应交增值税（销项税额） 26 000

结转销售成本：

  借：主营业务成本 180 000
  　　贷：库存商品 180 000

（4）对外捐赠：

销项税额 = 55 000 × 13% = 7 150（元）

  借：营业外支出 62 150
  　　贷：主营业务收入 55 000
  　　　　应交税费——应交增值税（销项税额） 7 150

结转销售成本：

  借：主营业务成本 50 000
  　　贷：库存商品 50 000

二、增值税视同应税行为会计处理

（一）单位或者个体工商户向其他单位或者个人无偿提供服务，但用于公益事业或者以社会公众为对象的除外

【例 2-34】2019 年 7 月 18 日，北京某律师事务所安排两名律师参加某企业家沙龙，免费提供资产重组相关业务法律咨询服务 4 小时。该律师事务所民事业务咨询服务价格为每人 800 元/小时。

免费提供资产重组业务法律咨询，按最近时期提供同类应税服务的平均价格计算销项税额：2 × 4 × 800 ÷ (1 + 6%) × 6% = 362.26（元）。

相关会计处理：

  借：营业外支出 362.26
  　　贷：应交税费——应交增值税（销项税额） 362.26

（二）单位或者个人向其他单位或者个人无偿转让无形资产或者不动产，但用于公益事业或者以社会公众为对象的除外

【例 2-35】山西 K 房地产开发企业为一般纳税人，2019 年 10 月，将 2015 年 10 月建成的一套商品房无偿赠送给客户，该商品房目前市场价为 85.76 万元。

无偿赠送不动产，应视同销售，计算增值税 = 857 600 ÷ (1 + 5%) × 5% =

40 838.09（元）

相关会计处理：

借：营业外支出　　　　　　　　　　　　　857 600
　　贷：主营业务收入　　　　　　　　　　　　　816 761.91
　　　　应交税费——未交增值税　　　　　　　　40 838.09

三、增值税税控系统专用设备和技术维护费用抵减增值税处理

（一）增值税一般纳税人的会计处理

按税法有关规定，增值税一般纳税人初次购买增值税税控系统专用设备支付的费用以及缴纳的技术维护费允许在增值税应纳税额中全额抵减的，应在"应交税费——应交增值税"科目下增设"减免税款"专栏，用于记录该企业按规定抵减的增值税应纳税额。

企业购入增值税税控系统专用设备，按实际支付或应付的金额，借记"固定资产"科目，贷记"银行存款""应付账款"等科目。按规定抵减的增值税应纳税额，借记"应交税费——应交增值税（减免税款）"科目，贷记"递延收益"科目。按期计提折旧，借记"管理费用"等科目，贷记"累计折旧"科目；同时，借记"递延收益"科目，贷记"管理费用"等科目。

企业发生技术维护费，按实际支付或应付的金额，借记"管理费用"等科目，贷记"银行存款"等科目。按规定抵减的增值税应纳税额，借记"应交税费——应交增值税（减免税款）"科目，贷记"管理费用"等科目。

【例2-36】济南S生物科技公司为增值税一般纳税人，2019年10月，首次购入增值税税控系统设备，支付价款490元，同时支付当年增值税税控系统专用设备技术维护费330元。当月两项合计抵减当月增值税应纳税额820元。

（1）首次购入增值税税控系统专用设备：

借：固定资产——税控设备　　　　　　　　490
　　贷：银行存款　　　　　　　　　　　　　　490

（2）发生防伪税控系统专用设备技术维护费：

借：管理费用　　　　　　　　　　　　　　330
　　贷：银行存款　　　　　　　　　　　　　　330

（3）抵减当月增值税应纳税额：

借：应交税费——应交增值税（减免税款）　　820
　　贷：管理费用　　　　　　　　　　　　　　330
　　　　递延收益　　　　　　　　　　　　　　490

（4）以后各月计提折旧时（按3年，残值为0举例）：

借：管理费用　　　　　　　　　　　　　　13.61

　　　　贷：累计折旧　　　　　　　　　　　　　　　　　　13.61
　　借：递延收益　　　　　　　　　　　　　　　　　　　13.61
　　　　贷：管理费用　　　　　　　　　　　　　　　　　　13.61

注意：当月的增值税应纳税额大于 0 时，才可以抵减增值税。具体操作为：假设当月的增值税应纳税额为 500 元，小于 820 元时，当月只能抵减 500 元，剩余 320 元以后继续抵减；假设当月的增值税应纳税额大于 820 元时，当月可以全额抵减完 820 元。

（二）小规模纳税人的会计处理

按税法有关规定，小规模纳税人初次购买增值税税控系统专用设备支付的费用以及缴纳的技术维护费允许在增值税应纳税额中全额抵减的，应按规定抵减的增值税应纳税额直接冲减"应交税费——应交增值税"科目。

企业购入增值税税控系统专用设备，按实际支付或应付的金额，借记"固定资产"科目，贷记"银行存款""应付账款"等科目。按规定抵减的增值税应纳税额，借记"应交税费——应交增值税"科目，贷记"递延收益"科目。按期计提折旧，借记"管理费用"等科目，贷记"累计折旧"科目；同时，借记"递延收益"科目，贷记"管理费用"等科目。

企业发生技术维护费，按实际支付或应付的金额，借记"管理费用"等科目，贷记"银行存款"等科目。按规定抵减的增值税应纳税额，借记"应交税费——应交增值税"科目，贷记"管理费用"等科目。

四、当月取得的增值税专用发票未认证的会计处理

企业购进的货物由于发票开具时间较晚或传递等原因，致使该笔进项税未认证而当月不能抵扣时，可以记入"应交税费——待抵扣进项税额"科目进行核算。

【例 2-37】2019 年 7 月，甲企业购进一批商品，取得增值税专用发票，价款 20 000 元，增值税 2 600 元，款已付。7 月份甲企业未认证该增值税专用发票。

　　借：库存商品　　　　　　　　　　　　　　　　　　20 000
　　　　应交税费——待抵扣进项税额　　　　　　　　　　2 600
　　　　贷：银行存款　　　　　　　　　　　　　　　　　22 600
　　待认证通过的当月：
　　借：应交税费——应交增值税（进项税额）　　　　　　2 600
　　　　贷：应交税费——待抵扣进项税额　　　　　　　　2 600

五、增值税免税项目的会计处理

（一）购进环节

企业购进用于生产免税产品的原材料，一般情况下，不能取得增值税专用发

票，其增值税不予扣税。为生产免征增值税产品所购进扣除项目的进项税额应计入相关项目的购进成本。

但是，对于一般纳税人购入的免税农业产品可以按买价和9%的扣除率计算进项税额，并准予以销项税额扣除。

(二) 销售环节

企业销售免征增值税项目的货物，一般情况下，不能开具增值税专用发票，只能开具普通发票。

但是，根据财政部、国家税务总局《关于粮食企业增值税征免问题的通知》规定，对属于一般纳税人的生产、经营单位从国有粮食购销企业购进的免税粮食，可依据购销企业开具的销售发票注明的销售额按9%的扣除率计算抵扣进项税额。因此，国有粮食购销企业可以按9%的税率开具增值税专用发票。

企业销售的免税产品不得开具增值税专用发票（国有粮食购销企业销售免税粮食除外），无须作计提增值税销项税额的账务处理。

【例2-38】某制药厂专门生产税法规定的免税药品。2019年6月，该厂外购生产用材料一批，取得普通发票，金额为9.36万元，以银行存款支付。该厂当年销售其生产的免税药品一批，价值11.7万元，开具普通发票，收到转账支票。

根据上述业务，有关会计处理如下：

(1) 购货时：

借：原材料　　　　　　　　　　　　　　　　　　93 600
　　贷：银行存款　　　　　　　　　　　　　　　　　　93 600

(2) 销货时：

借：银行存款　　　　　　　　　　　　　　　　　　11 700
　　贷：主营业务收入　　　　　　　　　　　　　　　　11 700

六、增值税即征即退的会计处理

增值税即征即退，指对按税法规定缴纳的税款，由税务机关在征税时部分或全部退还纳税人的一种税收优惠。《国家税务总局关于调整增值税即征即退优惠政策管理措施有关问题的公告》（国家税务总局公告2011年第60号）第一条规定，将增值税即征即退优惠政策的管理措施由先评估后退税改为先退税后评估。

对符合政策规定的纳税人，应准确核算即征即退货物、劳务和应税服务的销售额、应纳税额、应退税额，正常进行纳税申报，再向主管税务机关提交资料申请办理退税，税务机关采用先退税后进行评估管理。

在会计处理上，增值税即征即退应按照政府补助的会计准则来进行处理。收到的即征即退的增值税应记入"营业外收入——政府补助"科目进行核算。

【例 2-39】 甲企业为软件生产企业，本月销售软件共 10 套，每套不含税价 6 000 元，本期进项税额为 5 000 元，增值税实行即征即退办法。

销售软件时：

借：银行存款　　　　　　　　　　　　　　　　　　67 800

　　贷：主营业务收入　　　　　　　　　　　　　　　60 000

　　　　应交税费——应交增值税（销项税额）　　　　7 800

本期应纳增值税 = 7 800 - 5 000 = 2 800（元）

缴纳增值税时：

借：应交税费——未交增值税　　　　　　　　　　　2 800

　　贷：银行存款　　　　　　　　　　　　　　　　　2 800

《财政部、国家税务总局关于软件产品增值税政策的通知》（财税〔2011〕100 号）规定："增值税一般纳税人销售其自行开发生产的软件产品，按 17% 税率征收增值税后，对其增值税实际税负超过 3% 的部分实行即征即退政策。"

2019 年 4 月 1 日后，按 17% 税率征收增值税调减为按 13% 税率征收增值税。

增值税实际税负 = 当期的增值税应纳税额 ÷ 当期的不含税销售额 = 2 800 ÷ 60 000 = 4.67%，实际税负超过 3% 的部分享受即征即退。

实际应负担税额 = 60 000 × 3% = 1 800（元）

即征即退税额 = 2 800 - 1 800 = 1 000（元）

收到即征即退增值税时：

借：银行存款　　　　　　　　　　　　　　　　　　1 000

　　贷：营业外收入——政府补助　　　　　　　　　　1 000

七、一般纳税人采用简易办法缴纳增值税的会计处理

《财政部关于对增值税会计处理有关问题补充规定的通知》规定，将一般纳税人适用简易计税方法计算的税额记入"应交税金——未交增值税"科目，分录如下：

借：相关科目

　　贷：主营业务收入等科目

　　　　应交税费——未交增值税

【例 2-40】 太原市万家物业管理有限公司成立于 2011 年 8 月，所在地是太原市区。随着国家营改增的全面实施，万家公司被确定为增值税一般纳税人，从 2016 年 5 月 1 日起实施增值税会计核算。万家公司 2016 年 5 月 6 日将其在 2016 年 4 月 15 日取得的商场停车场对外提供车辆停放服务收入 105 000 元（含税），开具增值税普通发票。

借：银行存款　　　　　　　　　　　　　　　　　　105 000

贷：主营业务收入——停车费　　　　　　　　　　100 000
　　　　应交税费——未交增值税　　　　　　　　　　　5 000

八、劳务派遣服务差额纳税会计处理

（一）一般纳税人提供劳务派遣服务差额纳税会计处理

一般纳税人提供劳务派遣服务，按照简易计税方法依5%差额纳税的会计处理如下：

企业支付给劳务派遣员工工资、福利和为其办理社会保险及住房公积金的费用时，按规定允许扣减销售额而减少的应交增值税，借记"应交税费——未交增值税"科目，按实际支付或应付的金额与上述增值税税额的差额，借记"主营业务成本"等科目，按实际支付或应付的金额，贷记"银行存款""应付账款"等科目。

需要注意的是，因一般纳税人提供劳务派遣服务是按照简易计税方法依5%差额纳税，所以没有按照财会〔2012〕13号规定的在"应交税费——应交增值税"中增设"营改增抵减的销项税额"科目下核算，而是在"应交税费——未交增值税"科目下核算"按规定允许扣减销售额而减少的应交增值税"。

【例2-41】 太原万方劳务派遣有限公司为增值税一般纳税人，提供劳务派遣服务选用差额征税。2019年5月取得含税销售额100万元，向用工单位收取用于支付给劳务派遣员工工资、福利和为其办理社会保险及住房公积金的费用80万元，征收率5%。

　　借：银行存款　　　　　　　　　　　　　　　1 000 000
　　　　贷：主营业务收入　　　　　　　　　　　　952 380.95
　　　　　　应交税费——未交增值税　　　　　　　 47 619.05

按规定允许扣减销售额而减少的应交增值税 = 800 000 ÷ （1 + 5%） × 5% = 38 095.24（元），则：

　　借：应交税费——未交增值税　　　　　　　　　38 095.24
　　　　主营业务成本　　　　　　　　　　　　　　761 904.76
　　　　贷：银行存款　　　　　　　　　　　　　　800 000

应交增值税 = 47 619.05 - 38 095.24 = 9 523.81（元）

即，万方公司应交增值税 = （1 000 000 - 800 000） × 5% ÷ （1 + 5%） = 9 523.81（元）

（二）小规模纳税人提供劳务派遣服务差额纳税会计处理

小规模纳税人提供劳务派遣服务，按照简易计税方法依5%差额进行纳税会计处理。企业支付给劳务派遣员工工资、福利和为其办理社会保险及住房公积金的费用时，按规定允许扣减销售额而减少的应交增值税，借记"应交税费——应

交增值税"科目,按实际支付或应付的金额与上述增值税税额的差额,借记"主营业务成本"等科目,按实际支付或应付的金额,贷记"银行存款""应付账款"等科目。

【例 2-42】 太原万方劳务派遣有限公司为增值税小规模纳税人,提供劳务派遣服务选用差额征税。2019 年 5 月取得含税销售额 10 万元,向用工单位收取用于支付给劳务派遣员工工资、福利和为其办理社会保险及住房公积金的费用 6 万元,征收率 5%。

借:银行存款　　　　　　　　　　　　　　　100 000
　　贷:主营业务收入　　　　　　　　　　　　　95 238.1
　　　　应交税费——应交增值税　　　　　　　　4 761.9

按规定允许扣减销售额而减少的应交增值税 = 60 000 ÷ (1 + 5%) × 5% = 2 857.14 元,则:

借:应交税费——应交增值税　　　　　　　　　2 857.14
　　主营业务成本　　　　　　　　　　　　　　57 142.86
　　贷:银行存款　　　　　　　　　　　　　　60 000.00

应交增值税 = 4 761.9 - 2 857.14 = 1 904.76 (元)

即,万方公司应交增值税 = (100 000 - 60 000) × 5% ÷ (1 + 5%) = 1 904.76 (元)

附:劳务派遣服务政策规定

1. 一般纳税人提供劳务派遣服务,可以按照财税〔2016〕36 号文件的有关规定,以取得的全部价款和价外费用为销售额,按照一般计税方法计算缴纳的增值税;也可以选择差额纳税,以取得的全部价款和价外费用,扣除代用工单位支付给劳务派遣员工的工资、福利和为其办理社会保险及住房公积金后的余额为销售额,按照简易计税方法依 5% 的征收率计算缴纳增值税。

2. 小规模纳税人提供劳务派遣服务,可以按照财税〔2016〕36 号文件的有关规定,以取得的全部价款和价外费用为销售额,按照简易计税方法依 3% 的征收率计算缴纳增值税;也可以选择差额纳税,以取得的全部价款和价外费用,扣除代用工单位支付给劳务派遣员工的工资、福利和为其办理社会保险及住房公积金后的余额为销售额,按照简易计税方法依 5% 的征收率计算缴纳增值税。

3. 选择差额纳税的纳税人,向用工单位收取用于支付给劳务派遣员工工资、福利和为其办理社会保险及住房公积金的费用,不得开具增值税专用发票,可以开具普通发票。

4. 劳务派遣服务,是指劳务派遣公司为了满足用工单位对于各类灵活用工的需求,将员工派遣至用工单位,接受用工单位管理并为其工作的服务。

九、平销返利的会计处理

对商业企业向供货方收取的与商品销售量、销售额挂钩的各种返还收入,均应按照平销返利行为的有关规定冲减当期增值税进项税额。

当期应冲减进项税额 = 当期取得的返还资金 ÷ (1 + 所购货物适用增值税税率) × 所购货物适用增值税税率

【例 2-43】假定某商业企业 2019 年 5 月从厂家购买家用电器 100 台,每台 2 000 元,该商业企业又以同样价格 2 000 元/台的价格卖给消费者;当月家用电器全部售出,收到厂家给商业企业每台返利 200 元。

商业企业收到返利 20 000 元时应冲减的进项税额 = 20 000 ÷ (1 + 13%) × 13% = 2 300.88(元)

借:银行存款　　　　　　　　　　　　　　　　　　20 000
　　贷:主营业务成本　　　　　　　　　　　　　　　17 699.12
　　　　应交税费——应交增值税(进项税额转出)　　2 300.88

十、处置已使用固定资产的会计处理

【例 2-44】某生产企业为增值税一般纳税人,2019 年 10 月把资产盘点过程中不需要用的部分资产进行处理:

(1) 销售已使用多年的设备(未抵扣过进项税额),取得收入 9 200 元,购买原值 50 000 元,已计提折旧 40 000 元。

(2) 销售 2013 年 12 月购入的设备一台(已抵扣进项税额),开具普通发票价款为 90 000 元,购买时原值 120 000 元,累计计提折旧 50 000 元。

(3) 将一台 2012 年 12 月购入并投入使用的设备对外投资,购入时取得增值税专用发票上注明价款 200 000 元,税款 34 000 元,10 年使用期,投资时无法确定销售额。

应纳增值税 = 9 200 ÷ (1 + 3%) × 2% + 90 000 ÷ (1 + 13%) × 13% + [200 000 - 200 000 ÷ 10 ÷ 12 × (12 × 6 + 10)] × 13% = 18 765.95(元)

(1) 销售未抵扣过进项税的固定资产按照 3% 减按 2% 交纳增值税。

处理设备时:

借:固定资产清理　　　　　　　　　　　　　　　　10 000
　　累计折旧　　　　　　　　　　　　　　　　　　40 000
　　贷:固定资产　　　　　　　　　　　　　　　　50 000
借:银行存款　　　　　　　　　　　　　　　　　　9 200
　　资产处置损益　　　　　　　　　　　　　　　　978.64
　　贷:应交税费——未交增值税　　　　　　　　　178.64

　　　　固定资产清理　　　　　　　　　　　　　　　　　　10 000
缴税时：
借：应交税费——未交增值税　　　　　　　　　　　　　178.64
　　贷：银行存款　　　　　　　　　　　　　　　　　　　178.64
（2）销售抵扣过进项税的固定资产：
处理设备时：
借：固定资产清理　　　　　　　　　　　　　　　　　　70 000
　　累计折旧　　　　　　　　　　　　　　　　　　　　50 000
　　贷：固定资产　　　　　　　　　　　　　　　　　　120 000
借：银行存款　　　　　　　　　　　　　　　　　　　　90 000
　　贷：应交税费——应交增值税（销项税额）　　　　　10 353.98
　　　　固定资产清理　　　　　　　　　　　　　　　　70 000
　　　　资产处置损益　　　　　　　　　　　　　　　　9 646.02
借：应交税费——未交增值税（转出未交增值税）　　　　10 353.98
　　贷：应交税费——未交增值税　　　　　　　　　　　10 353.98
缴税时：
借：应交税费——未交增值税　　　　　　　　　　　　　10 353.98
　　贷：银行存款　　　　　　　　　　　　　　　　　　10 353.98
（3）将使用过的固定资产对外投资：
购入设备时：
借：固定资产　　　　　　　　　　　　　　　　　　　　200 000
　　应交税费——应交增值税（进项税额）　　　　　　　34 000
　　贷：银行存款　　　　　　　　　　　　　　　　　　234 000
每月计提折旧时：
借：制造费用　　　　　　　　　　　　　　　　　　　　1 666.67
　　贷：累计折旧　　　　　　　　　　　　　　　　　　1 666.67
2013年至2019年10月累计计提折旧136 666.67元。
进行投资时：
借：固定资产清理　　　　　　　　　　　　　　　　　　63 333.33
　　累计折旧　　　　　　　　　　　　　　　　　　　　136 666.67
　　贷：固定资产　　　　　　　　　　　　　　　　　　200 000
借：长期股权投资　　　　　　　　　　　　　　　　　　71 566.66
　　贷：固定资产清理　　　　　　　　　　　　　　　　63 333.33
　　　　应交税费——应交增值税（销项税额）　　　　　8 233.33

十一、小规模纳税人符合条件享受按月（季）申报免征增值税的会计处理

根据《国家税务总局关于全面推开营业税改征增值税试点有关税收征收管理事项的公告》的相关规定，增值税小规模纳税人应分别核算销售货物，提供加工修理修配劳务和提供销售服务、无形资产的销售额。增值税小规模纳税人销售货物，销售服务、无形资产当月销售额不超过 3 万元（按季纳税 9 万元），自 2016 年 5 月 1 日起至 2017 年 12 月 31 日，可分别享受小微企业暂免征收增值税优惠政策。根据财政部、国家税务总局共同发布的《关于延续小微企业增值税政策通知》（财税〔2017〕76 号），小微企业增值税优惠政策执行的截止期限由 2017 年 12 月 31 日延长至 2020 年 12 月 31 日，同时把小规模纳税人免税额度由原来的 3 万元提高到了月销售额 10 万元，季度销售额由原来的 9 万元提高到了 30 万元。

【例 2 - 45】太原市爱家餐饮有限公司是小规模纳税人，2019 年 7—9 月发生如下业务：

（1）取得客户用餐收入 10 000 元，外卖收入 1 000 元。

（2）出售固定资产（空调），售价 3 000 元，其原值 10 000 元，累计折旧 5 000 元。

（3）购买食材支付 5 000 元。

（4）初次购进增值税税控专用设备 490 元，缴纳技术维护费 330 元。

要求：作出相关会计处理（不考虑附加税）。

（1）取得收入：

借：银行存款　　　　　　　　　　　　　　　　　11 000
　　贷：主营业务收入　　　　　　　　　　　　　10 679.61
　　　　应交税费——应交增值税　　　　　　　　　320.39

符合减免税条件：

借：应交税费——应交增值税　　　　　　　　　　320.39
　　贷：营业外收入　　　　　　　　　　　　　　　320.39

（2）出售固定资产：

借：固定资产清理　　　　　　　　　　　　　　　5 000
　　累计折旧　　　　　　　　　　　　　　　　　5 000
　　贷：固定资产　　　　　　　　　　　　　　　10 000

借：银行存款　　　　　　　　　　　　　　　　　3 000
　　营业外支出　　　　　　　　　　　　　　　　2 058.25
　　贷：固定资产清理　　　　　　　　　　　　　5 000
　　　　应交税费——应交增值税　　　　　　　　　58.25

缴税时：

借：应交税费——应交增值税 58.25
　　贷：银行存款 58.25
（3）购买食料：
借：原材料 5 000
　　贷：银行存款 5 000
（4）初次购入增值税税控系统专用设备：
借：固定资产——税控设备 490
　　贷：银行存款 490
发生防伪税控系统专用设备技术维护费：
借：管理费用 330
　　贷：银行存款 330
抵减当季增值税应纳税额：
借：应交税费——应交增值税（减免税款） 820
　　贷：管理费用 330
　　　　递延收益 490
以后各月计提折旧时（按3年，残值为0举例）：
借：管理费用 13.61
　　贷：累计折旧 13.61
借：递延收益 13.61
　　贷：管理费用 13.61

第三章

增值税纳税申报

第一节 增值税纳税人分类

一、纳税人

1. 在中华人民共和国境内销售服务、无形资产或者不动产的单位和个人，为增值税的纳税人，应当按照本办法缴纳增值税。不缴纳营业税。

单位，是指企业、行政单位、事业单位、军事单位、社会团体及其他单位。

个人，是指个体工商户和其他个人。

2. 单位以承包、承租、挂靠方式经营的。承包人、承租人、挂靠人，以发包人、出租人、被挂靠人名义对外经营并由发包人承担相关法律责任的，以该发包人为纳税人；否则，以承包人为纳税人。

二、纳税人分类

纳税人分为一般纳税人和小规模纳税人。根据财政部、税务总局财税2018年第33号公告，自2018年5月1日起，增值税小规模纳税人标准为年应征增值税销售额500万元及以下。也就是说，销售额500万元成为小规模纳税人和一般纳税人的区分标准。

（一）一般纳税人的认定标准

一般纳税人是指年应征增值税销售额（以下简称"年应税销售额"），超过财政部、国家税务总局规定的小规模纳税人标准的企业和企业性单位。

年应税销售额，是指纳税人在连续不超过12个月的经营期内累计应征增值税销售额，包括纳税申报销售额、稽查查补销售额、纳税评估调整销售额、税务机关代开发票销售额和免税销售额。其中，稽查查补销售额和纳税评估调整销售额计入查补税款申报当月的销售额，不计入税款所属期销售额。经营期，是指在纳税人存续期内的连续经营期间，含未取得销售收入的月份。

应税行为的年应税销售额超过财政部和国家税务总局规定标准的纳税人为一般纳税人，未超过规定标准的纳税人为小规模纳税人。

（二）小规模纳税人的认定标准

小规模纳税人是指年应税销售额在规定标准以下，并且会计核算不健全，不能按规定报送有关税务资料的增值税纳税人。所称会计核算不健全是指不能正确核算增值税的销项税额、进项税额和应纳税额。

根据《增值税暂行条例》《增值税暂行条例实施细则》《营业税改征增值税试点实施办法》的规定，小规模纳税人的认定标准是：

1. 从事货物生产或提供应税劳务的纳税人，以及以从事货物生产或者提供应税劳务为主，并兼营货物批发或者零售的纳税人，年应税销售额在500万元以下（含本数，下同）的；"以从事货物生产或者提供应税劳务为主"是指纳税人的年货物生产或者提供应税劳务的销售额占年应税销售额的比重在50%以上。

2. 对上述规定以外的纳税人（不含应税行为的纳税人），年应税销售额在500万元以下的。

3. 年应税销售额超过小规模纳税人标准的其他个人按小规模纳税。

4. 纳税人发生应税行为年应税销售额标准为500万元（含本数），年应税销售额未超过500万元的纳税人为小规模纳税人。

5. 非企业性单位、不经常发生应税行为的企业可选择按小规模纳税人纳税；对于应税服务年销售额超过规定标准但不经常提供应税服务的单位和个体工商户可选择按照小规模纳税人纳税。

6. 兼有销售货物提供加工修理修配劳务以及应税行为，且不经常发生应税行为的单位和个体工商户也可选择按照小规模纳税人纳税。

年应税销售额超过规定标准的其他个人不属于一般纳税人。年应税销项税额超过规定标准但不经常发生应税行为的单位和个体工商户可选择按照小规模纳税人纳税。

年应税销售额未超过规定标准的纳税人，会计核算健全，能够提供准确税务资料的，可以向主管税务机关办理一般纳税人资格登记，成为一般纳税人。会计核算健全，是指能够按照国家统一的会计制度规定设置账簿，根据合法、有效的凭证核算。

符合一般纳税人条件的纳税人应当向主管税务机关办理一般纳税人资格登记。具体登记办法由国家税务总局制定。除国家税务总局另有规定外，经登记为一般纳税人后，不得转为小规模纳税人。

三、小结练习

1. 【多选题】根据增值税法律制度的有关规定，下列关于增值税一般纳税人和小规模纳税人的有关说法正确的有(　　)。
　A. 对从事货物生产的企业，年应征增值税销售额在500万元以下的，不能申请认定为一般纳税人
　B. 除个体经营者以外的其他个人不得申请认定为一般纳税人
　C. 除国家税务总局另有规定外，纳税人一经认定为一般纳税人后，不得转为小规模纳税人
　D. 小规模纳税人不得自行开具增值税专用发票，但可以向主管税务机关申请代开增值税专用发票

【答案】BCD

【解析】选项A：从事货物生产的纳税人，年应征增值税销售额在500万元以下的，应当认定为小规模纳税人，但是小规模纳税人会计核算健全，能够提供准确税务资料的，可以向主管税务机关申请认定为一般纳税人，不作为小规模纳税人。

2. 【多选题】关于增值税一般纳税人资格登记的说法，正确的有(　　)。
　A. 新开业的纳税人，可以向主管税务机关申请一般纳税人资格登记
　B. 不经常发生应税行为的非企业性单位可以选择按小规模纳税人缴纳增值税
　C. 新登记为一般纳税人的小型商贸批发企业实行纳税辅导期管理，辅导期限为6个月
　D. 个体工商户以外的其他个人，不予办理一般纳税人资格登记
　E. 年应税销售额未达到一般纳税人标准的企业不得向主管税务机关申请一般纳税人资格登记

【答案】ABD

第二节　增值税申报期限和申报方式

一、纳税申报期限

增值税的纳税期限分别为1日、3日、5日、10日、15日、1个月或者1个季度。纳税人的具体纳税期限，由主管税务机关根据纳税人应纳税额的大小分别核定；不能按照固定期限纳税的，可以按次纳税。

纳税人以1个月或者1个季度为一个纳税期的，自期满之日起15日内申报纳税；以1日、3日、5日、10日或者15日为一个纳税期的，自期满之日起5日内预缴税款，于次月1日起15日内申报纳税并结清上月应纳税款。

扣缴义务人解缴税款的期限，依照以上规定执行。

以1个季度为纳税期限的规定仅适用于小规模纳税人以及财政部和国家税务总局规定的其他纳税人。

二、申报方式

纳税人申报增值税的方式有两种：一种是网上申报；另一种是到税务局大厅申报。接下来，我们对网上申报进行介绍。

（一）电子申报纳税系统

1. 进入电子申报系统

（1）双击"电子申报纳税系统"图标，进入电子申报系统。

（2）在弹出的界面【口令】处用键盘输入DOOR（大写）→单击【确定】。

2. 修改企业基本信息

点击【企业信息】→录入【纳税人识别号】【纳税人名称】【所属行业】【法人代表】（必须录入）→选择【申报方式】（如果是软盘申报，则无须修改，如果是网络申报须修改为网络申报）→点击【确认】进行保存。

3. 每月报税时的操作

（1）获取基础资料（每月只需操作一次）。

提示：新版电子申报软件中在获取基础资料后，自动获取税务密钥，不需要手工获取。

（2）填写报表。

（3）进行申报。

（4）查看申报回执。

提示：由于网络处理需要时间，建议在申报结束10分钟后，再进行申报回执的下载。该步骤可以在申报完所有报表后再执行此操作。

（5）网上缴税。

（6）缴款凭证打印。

（二）以广西壮族自治区为例：纳税人可选择"国家税务总局广西壮族自治区电子税务局"进行申报

第一步：用户注册（或登录），登录国家税务总局广西壮族自治区电子税务局，网址为http//etax.guangxi.chinatax.gov.cn：9711，如图3-1所示。

第二步：填写报表，点击报表后面的"填写"按钮，进入该报表的填写页面。报表中白色单元格需按照实际生产经营情况填写，灰色项目为自动计算结果且不可修改，"—"符号代表不填写项目，红色项目是通过其他系统自动提取的数据，如与实际不符应进行修改。单元格右上角带有红色三角符号的单元格是当前单元格的备注说明，点击时会出现对应提示。

填写后，点击页面左上方的"保存"按钮，平台弹出确认保存提示，点击

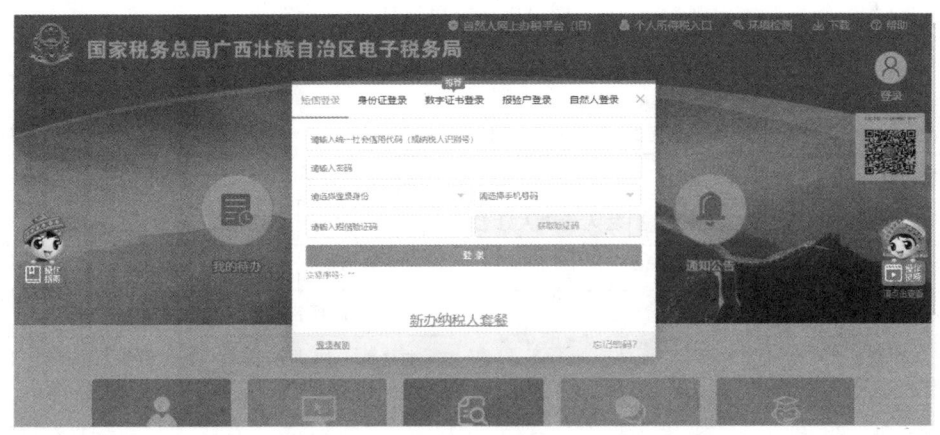

图 3-1 国家税务总局广西壮族自治区电子税务局登录界面

"确定"按钮完成保存，平台自动弹出下一张需要填报的报表。

依次填写并保存上述报表，直到完成（增值税申报表）核实。

第三步：进行申报。保存完成的报表会出现在"进行申报"功能菜单下，纳税人可在该页面查询和核实申报种类、申报所属期应缴纳税款等信息。

信息核实无误后，点击"申报"按钮，平台弹出声明提示，点击"确认"按钮完成申报表提交。

第四步：申报回执。申报表提交完成后，通过"申报回执"页面可以查看申报状态回执信息。如申报结果显示"申报成功"则代表当前申报已成功，如果显示为其他状态，需重新提交申报表。

三、案例讲解

府城建筑有限公司位于南宁市，营改增后为增值税一般纳税人。2019 年 5 月发生以下经济业务：

（1）购买办公用品，取得的增值税专用发票上注明价款为 5 000 元；

（2）首次购入增值税税控系统设备，取得增值税专用发票，支付价款 490 元，同时支付当年增值税税控系统专用设备技术维护费 330 元，并取得增值税专用发票；

（3）为本市某房地产公司新建"幸福家园"房地产项目，该项工程站工作许可证上注明开工日期为 2010 年 5 月 10 日，5 月取得收入 2 000 000 元；

（4）到外省 A 省提供建筑业劳务，取得收入 1 545 000 元，选择简易方法征收。

要求：将上述业务填入纳税申报表。

府城建筑公司填写的纳税申报表如表 3-1 至表 3-5 所示。

表 3-1　　　　　　　　　　　增值税纳税申报表
（一般纳税人适用）

根据国家税收法律法规及增值税相关规定制定本表。纳税人不论有无销售额，均应按税务机关核定的纳税期限填写本表，并向当地税务机关申报。

税款所属时间：2019 年 5 月 1 日至 2019 年 5 月 31 日　　填表日期：2019 年 6 月 8 日　　金额单位：元至角分

纳税人识别号				所属行业		建筑业	
纳税人名称	府城建筑有限公司		法人代表人姓名		注册地址		生产经营地址
开户银行及账号				登记注册类型		电话号码	

项目		栏次	一般项目		即征即退项目	
			本月数	本年累计	本月数	本年累计
销售额	（一）按适用税率计税销售额	1				
	其中：应税货物销售额	2				
	应税劳务销售额	3	2 000 000			
	纳税检查调整的销售额	4				
	（二）按简易办法计税销售额	5	1 500 000			
	其中：纳税检查调整的销售额	6	2 000 000			
	（三）免、抵、退办法出口销售额	7			—	—
	（四）免税销售额	8			—	—
	其中：免税货物销售额	9				
	免税劳务销售额	10				
税款计算	销项税额	11	180 000			
	进项税额	12	725.05			
	上期留抵税额	13				—
	进项税额转出	14	75.05			
	免、抵、退应退税额	15			—	
	按适用税率计算的纳税检查应补缴税额	16				
	应抵扣税额合计	17=12+13-14-15+16	650		—	
	实际抵扣税额	18（如 17<11，则为 17，否则为 11）	650			
	应纳税额	19=11-18	179 350			
	期末留抵税额	20=17-18				—
	简易计税办法计算的应纳税额	21	45 000			

续表

项　　目	栏次	一般项目		即征即退项目	
		本月数	本年累计	本月数	本年累计
税款计算					
按简易计税办法计算的纳税检查应补缴税额	22			—	—
应纳税额减征额	23	820			
应纳税额合计	24 = 19 + 21 − 23	223 530			
期初未缴税额（多缴为负数）	25				
实收出口开具专用缴款书退税额	26				
本期已缴税额	27 = 28 + 29 + 30 + 31	45 000			
①分次预缴税额	28	45 000	—	—	—
②出口开具专用缴款书预缴税额	29				
③本期缴纳上期应纳税额	30				
④本期缴纳欠缴税额	31				
期末未缴税额（多缴为负数）	32 = 24 + 25 + 26 − 27	178 530			
其中：欠缴税额（≥0）	33 = 25 + 26 − 27			—	—
本期应补（退）税额	34 = 24 − 28 − 29	178 530			
即征即退实际退税额	35	—	—		
期初未缴查补税额	36			—	—
本期入库查补税额	37			—	—
期末未缴查补税额	38 = 16 + 22 + 36 − 37			—	—

授权声明	如果你已委托代理人申报，请填写下列资料： 为代理一切税务事宜，现授权 （地址）为本纳税人的代理申报人，任何与本申报表有关的往来文件，都可寄予此人。 授权人签字：	申报人声明	本纳税申报表是根据国家税收法律法规及相关规定填报的，我确定它是真实的、可靠的、完整的。 声明人签字：

主管税务机关：　　　　　　　接收人：　　　　　　　接收日期：

表 3-2 增值税纳税申报表附列资料（一）

（本期销售情况明细）

纳税人名称：（公章）府城建筑有限公司　　税款所属时间：2019年5月1日至2019年5月31日　　金额单位：元至角分

项目及栏次				开具增值税专用发票		开具其他发票		未开具发票		纳税检查调整		合计			服务、不动产和无形资产本期实际扣除金额	扣除后	
				销售额	销项（应纳）税额	销售额	销项（应纳）税额	销售额	销项（应纳）税额	销售额	销项（应纳）税额	销售额	销项（应纳）税额	价税合计		含税（免税）销售额	销项（应纳）税额
				1	2	3	4	5	6	7	8	9=1+3+5+7	10=2+4+6+8	11=9+10	12	13=11-12	14=13÷(100%+税率或征收率)×税率或征收率
一、一般计税方法计税	全部征税项目	13%税率的货物及加工修理修配劳务	1	2 000 000	180 000	—	—	—	—	—	—	2 000 000	180 000	2 180 000	—	2 180 000	180 000
		13%税率的服务、不动产和无形资产	2														
		9%税率的货物及加工修理修配劳务	3														
		9%税率的服务、不动产和无形资产	4														
		5%税率	5														
	其中：即征即退项目	即征即退货物及加工修理修配劳务	6	—	—	—	—	—	—	—	—	—	—	—	—	—	—
		即征即退服务、不动产和无形资产	7	—	—	—	—	—	—	—	—	—	—	—	—	—	—

续表

项目及栏次		开具增值税专用发票 销售额	开具增值税专用发票 销项(应纳)税额	开具其他发票 销售额	开具其他发票 销项(应纳)税额	未开具发票 销售额	未开具发票 销项(应纳)税额	纳税检查调整 销售额	纳税检查调整 销项(应纳)税额	合计 销售额	合计 销项(应纳)税额	合计 价税合计	服务、不动产和无形资产扣除项目本期实际扣除金额	扣除后 含税(免税)销售额	扣除后 销项(应纳)税额
		1	2	3	4	5	6	7	8	9=1+3+5+7	10=2+4+6+8	11=9+10	12	13=11-12	14=13÷(100%+税率或征收率)×税率或征收率
二、简易计税方法计税 全部征税项目	6%征收率 8														
	5%征收率的货物及加工修理修配劳务 9a														
	5%征收率的服务、不动产和无形资产 9b														
	4%征收率 10														
	3%征收率的货物及加工修理修配劳务 11														
	3%征收率的服务、不动产和无形资产 12	1 500 000	—	45 000	—		—		—	1 500 000	45 000	1 545 000	—	1 545 000	4 500
	预征率% 13a														
	预征率% 13b														
	预征率% 13c														
其中:即征即退项目	即征即退货物及加工修理修配劳务 14	—	—	—	—		—		—	—	—	—	—	—	—
	即征即退服务、不动产和无形资产 15	—	—	—	—		—		—	—	—	—	—	—	—

续表

项目及栏次		开具增值税专用发票		开具其他发票		未开具发票		纳税检查调整		合计			服务、不动产和无形资产扣除项目本期实际扣除金额	扣除后	
		销售额	销项(应纳)税额	销售额	销项(应纳)税额	销售额	销项(应纳)税额	销售额	销项(应纳)税额	销售额	销项(应纳)税额	价税合计		含税(免税)销售额	销项(应纳)税额
		1	2	3	4	5	6	7	8	9=1+3+5+7	10=2+4+6+8	11=9+10	12	13=11−12	14=13÷(100%+税率或征收率)×税率或征收率
三、免抵退税	货物及加工修理修配劳务 16	—	—	—	—	—	—	—	—	—	—	—	—	—	—
	服务、不动产和无形资产 17	—	—	—	—	—	—	—	—	—	—	—	—	—	—
四、免税	货物及加工修理修配劳务 18	—	—	—	—	—	—	—	—	—	—	—	—	—	—
	服务、不动产和无形资产 19	—	—	—	—	—	—	—	—	—	—	—	—	—	—

表 3-3　　　　　　　　　　**增值税纳税申报表附列资料（二）**

（本期进项税额明细）

税款所属时间：2019 年 5 月 1 日至 2019 年 5 月 31 日

纳税人名称：（公章）府城建筑有限公司　　　　　　　　　　　　　　　金额单位：元至角分

一、申报抵扣的进项税额					
项目	栏次	份数	金额	税额	
（一）认证相符的增值税专用发票	1=2+3	3	5 744.95	725.05	
其中：本期认证相符且本期申报抵扣	2	3	5 744.95	725.05	
前期认证相符且本期申报抵扣	3				
（二）其他扣税凭证	4=5+6+7+8a+8b				
其中：海关进口增值税专用缴款书	5				
农产品收购发票或者销售发票	6				
代扣代缴税收缴款凭证	7			—	
加计扣除农产品进项税额	8a		—	—	
其他	8b				
（三）本期用于购建不动产的扣税凭证	9				
（四）本期用于抵扣的旅客运输服务扣税凭证	10				
（五）外贸企业进项税额抵扣证明	11		—		
当期申报抵扣进项税额合计	12=1+4+11				

二、进项税额转出额		
项目	栏次	税额
本期进项税额转出额	13=14 至 23 之和	75.05
其中：免税项目用	14	
集体福利、个人消费	15	
非正常损失	16	
简易计税方法征税项目用	17	
免抵退税办法不得抵扣的进项税额	18	
纳税检查调减进项税额	19	
红字专用发票信息表注明的进项税额	20	
上期留抵税额抵减欠税	21	
上期留抵税额退税	22	
其他应作进项税额转出的情形	23	

续表

	三、待抵扣进项税额			
项目	栏次	份数	金额	税额
（一）认证相符的增值税专用发票	24	—	—	—
期初已认证相符但未申报抵扣	25			
本期认证相符且本期未申报抵扣	26			
期末已认证相符但未申报抵扣	27			
其中：按照税法规定不允许抵扣	28			
（二）其他扣税凭证	29 = 30 至 33 之和			
其中：海关进口增值税专用缴款书	30			
农产品收购发票或者销售发票	31			
代扣代缴税收缴款凭证	32		—	
其他	33			
	34			
	四、其他			
项目	栏次	份数	金额	税额
本期认证相符的增值税专用发票	35	3	5 744.95	725.05
代扣代缴税额	36		—	

表 3-4　　　　　　　增值税纳税申报表附列资料（四）
（税额抵减情况表）

税款所属时间：2019 年 5 月 1 日至 2019 年 5 月 31 日

纳税人名称：（公章）府城建筑有限公司　　　　　　　　　金额单位：元至角分

	一、税额抵减情况					
序号	抵减项目	期初余额	本期发生额	本期应抵减税额	本期实际抵减税额	期末余额
		1	2	3 = 1 + 2	4 ≤ 3	5 = 3 - 4
1	增值税税控系统专用设备费及技术维护费			820	820	0
2	分支机构预征缴纳税款					
3	建筑服务预征缴纳税款					
4	销售不动产预征缴纳税款					
5	出租不动产预征缴纳税款					

续表

二、加计抵减情况

序号	加计抵减项目	期初余额	本期发生额	本期调减额	本期可抵减额	本期实际抵减额	期末余额
		1	2	3	4=1+2-3	5	6=4-5
6	一般项目加计抵减额计算						
7	即征即退项目加计抵减额计算						
8	合计						

表3-5　　　　　　　　　　增值税减免税申报明细表

税款所属时间：2019年5月1日至2019年5月31日

纳税人名称（公章）：府城建筑有限公司　　　　　　　　　　金额单位：元至角分

一、减税项目

减税性质代码及名称	栏次	期初余额	本期发生额	本期应抵减税额	本期实际抵减税额	期末余额
		1	2	3=1+2	4≤3	5=3-4
合计	1		820	820	820	820
0001129914 税控系统专用设备和技术维护费用抵减增值税	2		820	820	820	820
…						

二、免税项目

免税性质代码及名称	栏次	免征增值税项目销售额	免税销售额扣除项目本期实际扣除金额	扣除后免税销售额	免税销售额对应的进项税额	免税额
		1	2	3=1-2	4	5
合计	7					
出口免税	8		—		—	—
其中：跨境服务	9		—		—	—

第三节　增值税申报办理流程

纳税申报是指纳税人按照税法规定的期限和内容向税务机关提交有关纳税事项书面报告的法律行为，是纳税人履行纳税义务、承担法律责任的主要依据，是税务机关税收管理信息的主要来源和税务管理的一项重要制度。

《税收征收管理法》规定,纳税人必须依照法律、行政法规规定或者税务机关依照法律、行政法规的规定确定的申报期限、申报内容如实办理纳税申报,报送纳税申报表、财务会计报表以及税务机关根据实际需要要求纳税人报送的其他纳税资料。扣缴义务人必须依照法律、行政法规规定或者税务机关依照法律、行政法规的规定确定的申报期限、申报内容如实报送代扣代缴、代收代缴税款报告表以及税务机关根据实际需要要求扣缴义务人报送的其他有关资料。

一、纳税人申报办理流程

营改增后办理纳税申报的具体流程如图 3-2 所示。

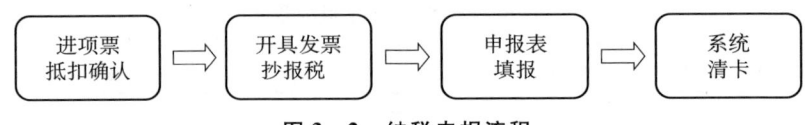

图 3-2 纳税申报流程

（一）进项票抵扣确认

1. 进项发票抵扣方式。

一般纳税人目前进行进项发票认证抵扣有两种方式：第一种是通过网上认证系统扫描认证；第二种是通过发票查询平台进行勾选确认抵扣。两种方式中,如何对进项票抵扣确认,说明如下：

第一种方式：使用网上认证系统打印发票认证清单。

纳税人将上月通过"网上认证"系统认证的增值税专用发票清单打印出来,做准备填报工作。

第二种方式：通过"增值税发票查询平台"勾选确认。

纳税人通过"增值税发票查询平台"进行勾选确认本期要抵扣的进项税额。

根据《关于扩大小规模纳税人自行开具增值税专用发票试点范围等事项的公告》（国家税务总局公告 2019 年第 8 号）,自 2019 年 3 月 1 日起,将取消增值税发票认证的纳税人范围扩大至全部一般纳税人。一般纳税人取得增值税发票（包括增值税专用发票、机动车销售统一发票、收费公路通行费增值税电子普通发票）后,可以自愿使用增值税发票选择确认平台查询、选择用于申报抵扣、出口退税或者代办退税的增值税发票信息。

增值税发票选择确认平台的登录地址由国家税务总局各省、自治区、直辖市和计划单列市税务局确定并公布。

2. 进项发票勾选的具体操作业务流程。

（1）用户使用可以连接互联网的电脑,在 USB 接口插入金税盘或者税控盘登录所在省份的增值税发票查询平台网站。

（2）首次登录平台时,纳税人需确认和修改企业的基本信息,并选择是否设置平台密码及找回问题。平台密码设置后纳税人需输入金税盘或者税控盘的 CA 密码和平台密码的双重密码后，进行平台登录。

（3）纳税人可通过"发票勾选"或"批量勾选"模块，在可勾选和确认时间段内，按照税款所属期对需要抵扣（或退税）的发票进行勾选处理，在"确认勾选"之前可以多次勾选或者撤销勾选。

（4）可进行勾选、确认的时间段，为当月申报期结束后第一日到次月申报截止前 2 日（例如：当月和次月的申报期均为 15 日，当月勾选，确认时间为当月 16 日到次月 13 日）。

（5）纳税人可在每个税款所属期的勾选和确认窗口期内，对当期勾选的发票进行多次确认（必须手工确认）。

（6）平台会在每天晚上将当天纳税人已确认的数据与扫描认证的数据进行同步，纳税人可在执行确认操作的第 2 天通过"抵扣统计"功能查询到准确的可抵扣数据（含勾选确认和扫描认证两类数据）。

备注：纳税人当期可用于申报抵扣或者出口退税的增值税发票，包括纳税人已确认勾选和扫描认证的发票。

（二）开具发票抄报税

从每月 1 月起到每月征期结束，纳税人进入开票系统，开票系统自动进行抄报税，纳税人需要将上月发票开具清单打印出来。

（三）申报表填报

选择一般纳税人和小规模纳税人增值税申报表填报。增值税一般纳税人申报比较复杂，其中增值税主表、附表一销项、附表二进项、附表四抵减、附表五不动产抵扣、固定资产抵扣、本期进项结构表都是必填表，不管有无数据都要点击打开相应报表填写保存。

（四）系统清卡

一般纳税人申报成功上月的增值税报表后，在征期内进入开票系统，系统自动清卡。

具体操作步骤为：进入开票软件，点击【报税处理】→【状态查询】→【增值税专用发票及增值税普通发票】，如果显示上次报税日期为本月 1 日 0 时 0 分，抄税的起始日为下月 1 日，锁死日期为下月，则说明清卡成功。

以 6 月份为例，清卡成功状态显示为：

锁死日期：2019 年 07 月 16 日

上次报税日期：2019 年 06 月 01 日 00 时 00 分

抄税起始日期：2019 年 07 月 01 日

报税资料：无

二、小规模纳税人的纳税申报业务

(一) 增值税小规模纳税人申报业务说明

按季申报的小规模纳税人每个月都需要使用税控设备登录后系统自动抄报税,目前小规模纳税人也要申报比对,所以在季报月份请注意以下几点:

1. 小规模纳税人申报时必须先抄报税后,方可正常申报,未进行税控设备抄报税的纳税人无法网上申报。

2. 小规模纳税人申报时,应准确填写申报表,符合系统比对规则后方可正常申报。对申报比对不通过的,网上申报系统会提示纳税人比对不符原因,并引导纳税人修改申报数据。纳税人须按系统提示准确修改申报数据,符合系统比对后方可正常上传申报数据。

3. 纳税人正常比对通过后,可正常清卡解锁。若纳税人申报时经反复核对仍无法正常申报,则可按照系统提示正常上报但暂不扣缴税款,携一证通、税控设备、增值税申报表、营业执照、经办人身份证到办税服务厅窗口办理相关申报事宜。

季度申报完毕后,注意两点:一是在网报软件中查询是否申报成功或扣款成功;二是在税控系统中及时查看是否清卡,以免造成不便。

(二) 小规模纳税人申报表填写

小规模纳税人进行纳税申报时,须填写以下表格:

1. 《增值税纳税申报表(小规模纳税人适用)》(必填)。

2. 《增值税纳税申报表(小规模纳税人适用)附列资料》(选填),本表由销售服务有扣除项目的纳税人填写,其他小规模纳税人不填报。

3. 《增值税减免税申报明细表》(选填),本表为增值税一般纳税人和增值税小规模纳税人共用表,享受增值税减免税优惠的增值税小规模纳税人需填写本表。发生增值税税控系统专用设备费用、技术维护费以及购置税控收款机费用的增值税小规模纳税人也需填报本表。仅享受月销售额不超过 10 万元(按季纳税 30 万元)免征增值税政策或未达起征点的增值税小规模纳税人不需填本表。

(三) 小规模纳税人申报表填写注意事项及关键点

1. 注意货物及劳务列与服务、不动产和无形资产列分别填写对应的收入,填报列有错误会影响税款的属性。

2. 如果可以享受小微企业增值税政策,则直接将普通发票收入填写在第 9 行以下,1~8 行不填写数据。注意代开或者自开增值税专用发票收入都要填入 8 行以上,一般填在第 1~2 行。

3. 自开增值税专用发票的小规模纳税人应将当期开具专用发票的销售额,

按照3%和5%的征收率，分别填写在《增值税纳税申报表（小规模纳税人适用）》第2栏和第5栏"税务机关代开的增值税专用发票不含税销售额"的"本期数"相应栏次中。

4. 差额纳税人是按照差额前的收入计算销售额，再确定是否享受小微企业增值税政策。

（四）小规模纳税人清卡

小规模纳税人在征期进入开票系统，系统自动清卡。

小规模纳税人查看清卡操作步骤同一般纳税人。

第四章

增值税一般纳税人纳税申报表填写

第一节 主表《增值税纳税申报表(一般纳税人适用)》的填写

一、报表样式(见表4-1)

表4-1 增值税纳税申报表

(一般纳税人适用)

根据国家税收法律法规及增值税相关规定制定本表。纳税人不论有无销售额,均应按税务机关核定的纳税期限填写本表,并向当地税务机关申报。

税款所属时间: 年 月 日至 年 月 日 填表日期: 年 月 日 金额单位:元至角分

纳税人识别号				所属行业		
纳税人名称			法定代表人姓名		注册地址	
开户银行及账号				登记注册类型		电话号码

	项目	栏次	一般项目		即征即退项目	
			本月数	本年累计	本月数	本年累计
销售额	(一)按适用税率计税销售额	1				
	其中:应税货物销售额	2				
	应税劳务销售额	3				
	纳税检查调整的销售额	4				
	(二)按简易办法计税销售额	5				
	其中:纳税检查调整的销售额	6				
	(三)免、抵、退办法出口销售额	7			—	—
	(四)免税销售额	8			—	—
	其中:免税货物销售额	9			—	—
	免税劳务销售额	10			—	—

续表

项目		栏次	一般项目		即征即退项目	
			本月数	本年累计	本月数	本年累计
税款计算	销项税额	11				
	进项税额	12				
	上期留抵税额	13			—	—
	进项税额转出	14				
	免、抵、退应退税额	15			—	—
	按适用税率计算的纳税检查应补缴税额	16			—	—
	应抵扣税额合计	17 = 12 + 13 − 14 − 15 + 16			—	—
	实际抵扣税额	18（如 17＜11，则为 17，否则为 11）				
	应纳税额	19 = 11 − 18				
	期末留抵税额	20 = 17 − 18			—	—
	简易计税办法计算的应纳税额	21				
	按简易计税办法计算的纳税检查应补缴税额	22			—	—
	应纳税额减征额	23				
	应纳税额合计	24 = 19 + 21 − 23				
税收缴纳	期初未缴税额（多缴为负数）	25				
	实收出口开具专用缴款书退税额	26			—	—
	本期已缴税额	27 = 28 + 29 + 30 + 31				
	①分次预缴税额	28			—	—
	②出口开具专用缴款书预缴税额	29			—	—
	③本期缴纳上期应纳税额	30				
	④本期缴纳欠缴税额	31				
	期末未缴税额（多缴为负数）	32 = 24 + 25 + 26 − 27				
	其中：欠缴税额（≥0）	33 = 25 + 26 − 27			—	—
	本期应补（退）税额	34 = 24 − 28 − 29				
	即征即退实际退税额	35	—	—		
	期初未缴查补税额	36				
	本期入库查补税额	37				
	期末未缴查补税额	38 = 16 + 22 + 36 − 37				

续表

项目		栏次	一般项目		即征即退项目	
			本月数	本年累计	本月数	本年累计
授权声明	如果你已委托代理人申报,请填写下列资料: 为代理一切税务事宜,现授权 　　(地址)为本纳税人的代理申报人,任何与本申报表有关的往来文件,都可寄予此人。 授权人签字:		申报人声明	本纳税申报表是根据国家税收法律法规及相关规定填报的,我确定它是真实的、可靠的、完整的。 声明人签字:		

主管税务机关:　　　　　　　接收人:　　　　　　　接收日期:

二、报表填写说明

本纳税申报表及其附列资料填写说明(以下简称"本表及填写说明")适用于增值税一般纳税人(以下简称"纳税人")。

(一)名词解释

1. 本表及填写说明所称"货物",是指增值税的应税货物。

2. 本表及填写说明所称"劳务",是指增值税的应税加工、修理、修配劳务。

3. 本表及填写说明所称"服务、不动产和无形资产",是指销售服务、不动产和无形资产。

4. 本表及填写说明所称"按适用税率计税""按适用税率计算""一般计税方法",均指按"应纳税额=当期销项税额-当期进项税额"公式计算增值税应纳税额的计税方法。

5. 本表及填写说明所称"按简易办法计税""按简易征收办法计算""简易计税方法",均指按"应纳税额=销售额×征收率"公式计算增值税应纳税额的计税方法。

6. 本表及填写说明所称"扣除项目",是指纳税人销售服务、不动产和无形资产,在确定销售额时,按照有关规定允许其从取得的全部价款和价外费用中扣除价款的项目。

(二)《增值税纳税申报表(一般纳税人适用)》填写说明

1. "税款所属时间":指纳税人申报的增值税应纳税额的所属时间,应填写具体的起止年、月、日。

2. "填表日期":指纳税人填写本表的具体日期。

3. "纳税人识别号":填写纳税人的税务登记证件号码(统一社会信用代码)。

4. "所属行业":按照国民经济行业分类与代码中的小类行业填写。

5. "纳税人名称":填写纳税人单位名称全称。

6. "法定代表人姓名":填写纳税人法定代表人的姓名。

7. "注册地址":填写纳税人税务登记证件所注明的详细地址。

8. "生产经营地址":填写纳税人实际生产经营地的详细地址。

9. "开户银行及账号":填写纳税人开户银行的名称和纳税人在该银行的结算账户号码。

10. "登记注册类型":按纳税人税务登记证件的栏目内容填写。

11. "电话号码":填写可联系到纳税人的常用电话号码。

12. "即征即退项目"列:填写纳税人按规定享受增值税即征即退政策的货物、劳务和服务、不动产、无形资产的征(退)税数据。

13. "一般项目"列:填写除享受增值税即征即退政策以外的货物、劳务和服务、不动产、无形资产的征(免)税数据。

14. "本年累计"列:一般填写本年度内各月"本月数"之和。其中,第13、20、25、32、36、38栏及第18栏"实际抵扣税额"中的"一般项目"列的"本年累计"分别按本填写说明第27、34、39、46、50、52、32条要求填写。

15. 第1栏"(一)按适用税率计税销售额":填写纳税人本期按一般计税方法计算缴纳增值税的销售额,包含在财务上不作销售但按税法规定应缴纳增值税的视同销售和价外费用的销售额;外贸企业作价销售进料加工复出口货物的销售额;税务、财政、审计部门检查后按一般计税方法计算调整的销售额。

营业税改征增值税的纳税人,服务、不动产和无形资产有扣除项目的,本栏应填写扣除之前的不含税销售额。

本栏"一般项目"列"本月数" = 《增值税纳税申报表附列资料(一)》(以下简称《附列资料(一)》)第9列第1至5行之和 - 第9列第6、7行之和;

本栏"即征即退项目"列"本月数" = 《附列资料(一)》第9列第6、7行之和。

16. 第2栏"其中:应税货物销售额":填写纳税人本期按适用税率计算增值税的应税货物的销售额,包含在财务上不作销售但按税法规定应缴纳增值税的视同销售货物和价外费用销售额,以及外贸企业作价销售进料加工复出口货物的销售额。

17. 第3栏"应税劳务销售额":填写纳税人本期按适用税率计算增值税的应税劳务的销售额。

18. 第4栏"纳税检查调整的销售额":填写纳税人因税务、财政、审计部门检查,并按一般计税方法在本期计算调整的销售额。但享受增值税即征即退政策的货物、劳务和服务、不动产、无形资产,经纳税检查属于偷税的,不填入"即征即退项目"列,而应填入"一般项目"列。

营业税改征增值税的纳税人,服务、不动产和无形资产有扣除项目的,本栏应填写扣除之前的不含税销售额。

本栏"一般项目"列"本月数" =《附列资料（一）》第 7 列第 1 至 5 行之和。

19. 第 5 栏"按简易办法计税销售额"：填写纳税人本期按简易计税方法计算增值税的销售额，包含纳税检查调整按简易计税方法计算增值税的销售额。

营业税改征增值税的纳税人，服务、不动产和无形资产有扣除项目的，本栏应填写扣除之前的不含税销售额；服务、不动产和无形资产按规定汇总计算缴纳增值税的分支机构，其当期按预征率计算缴纳增值税的销售额也填入本栏。

本栏"一般项目"列"本月数" ≥《附列资料（一）》第 9 列第 8 至 13b 行之和 - 第 9 列第 14、15 行之和；

本栏"即征即退项目"列"本月数" ≥《附列资料（一）》第 9 列第 14、15 行之和。

20. 第 6 栏"其中：纳税检查调整的销售额"：填写纳税人因税务、财政、审计部门检查，并按简易计税方法在本期计算调整的销售额。但享受增值税即征即退政策的货物、劳务和服务、不动产、无形资产，经纳税检查属于偷税的，不填入"即征即退项目"列，而应填入"一般项目"列。

营业税改征增值税的纳税人，服务、不动产和无形资产有扣除项目的，本栏应填写扣除之前的不含税销售额。

21. 第 7 栏"免、抵、退办法出口销售额"：填写纳税人本期适用免、抵、退税办法的出口货物、劳务和服务、无形资产的销售额。

营业税改征增值税的纳税人，服务、无形资产有扣除项目的，本栏应填写扣除之前的销售额。

本栏"一般项目"列"本月数" =《附列资料（一）》第 9 列第 16、17 行之和。

22. 第 8 栏"免税销售额"：填写纳税人本期按照税法规定免征增值税的销售额和适用零税率的销售额，但零税率的销售额中不包括适用免、抵、退税办法的销售额。

营业税改征增值税的纳税人，服务、不动产和无形资产有扣除项目的，本栏应填写扣除之前的免税销售额。

本栏"一般项目"列"本月数" =《附列资料（一）》第 9 列第 18、19 行之和。

23. 第 9 栏"其中：免税货物销售额"：填写纳税人本期按照税法规定免征增值税的货物销售额及适用零税率的货物销售额，但零税率的销售额中不包括适用免、抵、退税办法出口货物的销售额。

24. 第 10 栏"免税劳务销售额"：填写纳税人本期按照税法规定免征增值税的劳务销售额及适用零税率的劳务销售额，但零税率的销售额中不包括适用免、抵、退税办法的劳务的销售额。

25. 第 11 栏"销项税额"：填写纳税人本期按一般计税方法计税的货物、劳务和服务、不动产、无形资产的销项税额。

营业税改征增值税的纳税人，服务、不动产和无形资产有扣除项目的，本栏应填写扣除之后的销项税额。

本栏"一般项目"列"本月数"=《附列资料(一)》(第10列第1、3行之和-第10列第6行)+(第14列第2、4、5行之和-第14列第7行);

本栏"即征即退项目"列"本月数"=《附列资料(一)》第10列第6行+第14列第7行。

26. 第12栏"进项税额":填写纳税人本期申报抵扣的进项税额。

本栏"一般项目"列"本月数"+"即征即退项目"列"本月数"=《附列资料(二)》第12栏"税额"。

27. 第13栏"上期留抵税额":"本月数"按上一税款所属期申报表第20栏"期末留抵税额""本月数"填写。本栏"一般项目"列"本年累计"不填写。

28. 第14栏"进项税额转出":填写纳税人已经抵扣,但按税法规定本期应转出的进项税额。

本栏"一般项目"列"本月数"+"即征即退项目"列"本月数"=《附列资料(二)》第13栏"税额"。

29. 第15栏"免、抵、退应退税额":反映税务机关退税部门按照出口货物、劳务和服务、无形资产免、抵、退办法审批的增值税应退税额。

30. 第16栏"按适用税率计算的纳税检查应补缴税额":填写税务、财政、审计部门检查,按一般计税方法计算的纳税检查应补缴的增值税税额。

本栏"一般项目"列"本月数"≤《附列资料(一)》第8列第1至5行之和+《附列资料(二)》第19栏。

31. 第17栏"应抵扣税额合计":填写纳税人本期应抵扣进项税额的合计数。按表中所列公式计算填写。

32. 第18栏"实际抵扣税额":"本月数"按表中所列公式计算填写。本栏"一般项目"列"本年累计"不填写。

33. 第19栏"应纳税额":反映纳税人本期按一般计税方法计算并应缴纳的增值税额。

(1) 适用加计抵减政策的纳税人,按以下公式填写。

本栏"一般项目"列"本月数"=第11栏"销项税额""一般项目"列"本月数"-第18栏"实际抵扣税额""一般项目"列"本月数"-"实际抵减额";

本栏"即征即退项目"列"本月数"=第11栏"销项税额""即征即退项目"列"本月数"-第18栏"实际抵扣税额""即征即退项目"列"本月数"-"实际抵减额"。

适用加计抵减政策的纳税人,是指按照规定计提加计抵减额,并可从本期适用一般计税方法计算的应纳税额中抵减的纳税人(下同)。"实际抵减额"是指按照规定可从本期适用一般计税方法计算的应纳税额中抵减的加计抵减额,分别对应《附列资料(四)》第6行"一般项目加计抵减额计算"、第7行"即征即退项目加计抵减额计算"的"本期实际抵减额"列。

（2）其他纳税人按表中所列公式填写。

34. 第 20 栏"期末留抵税额"："本月数"按表中所列公式填写。本栏"一般项目"列"本年累计"不填写。

35. 第 21 栏"简易计税办法计算的应纳税额"：反映纳税人本期按简易计税方法计算并应缴纳的增值税额，但不包括按简易计税方法计算的纳税检查应补缴税额。按以下公式计算填写：

本栏"一般项目"列"本月数" =《附列资料（一）》（第 10 列第 8、9a、10、11 行之和 − 第 10 列第 14 行） + （第 14 列第 9b、12、13a、13b 行之和 − 第 14 列第 15 行）；

本栏"即征即退项目"列"本月数" =《附列资料（一）》第 10 列第 14 行 + 第 14 列第 15 行。

营业税改征增值税的纳税人，服务、不动产和无形资产按规定汇总计算缴纳增值税的分支机构，应将预征增值税额填入本栏。预征增值税额 = 应预征增值税的销售额 × 预征率。

36. 第 22 栏"按简易计税办法计算的纳税检查应补缴税额"：填写纳税人本期因税务、财政、审计部门检查并按简易计税方法计算的纳税检查应补缴税额。

37. 第 23 栏"应纳税额减征额"：填写纳税人本期按照税法规定减征的增值税应纳税额。包含按照规定可在增值税应纳税额中全额抵减的增值税税控系统专用设备费用以及技术维护费。

当本期减征额小于或等于第 19 栏"应纳税额"与第 21 栏"简易计税办法计算的应纳税额"之和时，按本期减征额实际填写；当本期减征额大于第 19 栏"应纳税额"与第 21 栏"简易计税办法计算的应纳税额"之和时，按本期第 19 栏与第 21 栏之和填写。本期减征额不足抵减部分结转下期继续抵减。

38. 第 24 栏"应纳税额合计"：反映纳税人本期应缴增值税的合计数。按表中所列公式计算填写。

39. 第 25 栏"期初未缴税额（多缴为负数）"："本月数"按上一税款所属期申报表第 32 栏"期末未缴税额（多缴为负数）""本月数"填写。"本年累计"按上年度最后一个税款所属期申报表第 32 栏"期末未缴税额（多缴为负数）""本年累计"填写。

40. 第 26 栏"实收出口开具专用缴款书退税额"：本栏不填写。

41. 第 27 栏"本期已缴税额"：反映纳税人本期实际缴纳的增值税额，但不包括本期入库的查补税款。按表中所列公式计算填写。

42. 第 28 栏"①分次预缴税额"：填写纳税人本期已缴纳的准予在本期增值税应纳税额中抵减的税额。

营业税改征增值税的纳税人，分以下几种情况填写：

（1）服务、不动产和无形资产按规定汇总计算缴纳增值税的总机构，其可以从本期增值税应纳税额中抵减的分支机构已缴纳的税款，按当期实际可抵减数填入本栏，不足抵减部分结转下期继续抵减。

（2）销售建筑服务并按规定预缴增值税的纳税人，其可以从本期增值税应纳税额中抵减的已缴纳的税款，按当期实际可抵减数填入本栏，不足抵减部分结转下期继续抵减。

（3）销售不动产并按规定预缴增值税的纳税人，其可以从本期增值税应纳税额中抵减的已缴纳的税款，按当期实际可抵减数填入本栏，不足抵减部分结转下期继续抵减。

（4）出租不动产并按规定预缴增值税的纳税人，其可以从本期增值税应纳税额中抵减的已缴纳的税款，按当期实际可抵减数填入本栏，不足抵减部分结转下期继续抵减。

43. 第29栏"②出口开具专用缴款书预缴税额"：本栏不填写。

44. 第30栏"③本期缴纳上期应纳税额"：填写纳税人本期缴纳上一税款所属期应缴未缴的增值税额。

45. 第31栏"④本期缴纳欠缴税额"：反映纳税人本期实际缴纳和留抵税额抵减的增值税欠缴税额，但不包括缴纳入库的查补增值税额。

46. 第32栏"期末未缴税额（多缴为负数）"："本月数"反映纳税人本期期末应缴未缴的增值税额，但不包括纳税检查应缴未缴的税额。按表中所列公式计算填写。"本年累计"与"本月数"相同。

47. 第33栏"其中：欠缴税额（≥0）"：反映纳税人按照税法规定已形成欠税的增值税额。按表中所列公式计算填写。

48. 第34栏"本期应补（退）税额"：反映纳税人本期应纳税额中应补缴或应退回的数额。按表中所列公式计算填写。

49. 第35栏"即征即退实际退税额"：反映纳税人本期因符合增值税即征即退政策规定，而实际收到的税务机关退回的增值税额。

50. 第36栏"期初未缴查补税额"："本月数"按上一税款所属期申报表第38栏"期末未缴查补税额""本月数"填写。"本年累计"按上年度最后一个税款所属期申报表第38栏"期末未缴查补税额""本年累计"填写。

51. 第37栏"本期入库查补税额"：反映纳税人本期因税务、财政、审计部门检查而实际入库的增值税额，包括按一般计税方法计算并实际缴纳的查补增值税额和按简易计税方法计算并实际缴纳的查补增值税额。

52. 第38栏"期末未缴查补税额"："本月数"反映纳税人接受纳税检查后应在本期期末缴纳而未缴纳的查补增值税额。按表中所列公式计算填写，"本年累计"与"本月数"相同。

第二节 《增值税纳税申报表附列资料（一）》（本期销售情况明细）的填写

一、报表样式（见表4-2）

表4-2 增值税纳税申报表附列资料（一）
（本期销售情况明细）

纳税人名称：（公章）　　税款所属时间：　年　月　日至　年　月　日　　金额单位：元至角分

项目及栏次			开具增值税专用发票		开具其他发票		未开具发票		纳税检查调整		合计		价税合计	服务、不动产和无形资产扣除项目本期实际扣除金额	扣除后	
			销售额	销项（应纳）税额	销售额	销项（应纳）税额	销售额	销项（应纳）税额	销售额	销项（应纳）税额	销售额	销项（应纳）税额	含税（免税）销售额		销售额	销项（应纳）税额
			1	2	3	4	5	6	7	8	9=1+3+5+7	10=2+4+6+8	11=9+10	12	13=11-12	14=13÷(100%+税率或征收率)×税率或征收率
一、一般计税方法计税	全部征税项目	13%税率的货物及加工修理修配劳务	1													
		13%税率的服务、不动产和无形资产	2											—	—	—
		9%税率的货物及加工修理修配劳务	3													
		9%税率的服务、不动产和无形资产	4											—	—	—
		6%税率	5													

续表

项目及栏次			开具增值税专用发票		开具其他发票		未开具发票		纳税检查调整		合计			服务、不动产和无形资产扣除项目本期实际扣除金额	扣除后	
			销售额	销项(应纳)税额	销售额	销项(应纳)税额	销售额	销项(应纳)税额	销售额	销项(应纳)税额	销售额	销项(应纳)税额	价税合计		含税(免税)销售额	销项(应纳)税额
			1	2	3	4	5	6	7	8	9=1+3+5+7	10=2+4+6+8	11=9+10	12	13=11-12	14=13÷(100%+税率或征收率)×税率或征收率
一、一般计税方法计税	其中:即征即退项目	6 即征即退货物及加工修理修配劳务														
		7 即征即退服务、不动产和无形资产														
二、简易计税方法计税	全部征税项目	8 6%征收率	—	—	—	—	—	—	—	—	—	—	—	—	—	—
		9a 5%征收率的货物及加工修理修配劳务	—	—	—	—	—	—	—	—	—	—	—	—	—	—
		9b 5%征收率的服务、不动产和无形资产														
		10 4%征收率	—	—	—	—	—	—	—	—	—	—	—	—	—	—
		11 3%征收率的货物及加工修理修配劳务	—	—	—	—	—	—	—	—	—	—	—	—	—	—
		12 3%征收率的服务、不动产和无形资产														
		13a 预征率 %	—	—	—	—	—	—	—	—	—	—	—	—	—	—
		13b 预征率 %	—	—	—	—	—	—	—	—	—	—	—	—	—	—
		13c 预征率 %	—	—	—	—	—	—	—	—	—	—	—	—	—	—

续表

项目及栏次		开具增值税专用发票		开具其他发票		未开具发票		纳税检查调整		合计			服务、不动产和无形资产扣除项目本期实际扣除金额	扣除后	
		销售额	销项(应纳)税额	销售额	销项(应纳)税额	销售额	销项(应纳)税额	销售额	销项(应纳)税额	销售额	销项(应纳)税额	价税合计		含税(免税)销售额	销项(应纳)税额
	栏次	1	2	3	4	5	6	7	8	9=1+3+5+7	10=2+4+6+8	11=9+10	12	13=11-12	14=13÷(100%+税率或征收率)×税率或征收率
二、简易计税方法计税	14														
其中:即征即退项目 即征即退货物及加工修理修配劳务	15	—	—	—	—	—	—	—	—	—	—	—	—	—	—
即征即退服务、不动产和无形资产	16	—	—	—	—	—	—	—	—	—	—	—	—	—	—
三、免抵退税 货物及加工修理修配劳务	17	—	—	—	—	—	—	—	—	—	—	—	—	—	—
服务、不动产和无形资产	18	—	—	—	—	—	—	—	—	—	—	—	—	—	—
四、免税 货物及加工修理修配劳务	19	—	—	—	—	—	—	—	—	—	—	—	—	—	—

二、报表填写说明

"税款所属时间""纳税人名称"的填写同《增值税纳税申报表（一般纳税人适用）》（以下简称"主表"）。

（一）各列说明

1. 第1至2列"开具增值税专用发票"：反映本期开具增值税专用发票（含税控机动车销售统一发票，下同）的情况。

2. 第3至4列"开具其他发票"：反映除增值税专用发票以外本期开具的其他发票的情况。

3. 第5至6列"未开具发票"：反映本期未开具发票的销售情况。

4. 第7至8列"纳税检查调整"：反映经税务、财政、审计部门检查并在本期调整的销售情况。

5. 第9至11列"合计"：按照表中所列公式填写。

营业税改征增值税的纳税人，服务、不动产和无形资产有扣除项目的，第1至11列应填写扣除之前的征（免）税销售额、销项（应纳）税额和价税合计额。

6. 第12列"服务、不动产和无形资产扣除项目本期实际扣除金额"：营业税改征增值税的纳税人，服务、不动产和无形资产有扣除项目的，按《增值税纳税申报表附列资料（三）》（以下简称《附列资料（三）》）第5列对应各行次数据填写，其中本列第5栏等于《附列资料（三）》第5列第3行与第4行之和；服务、不动产和无形资产无扣除项目的，本列填写"0"。其他纳税人不填写。

营业税改征增值税的纳税人，服务、不动产和无形资产按规定汇总计算缴纳增值税的分支机构，当期服务、不动产和无形资产有扣除项目的，填入本列第13行。

7. 第13列"扣除后""含税（免税）销售额"：营业税改征增值税的纳税人，服务、不动产和无形资产有扣除项目的，本列各行次＝第11列对应各行次－第12列对应各行次。其他纳税人不填写。

8. 第14列"扣除后""销项（应纳）税额"：营业税改征增值税的纳税人，按以下要求填写本列，其他纳税人不填写。

（1）服务、不动产和无形资产按照一般计税方法计税。

本列第2行、第4行：若本行第12列为0，则该行次第14列等于第10列。若本行第12列不为0，则仍按照第14列所列公式计算。计算后的结果与纳税人实际计提销项税额有差异的，按实际填写。

本列第 5 行 = 第 13 列 ÷ （100% + 对应行次税率）× 对应行次税率。

本列第 7 行按一般计税方法计税的"即征即退服务、不动产和无形资产"具体填写要求见"各行说明"第 2 条第（2）项第③点的说明。

（2）服务、不动产和无形资产按照简易计税方法计税。

本列各行次 = 第 13 列 ÷ （100% + 对应行次征收率）× 对应行次征收率。

本列第 13 行"预征率%"不按本列的说明填写。具体填写要求见"各行说明"第 4 条第（2）项。

（3）服务、不动产和无形资产实行免抵退税或免税的，本列不填写。

（二）各行说明

1. 第 1 至 5 行"一、一般计税方法计税""全部征税项目"各行：按不同税率和项目分别填写按一般计税方法计算增值税的全部征税项目。有即征即退征税项目的纳税人，本部分数据中既包括即征即退征税项目，又包括不享受即征即退政策的一般征税项目。

2. 第 6 至 7 行"一、一般计税方法计税""其中：即征即退项目"各行：只反映按一般计税方法计算增值税的即征即退项目。按照税法规定不享受即征即退政策的纳税人，不填写本行。即征即退项目是全部征税项目的其中数。

（1）第 6 行"即征即退货物及加工修理修配劳务"：反映按一般计税方法计算增值税且享受即征即退政策的货物和加工修理修配劳务。本行不包括服务、不动产和无形资产的内容。

①本行第 9 列"合计""销售额"栏：反映按一般计税方法计算增值税且享受即征即退政策的货物及加工修理修配劳务的不含税销售额。该栏不按第 9 列所列公式计算，应按照税法规定据实填写。

②本行第 10 列"合计""销项（应纳）税额"栏：反映按一般计税方法计算增值税且享受即征即退政策的货物及加工修理修配劳务的销项税额。该栏不按第 10 列所列公式计算，应按照税法规定据实填写。

（2）第 7 行"即征即退服务、不动产和无形资产"：反映按一般计税方法计算增值税且享受即征即退政策的服务、不动产和无形资产。本行不包括货物及加工修理修配劳务的内容。

①本行第 9 列"合计""销售额"栏：反映按一般计税方法计算增值税且享受即征即退政策的服务、不动产和无形资产的不含税销售额。服务、不动产和无形资产有扣除项目的，按扣除之前的不含税销售额填写。该栏不按第 9 列所列公式计算，应按照税法规定据实填写。

②本行第 10 列"合计""销项（应纳）税额"栏：反映按一般计税方法计算增值税且享受即征即退政策的服务、不动产和无形资产的销项税额。服务、不

动产和无形资产有扣除项目的,按扣除之前的销项税额填写。该栏不按第10列所列公式计算,应按照税法规定据实填写。

③本行第14列"扣除后""销项(应纳)税额"栏:反映按一般计税方法征收增值税且享受即征即退政策的服务、不动产和无形资产实际应计提的销项税额。服务、不动产和无形资产有扣除项目的,按扣除之后的销项税额填写;服务、不动产和无形资产无扣除项目的,按本行第10列填写。该栏不按第14列所列公式计算,应按照税法规定据实填写。

3. 第8至12行"二、简易计税方法计税""全部征税项目"各行:按不同征收率和项目分别填写按简易计税方法计算增值税的全部征税项目。有即征即退征税项目的纳税人,本部分数据中既包括即征即退项目,也包括不享受即征即退政策的一般征税项目。

4. 第13a至13c行"二、简易计税方法计税""预征率%":反映营业税改征增值税的纳税人,服务、不动产和无形资产按规定汇总计算缴纳增值税的分支机构,预征增值税销售额、预征增值税应纳税额。其中,第13a行"预征率%"适用于所有实行汇总计算缴纳增值税的分支机构纳税人;第13b、13c行"预征率%"适用于部分实行汇总计算缴纳增值税的铁路运输纳税人。

(1)第13a至13c行第1至6列按照销售额和销项税额的实际发生数填写。

(2)第13a至13c行第14列,纳税人按"应预征缴纳的增值税 = 应预征增值税销售额×预征率"公式计算后据实填写。

5. 第14至15行"二、简易计税方法计税""其中:即征即退项目"各行:只反映按简易计税方法计算增值税的即征即退项目。按照税法规定不享受即征即退政策的纳税人,不填写本行。即征即退项目是全部征税项目的其中数。

(1)第14行"即征即退货物及加工修理修配劳务":反映按简易计税方法计算增值税且享受即征即退政策的货物及加工修理修配劳务。本行不包括服务、不动产和无形资产的内容。

①本行第9列"合计""销售额"栏:反映按简易计税方法计算增值税且享受即征即退政策的货物及加工修理修配劳务的不含税销售额。该栏不按第9列所列公式计算,应按照税法规定据实填写。

②本行第10列"合计""销项(应纳)税额"栏:反映按简易计税方法计算增值税且享受即征即退政策的货物及加工修理修配劳务的应纳税额。该栏不按第10列所列公式计算,应按照税法规定据实填写。

(2)第15行"即征即退服务、不动产和无形资产":反映按简易计税方法计算增值税且享受即征即退政策的服务、不动产和无形资产。本行不包括货物及加工修理修配劳务的内容。

①本行第 9 列"合计""销售额"栏：反映按简易计税方法计算增值税且享受即征即退政策的服务、不动产和无形资产的不含税销售额。服务、不动产和无形资产有扣除项目的，按扣除之前的不含税销售额填写。该栏不按第 9 列所列公式计算，应按照税法规定据实填写。

②本行第 10 列"合计""销项（应纳）税额"栏：反映按简易计税方法计算增值税且享受即征即退政策的服务、不动产和无形资产的应纳税额。服务、不动产和无形资产有扣除项目的，按扣除之前的应纳税额填写。该栏不按第 10 列所列公式计算，应按照税法规定据实填写。

③本行第 14 列"扣除后""销项（应纳）税额"栏：反映按简易计税方法计算增值税且享受即征即退政策的服务、不动产和无形资产实际应计提的应纳税额。服务、不动产和无形资产有扣除项目的，按扣除之后的应纳税额填写；服务、不动产和无形资产无扣除项目的，按本行第 10 列填写。

6. 第 16 行"三、免抵退税""货物及加工修理修配劳务"：反映适用免、抵、退税政策的出口货物、加工修理修配劳务。

7. 第 17 行"三、免抵退税""服务、不动产和无形资产"：反映适用免、抵、退税政策的服务、不动产和无形资产。

8. 第 18 行"四、免税""货物及加工修理修配劳务"：反映按照税法规定免征增值税的货物及劳务和适用零税率的出口货物及劳务，但零税率的销售额中不包括适用免、抵、退税办法的出口货物及劳务。

9. 第 19 行"四、免税""服务、不动产和无形资产"：反映按照税法规定免征增值税的服务、不动产、无形资产和适用零税率的服务、不动产、无形资产，但零税率的销售额中不包括适用免、抵、退税办法的服务、不动产和无形资产。

纳税人适用计税方法的业务，当期取得的收入根据不同的税率确定销售额和销项税额，分别填写到对应的"开具增值专用发票""开具其他发票""未开具发票"列中。

三、案例讲解

【例 4-1】某市 A 物业公司为增值税一般纳税人，2019 年 7 月取得不含税业务管理费收入 1 800 000 元，开具了增值税专用发票；2019 年 7 月 4 日取得写字楼停车场对外提供车辆停放服务收入 1 090 000 元（含税），开具增值税专用发票。

销项税额 = 1 800 000 × 6% + 1 090 000 ÷ （1 + 9%） × 9% = 198 000（元）

A 物业公司填报的《增值税纳税申报表附列资料（一）》如表 4-3 所示。

表4-3

增值税纳税申报表附列资料（一）（部分）

（本期销售情况明细）

纳税人名称：（公章）A物业公司　　税款所属时间：2019年7月1日至2019年7月31日　　金额单位：元至角分

项目及栏次			开具增值税专用发票		开具其他发票		未开具发票		纳税检查调整		合计		价税合计	服务、不动产和无形资产扣除项目本期实际扣除金额	扣除后	
			销售额	销项（应纳）税额	销售额	销项（应纳）税额	销售额	销项（应纳）税额	销售额	销项（应纳）税额	销售额	销项（应纳）税额			含税（免税）销售额	销项（应纳）税额
			1	2	3	4	5	6	7	8	9=1+3+5+7	10=2+4+6+8	11=9+10	12	13=11-12	14=13÷(100%+税率或征收率)×税率或征收率
一、一般计税方法计税	全部征税项目	13%税率的货物及加工修理修配劳务 1														
		13%税率的服务、不动产和无形资产 2														
		9%税率的货物及加工修理修配劳务 3														
		9%税率的服务、不动产和无形资产 4	1 000 000	—	—	—	—	—	—	—	1 000 000	90 000	1 090 000	0	1 090 000	90 000
		6%税率 5	1 800 000	108 000	—	—	—	—	—	—	1 800 000	108 000	1 908 000	0	1 908 000	108 000
	其中：即征即退项目	即征即退货物及加工修理修配劳务 6	—	—	—	—	—	—	—	—	—	—	—	—	—	—
		即征即退服务、不动产和无形资产 7	—	—	—	—	—	—	—	—	—	—	—	—	—	—

第三节 简易计税报表的填写

一、一般纳税人简易计税项目

一般纳税人简易计税项目如表 4-4 和表 4-5 所示。

表 4-4 "营改增"一般纳税人简易计税项目

业务项目	政策
（一）一般纳税人发生的下列应税行为	
1. 公共交通运输服务	可以选择适用简易计税方法计税
2. 经认定的动漫企业为开发动漫产品提供的动漫设计、制作等服务及在境内转让动漫版权	可以选择适用简易计税方法计税
3. 电影放映服务、仓储服务、装卸搬运服务、收派服务和文化体育服务	可以选择适用简易计税方法计税
4. 以纳入营改增试点之日前取得的有形动产为标的物提供的经营租赁服务	可以选择适用简易计税方法计税
5. 在纳入营改增试点之日前签订的尚未执行完毕的有形动产租赁合同	可以选择适用简易计税方法计税
6. 以清包工方式提供的建筑服务	可以选择适用简易计税方法计税
7. 为甲供工程提供的建筑服务	可以选择适用简易计税方法计税
8. 为建筑工程老项目提供的建筑服务	可以选择适用简易计税方法计税
9. 公路经营企业收取试点前开工的高速公路的车辆通行费	可减按 3% 的征收率计算应纳税额
10. 跨县（市）提供建筑服务	选择适用简易计税方法计税的，应以全部价款和价外费用扣除支付的分包款后的余额为销售额，按照 3% 的征收率在建筑服务发生地预缴税款
（二）一般人销售不动产	
11. 一般纳税人销售其 2016 年 4 月 30 日前取得的不动产（不含自建）	可以选择适用简易计税方法，以取得的全部价款和价外费用减去该项不动产购置原价或者取得不动产时的作价，按照 5% 的征收率在不动产所在地预缴税款，向机构所在地主管税务机关进行纳税申报
12. 一般纳税人销售其 2016 年 4 月 30 日前自建的不动产	可以选择适用简易计税方法，以取得全部价款和价外费用为销售额，按照 5% 的征收率在不动产所在地预缴税款，向机构所在地主管税务机关进行纳税申报
13. 房地产开发企业中的一般纳税人，销售自行开发的房地产老项目	可以选择适用简易计税方法按照 5% 的征收率计税

续表

业务项目	政策
（三）一般纳税人租赁不动产	
14. 一般纳税人出租其 2016 年 4 月 30 日前取得的不动产	可以选择适用简易计税方法，按照 5% 的征收率计算应纳税额。纳税人出租其 2016 年 4 月 30 日前取得的与机构所在地不在同一县（市）的不动产，应按照上述方法在不动产所在地预缴税款

表 4-5　　　　　　　　原增值税一般纳税人简易计税项目

业务项目	政策
（一）一般纳税人纳税人销售自己使用过的物品	
销售自己使用过的 2008 年 12 月 31 日以前购进或者自制的固定资产	按简易办法依 3% 征收率减按 2% 征收增值税
销售自己使用过的 2009 年 1 月 1 日以后购进或者自制的固定资产	按照适用税率征收增值税
销售自己使用过的除固定资产以外的物品	按照适用税率征收增值税
（二）一般纳税人纳税人销售旧货	
销售旧货	按简易办法依 3% 征收率减按 2% 征收增值税
（三）一般纳税人销售自产的下列产品	
1. 县级及县级以下小型水力发电单位生产的电力。小型水力发电单位，是指各类投资主体建设的装机容量为 5 万千瓦以下（含 5 万千瓦）的小型水力发电单位	依照 3% 征收率征收增值税
2. 建筑用和生产建筑材料所用的砂土、石料	依照 3% 征收率征收增值税
3. 以自己采掘的砂土、石料或其他矿产连续生产的砖、瓦、石灰（不含粘土实心砖、瓦）	依照 3% 征收率征收增值税
4. 用微生物、微生物代谢产物、动物毒素、人或动物的血液或组织制成的生物制品	依照 3% 征收率征收增值税
5. 自来水	依照 3% 征收率征收增值税
6. 商品混凝土（仅限于以水泥为原料生产的水泥混凝土）	依照 3% 征收率征收增值税
（四）一般纳税人销售货物属于下列情形的	
1. 寄售商店代销寄售物品（包括居民个人寄售的物品在内）	依照 3% 征收率征收增值税
2. 典当业销售死当物品	依照 3% 征收率征收增值税
3. 一般纳税人的自来水公司销售自来水	依照 3% 征收率征收增值税
4. 拍卖行取得的拍卖收入	依照 3% 征收率征收增值税
5. 一般纳税人单采血浆站销售非临床用人体血浆	依照 3% 征收率征收增值税

二、报表填写说明

适用于简易办法计税的纳税人在填写《增值税纳税申报表附列资料（一）》（见表 4-6）第 8 至 15 行时，填写方法参见本书第四章第二节的填写说明部分。

表 4-6　增值税纳税申报表附列资料（一）（部分）

（本期销售情况明细）

纳税人名称：(公章)　　税款所属时间：　年　月　日至　年　月　日　　金额单位：元至角分

项目及栏次		开具增值税专用发票		开具其他发票		未开具发票		纳税检查调整		合计			服务、不动产和无形资产扣除项目本期实际扣除金额	扣除后	
		销售额	销项(应纳)税额	销售额	销项(应纳)税额	销售额	销项(应纳)税额	销售额	销项(应纳)税额	销售额	销项(应纳)税额	价税合计		含税(免税)销售额	销项(应纳)税额
	栏次	1	2	3	4	5	6	7	8	9=1+3+5+7	10=2+4+6+8	11=9+10	12	13=11-12	14=13÷(100%+税率或征收率)×税率或征收率
二、简易计税方法计税　全部征税项目	6%征收率　　　　　8														
	5%征收率的货物及加工修配劳务　9a	—	—	—	—	—	—	—	—	—	—	—	—	—	—
	5%征收率的服务、不动产和无形资产　9b	—	—	—	—	—	—	—	—	—	—	—	—	—	—
	4%征收率　　　　　10	—	—	—	—	—	—	—	—	—	—	—	—	—	—
	3%征收率的货物及加工修配劳务　11	—	—	—	—	—	—	—	—	—	—	—	—	—	—
	3%征收率的服务、不动产和无形资产　12	—	—	—	—	—	—	—	—	—	—	—	—	—	—
	预征率%　　　　　13a	—	—	—	—	—	—	—	—	—	—	—	—	—	—
	预征率%　　　　　13b	—	—	—	—	—	—	—	—	—	—	—	—	—	—
	预征率%　　　　　13c	—	—	—	—	—	—	—	—	—	—	—	—	—	—

续表

项目及栏次		开具增值税专用发票		开具其他发票		未开具发票		纳税检查调整		合计			服务、不动产和无形资产扣除项目本期实际扣除金额	扣除后	
		销售额	销项(应纳)税额	销售额	销项(应纳)税额	销售额	销项(应纳)税额	销售额	销项(应纳)税额	销售额	销项(应纳)税额	价税合计		含税(免税)销售额	销项(应纳)税额
		1	2	3	4	5	6	7	8	9=1+3+5+7	10=2+4+6+8	11=9+10	12	13=11-12	14=13÷(100%+税率或征收率)×税率或征收率
二、简易计税方法计税		14	—	—	—	—	—	7	8	9=1+3+5+7	10=2+4+6+8	11=9+10	12	13=11-12	14=13÷(100%+税率或征收率)×税率或征收率
其中：即征即退项目	即征即退货物及加工修理修配劳务	15	—	—	—	—	—	—	—	—	—	—	—	—	—
	即征即退服务、不动产和无形资产	16	—	—	—	—	—	—	—	—	—	—	—	—	—
三、免抵退税	货物及加工修理修配劳务	17	—	—	—	—	—	—	—	—	—	—	—	—	—
	服务、不动产和无形资产	18	—	—	—	—	—	—	—	—	—	—	—	—	—
四、免税	货物及加工修理修配劳务	19	—	—	—	—	—	—	—	—	—	—	—	—	—

三、政策依据

一般纳税人发生财政部和国家税务总局规定的特定应税行为，可以选择适用简易计税方法，但一经选择，36 个月内不得变更。

纳税人适用简易计税方法计税的，因销售折让、中止或者退回而退还给购买方的销售额，应当从当期销售额中扣减。扣减当期销售额后仍有余额造成多缴的税款，可以从以后的应纳税额中扣减。

四、案例讲解

【例 4 - 2】某市 A 物业公司为增值税一般纳税人，2019 年 6 月将其 2019 年 5 月 15 日取得的商场停车场对外提供车辆停放服务收入 105 000 元（含税），按简易计税办法依 5% 的税率，开具增值税专用发票。

销项税额 = 105 000 ÷ （1 + 5%） × 5% = 5 000（元）

A 物业公司填报的《增值税纳税申报表附列资料（一）》如表 4 - 7 所示。

表4-7 增值税纳税申报表附列资料（一）（部分）
（本期销售情况明细）

纳税人名称：（公章）A物业公司　　税款所属时间：2019年5月1日至2019年5月31日　　金额单位：元至角分

项目	及栏次	开具增值税专用发票 销售额	开具增值税专用发票 销项(应纳)税额	开具其他发票 销售额	开具其他发票 销项(应纳)税额	未开具发票 销售额	未开具发票 销项(应纳)税额	纳税检查调整 销售额	纳税检查调整 销项(应纳)税额	合计 销售额	合计 销项(应纳)税额	价税合计	服务、不动产和无形资产扣除项目本期实际扣除金额	扣除后 含税(免税)销售额	扣除后 销项(应纳)税额
		1	2	3	4	5	6	7	8	9=1+3+5+7	10=2+4+6+8	11=9+10	12	13=11-12	14=13÷(100%+税率或征收率)×税率或征收率
二、简易计税方法计税 全部征税项目															
6%征收率	8														
5%征收率的货物及加工修理修配劳务	9a														
5%征收率的服务、不动产和无形资产	9b			100 000	5 000					100 000	5 000	105 000	0	105 000	5 000
4%征收率	10														
3%征收率的货物及加工修理修配劳务	11														
3%征收率的服务、不动产和无形资产	12														
预征率%	13a														
预征率%	13b														
预征率%	13c														

第四节 《增值税纳税申报表附列资料（三）》（服务、不动产和无形资产扣除项目明细）的填写

一、表样说明及主要变化

（一）报表样式（见表4-8）

表4-8　　　　　　　　增值税纳税申报表附列资料（三）
（服务、不动产和无形资产扣除项目明细）

税款所属时间：　　年　月　日至　　年　月　日

纳税人名称：（公章）　　　　　　　　　　　　　　　　　　金额单位：元至角分

项目及栏次		本期服务、不动产和无形资产价税合计额（免税销售额）	服务、不动产和无形资产扣除项目				
			期初余额	本期发生额	本期应扣除金额	本期实际扣除金额	期末余额
		1	2	3	4＝2＋3	5（5≤1且5≤4）	6＝4－5
13%税率的项目	1						
9%税率的项目	2						
6%税率的项目（不含金融商品转让）	3						
6%税率的金融商品转让项目	4						
5%征收率的项目	5						
3%征收率的项目	6						
免抵退税的项目	7						
免税的项目	8						

（二）报表主要变化

根据《关于调整增值税纳税申报有关事项的公告》（国家税务总局公告2019年第15号），对《增值税纳税申报表附列资料（三）》（服务、不动产和无形资产扣除项目明细）作了如下调整：

1. 该表根据不同的税率和征收率的项目分为相应栏次

2. 主要变化

（1）调整了部分栏次的文字表述。如：将"应税服务"调整为"服务、不

动产和无形资产"。

（2）表式中新增了列号。

（3）新增了"6%税率的金融商品转让项目"和"5%征收率的项目"行次。

二、填写注意事项

1. 该表由有服务、不动产和无形资产扣除项目的营改增纳税人填写，其他纳税人不填写。

2. 《附列资料（三）》是《附列资料（一）》中第12至15行内容。

三、报表填写说明

1. 该表由服务、不动产和无形资产有扣除项目的营业税改征增值税纳税人填写。其他纳税人不填写。

2. "税款所属时间""纳税人名称"的填写同主表。

3. 第1列"本期服务、不动产和无形资产价税合计额（免税销售额）"：营业税改征增值税的服务、不动产和无形资产属于征税项目的，填写扣除之前的本期服务、不动产和无形资产价税合计额；营业税改征增值税的服务、不动产和无形资产属于免抵退税或免税项目的，填写扣除之前的本期服务、不动产和无形资产免税销售额。本列各行次等于《附列资料（一）》第11列对应行次，其中本列第3行和第4行之和等于《附列资料（一）》第11列第5栏。

营业税改征增值税的纳税人，服务、不动产和无形资产按规定汇总计算缴纳增值税的分支机构，本列各行次之和等于《附列资料（一）》第11列第13a、13b行之和。

4. 第2列"服务、不动产和无形资产扣除项目""期初余额"：填写服务、不动产和无形资产扣除项目上期期末结存的金额，试点实施之日的税款所属期填写"0"。本列各行次等于上期《附列资料（三）》第6列对应行次。

本列第4行"6%税率的金融商品转让项目""期初余额"年初首期填报时应填"0"。

5. 第3列"服务、不动产和无形资产扣除项目""本期发生额"：填写本期取得的按税法规定准予扣除的服务、不动产和无形资产扣除项目金额。

6. 第4列"服务、不动产和无形资产扣除项目""本期应扣除金额"：填写服务、不动产和无形资产扣除项目本期应扣除的金额。

本列各行次＝第2列对应各行次＋第3列对应各行次。

7. 第5列"服务、不动产和无形资产扣除项目""本期实际扣除金额"：填写服务、不动产和无形资产扣除项目本期实际扣除的金额。

本列各行次≤第4列对应各行次，且本列各行次≤第1列对应各行次。

8. 第6列"服务、不动产和无形资产扣除项目""期末余额"：填写服务、不动产和无形资产扣除项目本期期末结存的金额。

本列各行次＝第4列对应各行次－第5列对应各行次。

四、案例讲解

【例4-3】A旅游公司为增值税一般纳税人，2019年6月17日，提供的旅游服务收入106万元中有支付给其他单位和个人的住宿费、餐饮费、签证费、门票费等，且已取得符合规定的凭证，金额为10万元。

A旅游公司填写的《增值税纳税申报表附列资料（三）》如表4-9所示。

表4-9　　　　　增值税纳税申报表附列资料（三）
（服务、不动产和无形资产扣除项目明细）
税款所属时间：2019年6月1日至2019年6月30日

纳税人名称：（公章）A旅游公司　　　　　　　　　　　　　金额单位：元至角分

项目及栏次		本期服务、不动产和无形资产价税合计额（免税销售额）	服务、不动产和无形资产扣除项目				
			期初余额	本期发生额	本期应扣除金额	本期实际扣除金额	期末余额
		1	2	3	4＝2＋3	5（5≤1且5≤4）	6＝4－5
13%税率的项目	1						
9%税率的项目	2						
6%税率的项目（不含金融商品转让）	3	1 060 000	0	100 000	100 000	100 000	0
6%税率的金融商品转让项目	4						
5%征收率的项目	5						
3%征收率的项目	6						
免抵退税的项目	7						
免税的项目	8						

【例4-4】2019年6月，B纳税人销售其2019年4月30日前取得的商品房，选择适用简易方法计税，含税销售额100万元，购置原价80万元，开具了增值税专用发票。

B纳税人填写的《增值税纳税申报表附列资料（三）》如表4-10所示。

表 4-10   增值税纳税申报表附列资料（三）
                        （服务、不动产和无形资产扣除项目明细）
                    税款所属时间：2019 年 4 月 1 日至 2019 年 4 月 30 日

纳税人名称：（公章）   金额单位：元至角分

项目及栏次		本期服务、不动产和无形资产价税合计额（免税销售额）	服务、不动产和无形资产扣除项目				
			期初余额	本期发生额	本期应扣除金额	本期实际扣除金额	期末余额
		1	2	3	4 = 2 + 3	5（5≤1且5≤4）	6 = 4 - 5
13% 税率的项目	1						
9% 税率的项目	2						
6% 税率的项目（不含金融商品转让）	3						
6% 税率的金融商品转让项目	4						
5% 征收率的项目	5	1 000 000	0	800 000	800 000	800 000	0
3% 征收率的项目	6						
免抵退税的项目	7						
免税的项目	8						

第五节 《增值税纳税申报表附列资料（二）》（本期进项税额明细）的填写

一、表样说明及主要变化

（一）表样说明（见表 4-11）

《增值税纳税申报表附列资料（二）》（本期进项税额明细）分为四部分内容。

1. 第一部分"一、申报抵扣的进项税额"，从第 1 至 12 栏：分别反映纳税人按税法规定符合抵扣条件，在本期申报抵扣的进项税额。

2. 第二部分"二、进项税额转出额"，从第 13 至 23 栏：分别反映纳税人已经抵扣但按规定应在本期转出的进项税额明细情况。

3. 第三部分"三、待抵扣进项税额"，从第 24 至 34 栏：分别反映纳税人已经取得，但按税法规定不符合抵扣条件，暂不予在本期申报抵扣的进项税额。

4. 第四部分"四、其他"，第 35 和 36 栏。

表 4-11 　　　　　　　　增值税纳税申报表附列资料（二）
（本期进项税额明细）

税款所属时间：　　年　月　日 至　　年　月　日

纳税人名称：（公章）　　　　　　　　　　　　　　　　　　　　金额单位：元至角分

一、申报抵扣的进项税额

项目	栏次	份数	金额	税额
（一）认证相符的增值税专用发票	1 = 2 + 3			
其中：本期认证相符且本期申报抵扣	2			
前期认证相符且本期申报抵扣	3			
（二）其他扣税凭证	4 = 5 + 6 + 7 + 8a + 8b			
其中：海关进口增值税专用缴款书	5			
农产品收购发票或者销售发票	6			
代扣代缴税收缴款凭证	7		—	
加计扣除农产品进项税额	8a		—	
其他	8b			
（三）本期用于购建不动产的扣税凭证	9			
（四）本期用于抵扣的旅客运输服务扣税凭证	10			
（五）外贸企业进项税额抵扣证明	11		—	—
当期申报抵扣进项税额合计	12 = 1 + 4 + 11			

二、进项税额转出额

项目	栏次	税额
本期进项税额转出额	13 = 14 至 23 之和	
其中：免税项目用	14	
集体福利、个人消费	15	
非正常损失	16	
简易计税方法征税项目用	17	
免抵退税办法不得抵扣的进项税额	18	
纳税检查调减进项税额	19	
红字专用发票信息表注明的进项税额	20	
上期留抵税额抵减欠税	21	
上期留抵税额退税	22	
其他应作进项税额转出的情形	23	

三、待抵扣进项税额

项目	栏次	份数	金额	税额
（一）认证相符的增值税专用发票	24	—	—	—
期初已认证相符但未申报抵扣	25			
本期认证相符且本期未申报抵扣	26			
期末已认证相符但未申报抵扣	27			
其中：按照税法规定不允许抵扣	28			

续表

项目	栏次	份数	金额	税额
（二）其他扣税凭证	29＝30至33之和			
其中：海关进口增值税专用缴款书	30			
农产品收购发票或者销售发票	31			
代扣代缴税收缴款凭证	32			—
其他	33			
	34			
四、其他				
项目	栏次	份数	金额	税额
本期认证相符的增值税专用发票	35			
代扣代缴税额	36		—	

（二）主要变化

该表内容第 10 栏由"（四）本期不动产允许抵扣进项税额"替换为"（四）本期用于抵扣的旅客运输服务扣税凭证"栏次，第 12 栏"当期申报抵扣进项税额合计"计算公式调整为"12＝1＋4＋11"。其他各栏只是修改了个别文字，并无实质性变化。

二、填写注意事项

1. 第 3 栏"前期认证相符且本期申报抵扣"：除了反映前期认证相符且本期申报抵扣的增值税专用发票的情况，辅导期纳税人依据税务机关告知的稽核比对结果通知书及明细单注明的稽核相符的增值税专用发票填写在本栏。

2. 第 4 栏"（二）其他扣税凭证"：反映本期申报抵扣的除增值税专用发票之外的其他扣税凭证的情况。具体包括：海关进口增值税用缴款书、农产品收购发票或者销售发票（含农产品核定扣除的进项税额）、代扣代缴税收完税凭证和其他符合政策规定的抵扣凭证。

3. 纳税人按照规定不得抵扣且未抵扣进项税额的固定资产、无形资产。不动产，发生用途改变，用于允许抵扣进项税额的应税项目，可在用途改变的次月将按公式计算出的可以抵扣的进项税额，填入第 8b 栏"其他""税额"栏。

4. 第 35 栏"本期认证相符的增值税专用发票"：反映本期认证相符的增值税专用发票的情况。

5. 第 36 栏"代扣代缴税额"：填写纳税人根据《增值税暂行条例》第十八条扣缴的应税劳务增值税额与根据营业税改征增值税有关政策规定扣缴的服务，

不动产和无形资产增值税额之和。

三、政策依据

1. 下列进项税额准予从销项税额中抵扣（实务中可以抵扣的项目，比如差旅费等）：

（1）从销售方取得的增值税专用发票（含税控机动车销售统一发票）上注明的增值税额。

（2）从海关取得的海关进口增值税专用缴款书上注明的增值税额。

（3）购进农产品，按照农产品收购发票或者销售发票上注明的农产品买价和9%的扣除率计算的进项税额。

购进农产品，按照《农产品增值税进项税额核定扣除试点实施办法》抵扣进项税额的除外。

（4）从境外单位或者个人购进服务、无形资产或者不动产，自税务机关或者扣缴义务人取得的解缴税款的完税凭证上注明的增值税额。

（5）根据财政部、税务总局财税〔2017〕90号文件相关规定，自2018年1月1日起，一般纳税人支付的桥、闸通行费，暂凭取得的通行费发票（不含财政票据）上注明的收费金额按照下列公式计算可抵扣的进项税额：

$$桥、闸通行费可抵扣进项税额 = 桥、闸通行费发票比注明的金额 \div (1+5\%) \times 5\%$$

2. 下列进项税额不得从销项税额中抵扣：

（1）用于简易计税方法计税项目、免征增值税项目、集体福利或者个人消费的购进货物、加工修理修配劳务、服务、无形资产和不动产。其中涉及的固定资产、无形资产、不动产，仅指专用于上述项目的固定资产、无形资产（不包括其他权益性无形资产）、不动产。

（2）非正常损失的购进货物，以及相关的加工修理修配劳务和交通运输服务。

（3）非正常损失的在产品、产成品所耗用的购进货物（不包括固定资产）、加工修理修配劳务和交通运输服务。

（4）非正常损失的不动产，以及该不动产所耗用的购进货物、设计服务和建筑服务。

（5）非正常损失的不动产在建工程所耗用的购进货物、设计服务和建筑服务。纳税人新建、改建、扩建、修缮、装饰不动产，均属于不动产在建工程。

（6）购进的旅客运输服务、贷款服务、餐饮服务、居民日常服务和娱乐服务。

（7）财政部和国家税务总局规定的其他情形。

非正常损失所耗用购进的货物和非正常损失的不动产在建工程所耗用的货物中所称货物，是指构成不动产实体的材料和设备，包括建筑装饰材料和给排水、采暖、卫生、通风、照明、通信、煤气、消防、中央空调、电梯、电气、智能化楼宇设备及配套设施。

3. 进项税额抵扣后需要转出的项目

（1）适用于一般计税方法的纳税人，兼营简易计税方法计税项目、免征增值税项目而无法划分不得抵扣的进项税额，按照下列公式计算不得抵扣的进项税额：

不得抵扣的进项税额 = 当期无法划分的全部进项税额 ×（当期简易计税方法计税项目销售额 + 免征增值税项目销售额）÷ 当期全部销售额

（2）已抵扣进项税额的购进货物（不含固定资产）、劳务、服务，发生不得抵扣进项税额规定情形（简易计税方法计税项目、免征增值税项目除外）的，应当将该进项税额从当期进项税额中扣减；无法确定该进项税额的，按照当期实际成本计算应扣减的进项税额。

（3）已抵扣进项税额的固定资产、无形资产或者不动产，发生不得从销项税额中抵扣进项税额的，按照下列公式计算不得抵扣的进项税额：

不得抵扣的进项税额 = 固定资产、无形资产或者不动产净值 × 适用税率

固定资产、无形资产或者不动产净值，是指纳税人根据财务会计制度计提折旧或摊销后的余额。

四、报表填写说明

（一）第一部分"一、申报抵扣的进项税额"

1. 第 2 栏"其中：本期认证相符且本期申报抵扣"：适用取消增值税发票认证规定的纳税人，当期申报抵扣的零值税发票数据，也填报在本栏中。

2. 第 6 栏"农产品收购发票或者销售发票"：执行农产品增值税进项税额核定扣除办法的，填写当期允许抵扣的农产品增值税进项税额，不填写"份数""金额"。

3. 第 8b 栏"其他"：一般纳税人支付的道路、桥、闸通行费，暂凭取得的通行费发票可按计算抵扣方法将税额填在本栏。

4. 第 9 栏"（三）本期用于购建不动产的扣税凭证"：纳税人 2016 年 5 月 1 日后取得并在会计制度上按固定资产核算的不动产或者 2016 年 5 月 1 日后取得的不动产在建工程。

5. 第 9 栏"（三）本期用于购建不动产的扣税凭证""税额"列 =《附列资料（五）》第 2 列"本期不动产进项税额增加额"。

6. 第 12 栏"当期申报抵扣进项税额合计""税额"列 = 主表第 12 栏"一般项目"列"本月数" + "即征即退项目"列"本月数"。

(二) 第二部分"二、进项税额转出额"

1. 第13栏"本期进项税额转出额" = 主表第14栏"进项税额转出"的"一般项目"列"本月数" + "即征即退项目"列"本月数"。

2. 第18栏"免抵退税办法不得抵扣的进项税额"：营业税改征增值税的纳税人，服务、不动产和无形资产按规定汇总计算缴纳增值税的分支机构，当期应由总机构汇总的进项税额填入本栏。

3. 第19栏"纳税检查调减进项税额"：主表第16栏"按适用税率计算的纳税检查应补缴税额""一般项目"列"本月数" <《附列资料（一）》第8列第1至5行之和 + 本栏。

4. 第23栏"其他应作进项税额转出的情形"：申报抵扣进项税额的第9栏第4列"本期转入的待扣不动产进项税额" ≤ 本行。

(三) 第三部分"三、待抵扣进项税额"

1. 第28栏"其中：按照税法规定不允许抵扣""份数"列：分别反映辅导期纳税人填写认证相符但未收到稽核比对结果的增值税专用发票期初、本期、期末情况。

2. 第29栏"（二）其他扣税凭证""税额"列：分别反映纳税人已经取得，但按税法规定不符合抵扣条件，暂不予在本期申报抵扣的进项税额情况及按税法规定不允许抵扣的进项税额情况。

(四) 第四部分"四、其他"

第35栏"本期认证相符的增值税专用发票""金额"列：反映本期认证相符的增值税专用发票的情况。

五、案例讲解

(一) 当期认证并抵扣

【例4-5】A公司是一家从事餐饮服务的企业，营改增后登记为一般纳税人。2019年5月购买原材料取得增值税专用发票10张，合计金额为100 000元，税额为11 000元，其中，13%税率金额50 000元，税额6 500元，9%税率金额50 000元，税额4 500元；还从超市取得购买蔬菜及肉类的普通发票20张，合计金额为6 000元；当月向农民个人收购自产农产品，开具农产品收购发票3张，收购价款合计为20 000元；当月还购买货车一辆，取得税控机动车销售统一发票1张，注明金额200 000元，税额26 000元，企业作为固定资产管理。当月取得的扣税凭证均符合抵扣条件。则A公司填写的当期的进项税额明细表如表4-12所示。

表 4 – 12   **增值税纳税申报表附列资料（二）（部分）**
（本期进项税额明细）

税款所属时间：2019 年 5 月 1 日至 2019 年 5 月 31 日

纳税人名称：（公章）A 公司   金额单位：元至角分

一、申报抵扣的进项税额

项目	栏次	份数	金额	税额
（一）认证相符的增值税专用发票	1 = 2 + 3	11	300 000	37 000
其中：本期认证相符且本期申报抵扣	2		300 000	37 000
前期认证相符且本期申报抵扣	3			
（二）其他扣税凭证	4 = 5 + 6 + 7 + 8a + 8b			
其中：海关进口增值税专用缴款书	5			
农产品收购发票或者销售发票	6		20 000	1 800
代扣代缴税收缴款凭证	7			—
其他	8			
（三）本期用于购建不动产的扣税凭证	9			
（四）本期用于抵扣的旅客运输服务扣税凭证	10		—	—
（五）外贸企业进项税额抵扣证明	11			
当期申报抵扣进项税额合计	12 = 1 + 4 + 11		320 000	38 800

四、其他

项目	栏次	份数	金额	税额
本期认证相符的增值税专用发票	35	11	300 000	37 000
代扣代缴税额	36	—	—	

（二）当期认证不抵扣

【例 4 – 6】B 公司是一家房地产企业，营改增后登记为一般纳税人，企业按照一般计税方法计算缴纳增值税。2019 年 5 月份取得施工企业建筑公司开来的增值税专用发票 1 张，注明金额 1 000 000 元，税额 90 000 元；取得建筑二公司开来的增值税专用发票 1 张，注明金额 300 000 元，税额 27 000 元；购买食堂专用设备一台，取得增值税专用发票 1 张，注明金额 20 000 元，税额 2 600 元；购买税控专用设备一台，取得增值税专用发票 1 张，注明金额 418.80 元，税额 54.44 元。当月取得的专用发票均已认证。则 B 公司填写的当期的进项税额明细表如表 4 – 13 所示。

表 4-13　　　　　　　　　增值税纳税申报表附列资料（二）
（本期进项税额明细）
税款所属时间：2019 年 5 月 1 日至 2019 年 5 月 31 日

纳税人名称：（公章）B 公司　　　　　　　　　　　　　　　金额单位：元至角分

一、申报抵扣的进项税额				
项目	栏次	份数	金额	税额
（一）认证相符的增值税专用发票	1 = 2 + 3	3	1 300 418.8	117 054.44
其中：本期认证相符且本期申报抵扣	2	3	1 300 418.8	117 054.44
前期认证相符且本期申报抵扣	3			
（二）其他扣税凭证	4 = 5 + 6 + 7 + 8a + 8b			
其中：海关进口增值税专用缴款书	5			
农产品收购发票或者销售发票	6			
代扣代缴税收缴款凭证	7			—
加计扣除农产品进项税额	8a			
其他	8b			
（三）本期用于购建不动产的扣税凭证	9			
（四）本期用于抵扣的旅客运输服务扣税凭证	10			
（五）外贸企业进项税额抵扣证明	11		—	
当期申报抵扣进项税额合计	12 = 1 + 4 + 11		1 300 418.8	117 054.44

二、进项税额转出额		
项目	栏次	税额
本期进项税额转出额	13 = 14 至 23 之和	
其中：免税项目用	14	
集体福利、个人消费	15	
非正常损失	16	
简易计税方法征税项目用	17	
免抵退税办法不得抵扣的进项税额	18	
纳税检查调减进项税额	19	
红字专用发票信息表注明的进项税额	20	
上期留抵税额抵减欠税	21	
上期留抵税额退税	22	
其他应作进项税额转出的情形	23	

三、待抵扣进项税额				
项目	栏次	份数	金额	税额
（一）认证相符的增值税专用发票	24	—	—	—
期初已认证相符但未申报抵扣	25	1	20 000	2 600
本期认证相符且本期未申报抵扣	26			
期末已认证相符但未申报抵扣	27			
其中：按照税法规定不允许抵扣	28			

续表

项目	栏次	份数	金额	税额
（二）其他扣税凭证	29＝30至33之和			
其中：海关进口增值税专用缴款书	30			
农产品收购发票或者销售发票	31			
代扣代缴税收缴款凭证	32		—	
其他	33			
	34			
四、其他				

项目	栏次	份数	金额	税额
本期认证相符的增值税专用发票	35	4	1 320 418.8	119 654.44
代扣代缴税额	36	—	—	

（三）进项税额转出

【例4-7】 D公司是一家从事建筑服务的企业，营改增后登记为一般纳税人。2019年5月份购买原材料取得增值税专用发票2张，合计金额为1 000 000元，税额为130 000元，当月全部认证。企业对正在施工的建筑工程老项目选择按照简易计税方法计税，新项目按照一般计税方法计税。企业无法准确分清当月老项目和新项目各自领用原材料的金额。当月建筑工程老项目验收计价取得收入700 000元，新项目取得收入300 000元。材料全部领用。D公司填写的当期的进项税额明细表如表4-14所示。

表4-14 增值税纳税申报表附列资料（二）
（本期进项税额明细）
税款所属时间：2019年5月1日至2019年5月31日

纳税人名称：（公章）D公司　　　　　　　　　　　　　金额单位：元至角分

一、申报抵扣的进项税额				
项目	栏次	份数	金额	税额
（一）认证相符的增值税专用发票	1＝2+3	2	1 000 000	1 300 000
其中：本期认证相符且本期申报抵扣	2	2	1 000 000	130 000
前期认证相符且本期申报抵扣	3			
（二）其他扣税凭证	4＝5+6+7+8a+8b			
其中：海关进口增值税专用缴款书	5			
农产品收购发票或者销售发票	6			
代扣代缴税收缴款凭证	7		—	
加计扣除农产品进项税额	8a	—		
其他	8b			

续表

项目	栏次	份数	金额	税额
（三）本期用于购建不动产的扣税凭证	9			
（四）本期用于抵扣的旅客运输服务扣税凭证	10			
（五）外贸企业进项税额抵扣证明	11	—	—	
当期申报抵扣进项税额合计	12 = 1 + 4 + 11			

二、进项税额转出额

项目	栏次	税额
本期进项税额转出额	13 = 14 至 23 之和	11 900
其中：免税项目用	14	
集体福利、个人消费	15	
非正常损失	16	
简易计税方法征税项目用	17	11 900
免抵退税办法不得抵扣的进项税额	18	
纳税检查调减进项税额	19	
红字专用发票信息表注明的进项税额	20	
上期留抵税额抵减欠税	21	
上期留抵税额退税	22	
其他应作进项税额转出的情形	23	

三、待抵扣进项税额

项目	栏次	份数	金额	税额
（一）认证相符的增值税专用发票	24	—	—	—
期初已认证相符但未申报抵扣	25			
本期认证相符且本期未申报抵扣	26			
期末已认证相符但未申报抵扣	27			
其中：按照税法规定不允许抵扣	28			
（二）其他扣税凭证	29 = 30 至 33 之和			
其中：海关进口增值税专用缴款书	30			
农产品收购发票或者销售发票	31			
代扣代缴税收缴款凭证	32		—	
其他	33			
	34			

四、其他

项目	栏次	份数	金额	税额
本期认证相符的增值税专用发票	35	2	1 000 000	130 000
代扣代缴税额	36	—		

第五章

税额抵减、减免情况表的填写

第一节 《增值税纳税申报表附列资料(四)》(税额抵减情况表)的填写

一、表样说明及主要变化

(一)表样说明(见表5-1)

1. 从横向来看,该表包括期初余额、本期发生额、本期应抵减额、本期实际抵减税额、期末余额,本期实际抵减税额可以小于等于本期应抵减税额,期末余额可以留抵到下期抵扣。

2. 从纵向来看,该表包括增值税税控系统专用设备费及技术维护费、分支机构预征缴税款,新增了建筑业、销售不动产、出租不动产预征缴纳税款,由涉及的各行业填写。

表5-1 增值税纳税申报表附列资料(四)
(税额抵减情况表)

税款所属时间:　年　月　日至　年　月　日

纳税人名称:(公章)　　　　　　　　　　　　　　　　　金额单位:元至角分

一、税额抵减情况

序号	抵减项目	期初余额	本期发生额	本期应抵减税额	本期实际抵减税额	期末余额
		1	2	3=1+2	4≤3	5=3-4
1	增值税税控系统专用设备费及技术维护费					
2	分支机构预征缴纳税款					
3	建筑服务预征缴纳税款					
4	销售不动产预征缴纳税款					
5	出租不动产预征缴纳税款					

续表

二、加计抵减情况						
序号	加计抵减项目	期初余额	本期发生额	本期调减额	本期可抵减额	本期实际抵减额	期末余额
		1	2	3	4=1+2-3	5	6=4-5
6	一般项目加计抵减额计算						
7	即征即退项目加计抵减额计算						
8	合计						

(二) 主要变化

1. 新增第3、4、5行。

2. 第3行由销售建筑服务并按规定预缴增值税的纳税人填写，反映其销售建筑服务预征缴纳税款抵减应纳增值税税额的情况。

3. 第4行由销售不动产并按规定预缴增值税的纳税人填写，反映其销售不动产预征缴纳税款抵减应纳增值税税额的情况。

4. 第5行由出租不动产并按规定预缴增值税的纳税人填写，反映其出租不动产预定缴纳税款抵减应纳增值税税额的情况。

5. 新增加"加计抵减情况"相关栏次。

二、填写注意事项

(一) 建筑服务预征 [纳税人跨县（市、区）提供建筑服务]

1. 纳税地点。建筑服务发生地主管国税机关预缴税款，机构所在地主管国税机关申报纳税。

2. 预缴税款。适用一般计税方法计税的，以取得的全部价款和价外费用扣除支付分包款后的余额，按照2%的预征率计算应预缴税款。选择适用简易计税方法计税的，以取得的全部价款和价外费用扣除支付的分包款后的余额，按照3%的征收率计算应预缴税款。

(二) 销售不动产预征

1. 纳税人转让不动产。

（1）纳税地点。不动产所在地地税机关预缴税款，机构所在地国税机关申报纳税。

（2）预缴税款。地税机关预缴税款时，不需区分2016年4月30日前和5月1日后，只需区分自建和非自建不动产。自建不动产以取得的全部价款和价外费用，按照5%的征收率预缴税款。非自建不动产以取得的全部价款和价外费用扣除不动产购置原价或者取得不动产时的作价后的余额，按照 5% 的征收率预缴税款。

（3）纳税申报。在国税机关申报时，区分简易计税方法和一般计税方法。选择简易计税方法的，非自建按照差额申报（取得的全部价款和价外费用扣除不动产购置原价或者取得不动产时的作价后的余额为销售额），自建按照全额申报（取得的全部价款和价外费用为销售额）。选择一般计税方法的，全部以取得的全部价款和价外费用为销售额申报纳税。

2. 房地产开发企业销售自行开发的房地产项目，根据规定，一般纳税人采取预收款方式销售自行开发的房地产项目，应在收到预收款时按照 3% 的预征率预缴增值税。

（三）出租不动产预征

1. 纳税地点。不动产所在地主管国税机关预缴税款，机构所在地主管国税机关申报纳税。

2. 预缴税款。选择简易计税方法的，出租其 2016 年 4 月 30 日前取得的不动产按照 5% 的征收率预缴税款。适用一般计税方法计税的，按照 3% 的预征率预缴税款。

（四）其他

如果本月应交税额小于本期应抵减税额，本期实际抵减税额填写本期应交税额，期末余额留抵到下期抵扣；如果本月应交税额大于本期应抵减税额，本期实际抵减税额填写本期应抵扣税额。

（五）加计抵减

根据《财政部、税务总局、海关总署关于深化增值税改革有关政策的公告》，2019 年 4 月 1 日至 2021 年 12 月 31 日，允许邮政服务、电信服务、现代服务、生活服务业纳税人按照当期可抵扣进项税额加计 10%，抵减应纳税额。加计抵减政策只适用于一般纳税人，小规模纳税人不能适用。

生产、生活性服务业纳税人，是指提供邮政服务、电信服务、现代服务、生活服务（以下称"四项服务"）取得的销售额占全部销售额的比重超过 50% 的纳税人。四项服务的具体范围按照《销售服务、无形资产、不动产注释》（财税〔2016〕36 号）执行。

1. 计提当期加计抵减额。

当期计提加计抵减额 = 当期可抵扣进项税额 × 10%

注意：如果纳税人满足加计抵减条件，但因各种原因并未及时计提加计抵减额，允许纳税人在此后补充计提，补充计提的加计抵减额不再追溯抵减和调整前期的应纳税额，但可抵减以后期间的应纳税额。

2. 计算当期可抵减加计抵减额。

当期可抵减加计抵减额 = 上期末加计抵减额余额 + 当期计提加计抵减额 - 当期调减加计抵减额

3. 抵减一般计税方法下的应纳税额，纳税人以抵减后的余额计算缴纳增值税。若有未抵减完的当期可抵减加计抵减额，结转下期继续抵减。

三、报表填写说明

1. 第1行"增值税税控系统专用设备费及技术维护费"：反映纳税人增值税税控系统专用设备费用和技术维护费按规定抵减增值税应纳税额情况。

2. 第2行"分支机构预征缴纳税款"：由营改增纳税人按规定汇总计算缴纳增值税的总机构填写，反映其分支机构预征缴纳税款抵减总机构应纳增值税税额的情况。

3. 第3行"建筑服务预征缴纳税款"：取各预缴税款表第一行第4列之和。

4. 第4行"销售不动产预征缴纳税款"：取各预缴税款表第二行第4列之和。

5. 第5行"出租不动产预征缴纳税款"：取各预缴税款表第三行第4列之和。

6. 新增第3、4、5行反映本次试点纳税人有跨县（市）建筑服务，房地产企业预售不动产、出租不动产应税行为按规定预征的税款情况（主表28栏①取值），包括国税预征和地税预征（不动产转让）。

7. "二、加计抵减情况"下第5列"本期实际抵减额"：反映按照规定本期实际加计抵减额，按以下要求填写：

若第4列≥0，且第4列＜主表第11栏-主表第18栏，则第5列=第4列；

若第4列≥主表第11栏-主表第18栏，则第5列=主表第11栏-主表第18栏；

若第4列＜0，则第5列等于0。

计算本列"一般项目加计抵减额计算"行和"即征即退项目加计抵减额计算"行时，公式中主表各栏次数据分别取主表"一般项目""本月数"列、"即征即退项目""本月数"列对应数据。

四、案例讲解

【例5-1】太原市万家物业管理有限公司是一般纳税人，2019年5月首次购买增值税税控系统专用设备，取得13%税率的增值税专用发票，注明金额418.8元，税额54.44元，缴纳技术维护费取得6%税率的增值税专用发票，注明金额

311.32 元，税额 18.68 元。公司当期销项税额 120 万元，进项税额 100 万元。则：

当期可加计抵减的进项税额 = 100 × 10% = 10（万元）

假设本期应缴税额大于 820 元。太原市万家物业管理有限公司填写《增值税纳税申报表附列资料（四）》如表 5-2 所示。

表 5-2 **增值税纳税申报表附列资料（四）**
（税额抵减情况表）

税款所属时间：2019 年 5 月 1 日至 2019 年 5 月 31 日

纳税人名称：太原市万家物业管理有限公司　　　　　　　　　　金额单位：元至角分

		一、税额抵减情况				
序号	抵减项目	期初余额	本期发生额	本期应抵减税额	本期实际抵减税额	期末余额
		1	2	3 = 1 + 2	4 ≤ 3	5 = 3 - 4
1	增值税税控系统专用设备费及技术维护费		803.24	803.24	803.24	
2	分支机构预征缴纳税款					
3	建筑服务预征缴纳税款					
4	销售不动产预征缴纳税款					
5	出租不动产预征缴纳税款					
		二、加计抵减情况				
序号	加计抵减项目	期初余额	本期发生额	本期调减额	本期可抵减额	本期实际抵减额	期末余额
		1	2	3	4 = 1 + 2 - 3	5	6 = 4 - 5
6	一般项目加计抵减额计算		100 000		100 000		
7	即征即退项目加计抵减额计算						
8	合计		100 000		100 000		

【例 5-2】一般纳税人出租其 2016 年 4 月 30 日前取得的不动产。

试点前 A 市某一般纳税人甲企业在 B 市购买一栋写字楼，2019 年 5 月起将其中一层出租，月租金 10.5 万元，采取预收款方式，5 月一次性收取半年租金 63 万元，该纳税人选择简易计税方法（不考虑其他业务情况）。假设本月应纳税额为 5 万元，申报纳税流程如下：

收到预收款当天为纳税义务发生时间，应于收到预收款次月申报期结束前向 B 市主管国税机关申报预缴：应预缴税款 = 630 000 ÷（1 + 5%）× 5% = 30 000（元）。甲企业填制《增值税纳税申报表附列资料（四）》如表 5-3 所示。

表 5-3 增值税纳税申报表附列资料（四）
(税额抵减情况表)

税款所属时间：2019 年 5 月 1 日至 2019 年 5 月 31 日

纳税人名称：甲企业　　　　　　　　　　　　　　　　　　　金额单位：元至角分

一、税额抵减情况

序号	抵减项目	期初余额	本期发生额	本期应抵减税额	本期实际抵减税额	期末余额
		1	2	3=1+2	4≤3	5=3-4
1	增值税税控系统专用设备费及技术维护费					
2	分支机构预征缴纳税款					
3	建筑服务预征缴纳税款					
4	销售不动产预征缴纳税款					
5	出租不动产预征缴纳税款		30 000	30 000	30 000	

二、加计抵减情况

序号	加计抵减项目	期初余额	本期发生额	本期调减额	本期可抵减额	本期实际抵减额	期末余额
		1	2	3	4=1+2-3	5	6=4-5
6	一般项目加计抵减额计算						
7	即征即退项目加计抵减额计算						
8	合计						

第二节　《增值税减免税申报明细表》的填写

一、表样说明及主要变化

（一）表样说明（见表 5-4）

1. 从横向来看，该表包括期初余额、本期发生额、本期应抵减额、本期实际抵减税额、期末余额，本期实际抵减税额可以小于等于本期应抵减税额，期末余额可以留抵到下期抵扣。

2. 从纵向来看，该表包括两部分，第一部分减税项目的填写，包括增值税税控系统专用设备费及技术维护费等的填写；第二部分免税项目的填写，包括出口退税、跨境服务等。

表 5-4　　　　　　　　　　增值税减免税申报明细表

税款所属时间：自　　年　月　日至　　年　月　日

纳税人名称（公章）：　　　　　　　　　　　　　　　　　　　　　　　　金额单位：元至角分

一、减税项目

减税性质代码及名称	栏次	期初余额	本期发生额	本期应抵减税额	本期实际抵减税额	期末余额
		1	2	3＝1＋2	4≤3	5＝3－4
合计	1					
	2					
	3					
	4					
	5					
	6					

二、免税项目

免税性质代码及名称	栏次	免征增值税项目销售额	免税销售额扣除项目本期实际扣除金额	扣除后免税销售额	免税销售额对应的进项税额	免税额
		1	2	3＝1－2	4	5
合计	7					
出口免税	8		—	—	—	—
其中：跨境服务	9		—	—	—	—

（二）主要变化

第 9 栏调整为"其中：跨境服务"，用于填写纳税人当期提供跨境服务的销售额。

二、填写注意事项

1. 如果本月应交税额小于本期应抵减税额，本期实际抵减税额填写本期应交税额，期末余额留抵到下期抵扣；如果本月应交税额大于本期应抵减税额，本期实际抵减税额填写本期应抵扣税额。

2. "免税项目"由本期按照税收法律、法规及国家有关税收规定免征增值税的纳税人填写，是一般纳税人《附列资料（一）》第 9 列第 18、19 行免征增值税项目"销售额"合计数，即第 9 列第 18 和 19 行之和。

三、报表填写说明

1. 第1栏"合计"本列数 = 主表23行"一般项目"列"本月数"。

2. 第7栏"合计"栏等于一般纳税人附列资料(一)第9列第18和19行之和。

3. 第9栏"其中:跨境服务":填写纳税人当期提供跨境服务的销售额。

四、案例讲解

【例5-3】太原市万家物业管理有限公司是一般纳税人,2019年5月首次购买增值税税控系统专用设备,取得13%税率的增值税专用发票,注明金额418.8元,税额54.44元,缴纳技术维护费取得6%税率的增值税专用发票,注明金额311.32元,税额18.68元。假设本期应缴税额大于820元,则太原市万家物业管理有限公司填写的《增值税减免税申报明细表》如表5-5所示。

表5-5 增值税减免税申报明细表

税款所属时间:自2019年5月1日至2019年5月31日

纳税人名称(公章):太原市万家物业管理有限公司　　　　金额单位:元至角分

一、减税项目						
减税性质代码及名称	栏次	期初余额	本期发生额	本期应抵减税额	本期实际抵减税额	期末余额
		1	2	3=1+2	4≤3	5=3-4
合计	1		803.24	803.24	803.24	
0001129914税控系统专用设备和技术维护费用抵减增值税	2		803.24	803.24	803.24	
二、免税项目						
免税性质代码及名称	栏次	免征增值税项目销售额	免税销售额扣除项目本期实际扣除金额	扣除后免税销售额	免税销售额对应的进项税额	免税额
		1	2	3=1-2	4	5
合计	7					
出口免税	8		—	—	—	
其中:跨境服务	9		—	—	—	

第六章

小规模纳税人纳税申报表填写

第一节 小规模纳税人纳税申报表主表的填写

一、表样说明及主要变化

（一）表样说明（见表 6 – 1）

横向看分为两部分，一是"计税依据"；二是"税款计算"。

纵向看分为两部分，一部分是"货物及劳务"；另一部分是"服务、不动产和无形资产"。

1. 本表所称"货物"，是指增值税的应税货物。
2. 本表所称"劳务"，是指增值税的应税加工、修理、修配劳务。
3. 本表所称"服务、不动产和无形资产"，是指销售服务、不动产和无形资产（以下简称应税行为）。
4. 本表所称"扣除项目"，是指纳税人发生应税行为，在确定销售额时，按照有关规定允许其从取得的全部价款和价外费用中扣除价款的项目。

表 6 – 1   增值税纳税申报表

（小规模纳税人适用）

税款所属时间：   年   月   日至   年   月   日

纳税人识别号：   填表日期：

纳税人名称：（公章）   金额单位：元至角分

项目		栏次	本期数		本年累计	
			货物及劳务	服务、不动产和无形资产	货物及劳务	服务、不动产和无形资产
一、计税依据	（一）应征增值税不含税销售额（3%征收率）	1				
	税务机关代开的增值税专用发票不含税销售额	2				

续表

	项目	栏次	本期数		本年累计	
			货物及劳务	服务、不动产和无形资产	货物及劳务	服务、不动产和无形资产
一、计税依据	税控器具开具的普通发票不含税销售额	3				
	（二）应征增值税不含税销售额（5%征收率）	4	—		—	
	税务机关代开的增值税专用发票不含税销售额	5	—		—	
	税控器具开具的普通发票不含税销售额	6	—		—	
	（三）销售使用过的固定资产不含税销售额	7（7≥8）		—		—
	其中：税控器具开具的普通发票不含税销售额	8		—		—
	（四）免税销售额	9＝10＋11＋12				
	其中：小微企业免税销售额	10				
	未达起征点销售额	11				
	其他免税销售额	12				
	（五）出口免税销售额	13（13≥14）				
	其中：税控器具开具的普通发票销售额	14				
二、税款计算	核定销售额	15				
	本期应纳税额	16				
	核定应纳税额	17				
	本期应纳税额减征额	18				
	本期免税额	19				
	其中：小微企业免税额	20				
	未达起征点免税额	21				
	应纳税额合计	22＝16－18 或 17－18				
	本期预缴税额	23			—	—
	本期应补（退）税额	24＝22－23			—	—

纳税人或代理人声明：	如纳税人填报，由纳税人填写以下各栏：	
本纳税申报表是根据国家税收法律法规及相关规定填报的，我确定它是真实的、可靠的、完整的。	办税人员：	财务负责人：
	法定代表人：	联系电话：
	如委托代理人填报，由代理人填写以下各栏：	
	代理人名称（公章）：	经办人：
		联系电话：
主管税务机关：	接收人：	接收日期：

(二) 主要变化

小规模纳税人纳税申报资料的调整之处，可以概括为"一减二变"。

1. "一减"，指的是纳税人不再填报《增值税纳税申报表附列资料（四）》（税额抵减情况表）。该表中小规模纳税人常填的内容已经包含于减免税申报明细表，减少了纳税人重复报送。

2. "二变"，5%征收率的出现，给主表带来两处新内容。

二、填写注意事项

小规模纳税人申报表填写之前需要先进行是否享受小微企业增值税税收优惠的一个判断。

(一) 判断标准

根据国家税务总局《关于小规模纳税人免征增值税政策有关征管问题的公告》（国家税务总局公告2019年第4号），增值税小规模纳税人销售货物，提供加工、修理修配劳务月销售额不超过10万元（按季纳税30万元），销售服务、无形资产月销售额不超过10万元（按季纳税30万元）的，自2019年1月1日起，可分别享受小微企业免征收增值税优惠政策。增值税小规模纳税人，实际经营期不足一个季度的，以实际经营月份计算当期可享受小微企业免征增值税政策的销售额度。

运用增值税差额征收政策的增值税小规模纳税人，以差额前的销售额确定是否可以享受10万元（按季纳税30万元）以下免征增值税政策。

小规模纳税人销售不动产取得的收入不适用享受小微企业暂免征收增值税优惠政策。

(二) 分别归类销售额

增值税小规模纳税人销售货物劳务的销售额和销售服务、无形资产的销售额分别适用小微企业增值税优惠政策。有差额扣除项目的小规模纳税人，销售额为扣除前的不含税销售额。

货物劳务销售额为"应征增值税不含税销售额（3%征收率）""销售使用过的固定资产不含税销售额""货物劳务免税销售额""货物劳务出口免税销售额"之和。

服务、无形资产的销售额为"服务、无形资产扣除前应征增值税不含税销售额（3%征收率）""服务、无形资产扣除前应征增值税不含税销售额（5%征收率）""服务、无形资产免税销售额""服务、无形资产出口免税销售额"之和。

三、报表填写说明

1. 第 2 栏"税务机关代开的增值税专用发票不含税销售额":填写按不同征收率归集的不含税销售额,销售额=含税销售额÷(1+征收率)。应税行为有扣除项目的纳税人,本栏填写扣除后的不含税销售额。

2. 第 7 栏"(三)销售使用过的固定资产不含税销售额":填写销售自己使用过的固定资产(不含不动产,下同)和销售旧货的不含税销售额,销售额=含税销售额÷(1+3%)。销售使用过的固定资产和旧货,增值税按3%征收率减按2%征收。

3. 第 8 栏"其中:税控器具开具的普通发票不含税销售额":填写税控器具开具的销售已使用过的固定资产和销售旧货的普通发票金额换算的不含税销售额。

4. 第 9 栏"(四)免税销售额":填写销售免征增值税的货物及劳务、服务、不动产和无形资产的销售额,不包括出口免税销售额。

5. 第 10 栏"其中:小微企业免税销售额":填写符合小微企业免征增值税政策的免税销售额,不包括符合其他增值税免税政策的销售额。个体工商户和其他个人不填写本栏次。

6. 第 11 栏"未达起征点销售额":填写未达到起征点的销售额。

7. 第 14 栏"其中:税控器具开具的普通发票销售额":服务、不动产有扣除项目的纳税人,填写扣除之前的销售额,需填写《增值税减免税申报明细表》。

8. 第 16 栏"本期应纳税额":填写本期按征收率计算缴纳的应纳税额。

9. 第 18 栏"本期应纳税额减征额":填写纳税人本期按照税法规定减征的增值税应纳税额。其包含可在增值税应纳税额中全额抵减的增值税税控系统专用设备费用以及技术维护费,可在增值税应纳税额中抵免的购置税控收款机的增值税税额。

当本期减征额小于或等于第 16 栏"本期应纳税额"时,按本期减征额实际填写;当本期减征额大于第 16 栏"本期应纳税款"时,按本期第 16 栏填写,本期减征额不足抵减部分结转下期继续抵减。

10. 第 19 栏"本期免税额":填写纳税人本期增值税免税额,免税额根据第 9 栏"免税销售额"和征收率计算。

11. 第 20 栏"小微企业免税额":填写符合小微企业免征增值税政策的增值税免税额,免税额根据第 10 栏"小微企业免税销售额"和征收率计算。

12. 第 23 栏"本期预缴税额":填写纳税人本期预缴的增值税额(如代开专票的预缴税款),包括跨县市的国税、地税预缴税额。不包括查补缴纳的增值税颜。

四、案例讲解

（一）季销售额超过 30 万元案例

【例 6-1】 A 纳税人是小规模纳税人，2019 年 4—6 月发生以下业务：

(1) 转让自建的不动产取得货款 12.6 万元；

(2) 销售一批货物取得货款 10.3 万元；

(3) 出租不动产取得租金 12.6 万元，其中：6.3 万元代开增值税专用发票。上述业务分别核算。

分析如下：

(1) 销售不动产销售额 = 126 000 ÷（1 + 5%） = 120 000（元），销售不动产适用于简易办法纳税；

(2) 货物及劳务销售额 = 103 000 ÷（1 + 3%） = 100 000（元），不能享受小微企业增值税优惠；

(3) 服务销售额 = 126 000 ÷（1 + 5%） = 120 000（元），不能享受小微企业增值税优惠；

其中：代开专用发票不含税销售额 = 63 000 ÷（1 + 5%） = 60 000（元）；

普通发票不含税销售额 = 63 000 ÷（1 + 5%） = 60 000（元）。

填写报表如表 6-2 所示。

表 6-2　　　　　　　　　　　增值税纳税申报表
（小规模纳税人适用）

税款所属时间：2019 年 4 月 1 日至 2019 年 6 月 30 日

纳税人识别号：　　　　　　　　　　　　　　　　　　　填表日期：
纳税人名称：（公章）A　　　　　　　　　　　　　　　　金额单位：元至角分

	项目	栏次	本期数		本年累计	
			货物及劳务	服务、不动产和无形资产	货物及劳务	服务、不动产和无形资产
一、计税依据	（一）应征增值税不含税销售额（3%征收率）	1	100 000			
	税务机关代开的增值税专用发票不含税销售额	2				
	税控器具开具的普通发票不含税销售额	3	100 000			
	（二）应征增值税不含税销售额（5%征收率）	4	—		240 000	
	税务机关代开的增值税专用发票不含税销售额	5	—		60 000	
	税控器具开具的普通发票不含税销售额	6	—		180 000	

续表

	项目	栏次	本期数		本年累计	
			货物及劳务	服务、不动产和无形资产	货物及劳务	服务、不动产和无形资产
一、计税依据	（三）销售使用过的固定资产不含税销售额	7（7≥8）		—		—
	其中：税控器具开具的普通发票不含税销售额	8				
	（四）免税销售额	9=10+11+12				
	其中：小微企业免税销售额	10				
	未达起征点销售额	11				
	其他免税销售额	12				
	（五）出口免税销售额	13（13≥14）				
	其中：税控器具开具的普通发票销售额	14				
二、税款计算	核定销售额	15				
	本期应纳税额	16	3 000		12 000	
	核定应纳税额	17				
	本期应纳税额减征额	18				
	本期免税额	19				
	其中：小微企业免税额	20				
	未达起征点免税额	21				
	应纳税额合计	22=16-18 或 17-18	3 000		12 000	
	本期预缴税额	23		—		—
	本期应补（退）税额	24=22-23	3 000		12 000	

纳税人或代理人声明：	如纳税人填报，由纳税人填写以下各栏：
本纳税申报表是根据国家税收法律法规及相关规定填报的，我确定它是真实的、可靠的、完整的。	办税人员： 　　　　　　　财务负责人： 法定代表人： 　　　　　　联系电话： 如委托代理人填报，由代理人填写以下各栏： 代理人名称（公章）： 　　　经办人： 　　　　　　　　　　　　　联系电话：
主管税务机关：	接收人： 　　　　　　　　接收日期：

（二）季销售额不超过30万元案例

【例6-2】 A纳税人是小规模纳税人，2019年4—6月发生以下业务：

(1) 转让自建的不动产取得货款5.25万元；

(2) 销售一批货物取得货款8.24万元；

（3）出租不动产取得租金 6.30 万元。

上述业务分别核算，未代开专用发票。

分析如下：

（1）销售不动产销售额 = 52 500/（1 + 5%）= 50 000（元），销售不动产不适用享受小微企业增值税收优惠；

（2）货物及劳务销售额 = 82 400/（1 + 3%）= 80 000（元），可享受小微企业增值税优惠；

（3）服务销售额 = 63 000/（1 + 5%）= 60 000（元），可享受小微企业增值税优惠。

填写报表如表 6-3 所示。

表 6-3　　　　　　　　　　　　增值税纳税申报表
（小规模纳税人适用）
税款所属时间：2019 年 4 月 1 日至 2019 年 6 月 30 日

纳税人识别号：　　　　　　　　　　　　　　　　　　　　　　　填表日期：
纳税人名称：（公章）A　　　　　　　　　　　　　　　　　　　金额单位：元至角分

	项目	栏次	本期数		本年累计	
			货物及劳务	服务、不动产和无形资产	货物及劳务	服务、不动产和无形资产
一、计税依据	（一）应征增值税不含税销售额（3%征收率）	1		50 000		
	税务机关代开的增值税专用发票不含税销售额	2				
	税控器具开具的普通发票不含税销售额	3		50 000		
	（二）应征增值税不含税销售额（5%征收率）	4	—		—	
	税务机关代开的增值税专用发票不含税销售额	5	—		—	
	税控器具开具的普通发票不含税销售额	6	—		—	
	（三）销售使用过的固定资产不含税销售额	7 (7≥8)		—		—
	其中：税控器具开具的普通发票不含税销售额	8		—		—
	（四）免税销售额	9 = 10 + 11 + 12	80 000	60 000		
	其中：小微企业免税销售额	10	80 000	60 000		
	未达起征点销售额	11				
	其他免税销售额	12				
	（五）出口免税销售额	13 (13≥14)				
	其中：税控器具开具的普通发票销售额	14				

续表

	项目	栏次	本期数		本年累计	
			货物及劳务	服务、不动产和无形资产	货物及劳务	服务、不动产和无形资产
二、税款计算	核定销售额	15				
	本期应纳税额	16		2 500		
	核定应纳税额	17				
	本期应纳税额减征额	18				
	本期免税额	19				
	其中：小微企业免税额	20	2 400	3 000		
	未达起征点免税额	21				
	应纳税额合计	22 = 16 - 18 或 17 - 18		2 500		
	本期预缴税额	23			—	—
	本期应补（退）税额	24 = 22 - 23			—	—

纳税人或代理人声明：	如纳税人填报，由纳税人填写以下各栏：	
本纳税申报表是根据国家税收法律法规及相关规定填报的，我确定它是真实的、可靠的、完整的。	办税人员：	财务负责人：
	法定代表人：	联系电话：
	如委托代理人填报，由代理人填写以下各栏：	
	代理人名称（公章）：	经办人：
		联系电话：
主管税务机关：	接收人：	接收日期：

【例6-3】A 纳税人是小规模纳税人，2019 年 4—6 月发生以下业务：
（1）转让自建的不动产取得货款 5.25 万元；
（2）销售一批货物取得货款 8.24 万元；
（3）出租不动产取得租金 6.30 万元，其中，4.2 万元代开专用发票。
上述业务分别核算。
分析如下：
（1）销售不动产销售额 = 52 500 ÷（1 + 5%）= 50 000（元），销售不动产不适用享受小微企业增值税优惠；
（2）货物及劳务销售额 = 82 400 ÷（1 + 3%）= 80 000（元），可以享受小微企业增值税优惠；
（3）服务销售额 = 63 000 ÷（1 + 5%）= 60 000（元）。
其中：①出租不动产代开专用发票销售额 = 42 000 ÷（1 + 5%）= 40 000（元）。

注意：增值税小规模纳税人月销售额不超过10万元（按季纳税30万元）的，当期因代开增值税专用发票（含货物运输业增值税专用发票）已经缴纳的税款，在专用发票全部联次追回或者按规定开具红字专用发票后，可以向主管税务机关申请退还。

②出租不动产开具普通发票销售额＝21 000÷（1＋5%）＝20 000（元），可以享受小微企业增值税优惠。

填写报表如表6－4所示。

表6－4

增值税纳税申报表
（小规模纳税人适用）

税款所属时间：2019年4月1日至2019年6月30日

纳税人识别号： 填表日期：
纳税人名称：（公章）A 金额单位：元至角分

	项目	栏次	本期数		本年累计	
			货物及劳务	服务、不动产和无形资产	货物及劳务	服务、不动产和无形资产
一、计税依据	（一）应征增值税不含税销售额（3%征收率）	1				
	税务机关代开的增值税专用发票不含税销售额	2				
	税控器具开具的普通发票不含税销售额	3				
	（二）应征增值税不含税销售额（5%征收率）	4	—	90 000		
	税务机关代开的增值税专用发票不含税销售额	5	—	40 000		
	税控器具开具的普通发票不含税销售额	6	—	50 000		
	（三）销售使用过的固定资产不含税销售额	7（7≥8）				—
	其中：税控器具开具的普通发票不含税销售额	8				—
	（四）免税销售额	9＝10＋11＋12	80 000	20 000		
	其中：小微企业免税销售额	10	80 000	20 000		
	未达起征点销售额	11				
	其他免税销售额	12				
	（五）出口免税销售额	13（13≥14）				
	其中：税控器具开具的普通发票销售额	14				

续表

	项目	栏次	本期数		本年累计	
			货物及劳务	服务、不动产和无形资产	货物及劳务	服务、不动产和无形资产
二、税款计算	核定销售额	15				
	本期应纳税额	16		4 500		
	核定应纳税额	17				
	本期应纳税额减征额	18				
	本期免税额	19				
	其中：小微企业免税额	20	2 400	3 000		
	未达起征点免税额	21				
	应纳税额合计	22＝16－18 或 17－18		4 500		
	本期预缴税额	23		2 000	—	—
	本期应补（退）税额	24＝22－23		2 500	—	—

纳税人或代理人声明：	如纳税人填报，由纳税人填写以下各栏：	
本纳税申报表是根据国家税收法律法规及相关规定填报的，我确定它是真实的、可靠的、完整的。	办税人员：	财务负责人：
	法定代表人：	联系电话：
	如委托代理人填报，由代理人填写以下各栏：	
	代理人名称（公章）：	经办人：
		联系电话：

主管税务机关：	接收人：	接收日期：

第二节　小规模纳税人申报表选填说明

一、填列说明

1. 小规模纳税人一般只需要填报《增值税纳税申报表（小规模纳税人适用）》。

2. 《增值税纳税申报表（小规模纳税人适用）附列资料》如表6-5所示。应税行为涉及差额扣除的填写此表（不包含免征增值税项目），其他情况均不填写。

表 6-5　　　　　增值税纳税申报表（小规模纳税人适用）附列资料

税款所属期：自　年　月　日至　年　月　日　　　　　　　　填表日期：
纳税人名称（公章）：　　　　　　　　　　　　　　　　　　金额单位：元至角分

	项目	栏次	金额
应税行为（3%征收率）扣除额计算	期初余额	1	
	本期发生额	2	
	本期扣除额	3（3≤1+2之和，且3≤5）	
	期末余额	4=1+2-3	
应税行为（3%征收率）计税销售额计算	全部含税收入（适用3%征收率）	5	
	本期扣除额	6=3	
	含税销售额	7=5-6	
	不含税销售额	8=7÷1.03	
应税行为（5%征收率）扣除额计算	期初余额	9	
	本期发生额	10	
	本期扣除额	11（11≤9+10之和，且11≤13）	
	期末余额	12=9+10-11	
应税行为（5%征收率）计税销售额计算	全部含税收入（适用5%征收率）	13	
	本期扣除额	14=11	
	含税销售额	15=13-14	
	不含税销售额	16=15÷1.05	

3. 《增值税减免税申报明细表》如表 6-6 所示，享受除小微企业政策以外的增值税其他优惠政策的纳税人需填写该表（仅享受小微企业免征增值税政策或未达起征点的小规模纳税人不需填该表）。

表 6-6　　　　　　　　增值税减免税申报明细表

税款所属时间：自　年　月　日至　年　月　日
纳税人名称（公章）：　　　　　　　　　　　　　　金额单位：元至角分

一、减税项目						
减税性质代码及名称	栏次	期初余额	本期发生额	本期应抵减税额	本期实际抵减税额	期末余额
		1	2	3=1+2	4≤3	5=3-4
合计	1					
××××减税性质代码及名称	2					
××××减税性质代码及名称	3					
××××减税性质代码及名称	4					
	5					
	6					

续表

免税性质代码及名称	栏次	二、免税项目				
		免征增值税项目销售额	免税销售额扣除项目本期实际扣除金额	扣除后免税销售额	免税销售额对应的进项税额	免税额
		1	2	3 = 1 - 2	4	5
合计	7					
出口免税	8		—	—	—	
××××免税性质代码及名称	9					
××××免税性质代码及名称	10					
××××免税性质代码及名称	11					
	12					

二、案例讲解

【例6-4】太原市爱家餐饮管理有限公司是小规模纳税人，按季申报缴纳增值税，2019年5—6月发生如下业务：

（1）取得客户用餐收入10 000元，外卖收入1 000元；

（2）出售已使用过的固定资产（空调），售价3 000元，原值10 000元，累计折旧5 000元；

（3）购买食材支出5 000元；

（4）初次购进增值税税控专用设备490元，缴纳技术维护费330元。

爱家餐饮管理有限公司填写的增值税纳税申报报表如表6-7所示。

表6-7 　　　　　　　　增值税纳税申报表

（小规模纳税人适用）

税款所属时间：自2019年5月1日至2019年6月30日

纳税人识别号：　　　　　　　　　　　　　　　　　　　填表日期：

纳税人名称（公章）：太原市爱家餐饮管理有限公司　　　金额单位：元至角分

	项目	栏次	本期数		本年累计	
			货物及劳务	服务、不动产和无形资产	货物及劳务	服务、不动产和无形资产
一、计税依据	（一）应征增值税不含税销售额（3%征收率）	1				
	税务机关代开的增值税专用发票不含税销售额	2				
	税控器具开具的普通发票不含税销售额	3				

续表

	项目	栏次	本期数		本年累计	
			货物及劳务	服务、不动产和无形资产	货物及劳务	服务、不动产和无形资产
一、计税依据	（二）应征增值税不含税销售额（5%征收率）	4	—		—	
	税务机关代开的增值税专用发票不含税销售额	5				
	税控器具开具的普通发票不含税销售额	6	—		—	
	（三）销售使用过的固定资产不含税销售额	7（7≥8）	2 912.62	—		—
	其中：税控器具开具的普通发票不含税销售额	8	2 912.62			
	（四）免税销售额	9＝10＋11＋12		10 679.61		
	其中：小微企业免税销售额	10		10 679.61		
	未达起征点销售额	11				
	其他免税销售额	12				
	（五）出口免税销售额	13（13≥14）				
	其中：税控器具开具的普通发票销售额	14				
二、税款计算	核定销售额	15	2 912.62			
	本期应纳税额	16	87.38			
	核定应纳税额	17	87.38			
	本期应纳税额减征额	18	87.38			
	本期免税额	19		320.39		
	其中：小微企业免税额	20		320.39		
	未达起征点免税额	21				
	应纳税额合计	22＝16－18 或 17－18				
	本期预缴税额	23			—	—
	本期应补（退）税额	24＝22－23			—	—

纳税人或代理人声明：	如纳税人填报，由纳税人填写以下各栏：		
本纳税申报表是根据国家税收法律法规及相关规定填报的，我确定它是真实的、可靠的、完整的。	办税人员：	财务负责人：	
	法定代表人：	联系电话：	
	如委托代理人填报，由代理人填写以下各栏：		
	代理人名称（公章）：	经办人：	
		联系电话：	
主管税务机关：	接收人：		接收日期：

填表说明：

①第 7 栏"销售使用过的固定资产不含税销售额"：本题中销售使用过的固定资产售价为 3 000 元，不含税销售额 = 3 000 ÷ （1 + 3%） = 2 912.62 （元）。

②第 8 栏"税控器具开具的普通发票不含税销售额"：本题中销售使用过的固定资产售价为 3 000 元，不含税销售额 = 3 000 ÷ （1 + 3%） = 2 912.62 （元）。

③第 9 栏"免税销售额"：本题中客户用餐收入 10 000 元，外卖收入 1 000 元，月销售额不足 10 万元，符合减免条件，不含税销售额 = 11 000 ÷ （1 + 3%） = 10 679.61 （元）。

④第 10 栏"小微企业免税销售额"：本题中小规模纳税人符合减免条件，不含税销售额 = 11 000 ÷ （1 + 3%） = 10 679.61 （元）。

⑤第 16 栏"本期应纳税额"：本题中出售已使用过的固定资产应纳税额 = 3 000 ÷ （1 + 3%） × 3% = 87.38 （元）。

⑥第 18 栏"本期应纳税额减征额"：本题中购买金税设备和维护费支付 820 元，可以全额抵扣应纳税额，出售已使用过的固定资产减征 1% 的增值税为 29.13 元，则本期应纳税额 87.38 元小于 849.13 元，因此应该填写 87.38 元，购买金税设备和维护费尚未抵减的 761.75 元结转下期抵减。

⑦第 19 栏"本期免税额"：本期免税额 = 10 679.61 × 3% = 320.39 （元）。

⑧第 20 栏"小微企业免税额"：本题中符合减免条件不含税销售额等于 10 679.61元，小微企业免税额 = 10 679.61 × 3% = 320.39 （元）。

增值税减免税申报明细表填写如表 6 – 8 所示。

表 6 – 8 增值税减免税申报明细表

税款所属时间：自 2019 年 5 月 1 日至 2019 年 6 月 30 日

纳税人名称（公章）：太原市爱家餐饮管理有限公司　　　　　　金额单位：元至角分

减税性质代码及名称	栏次	期初余额	本期发生额	本期应抵减税额	本期实际抵减税额	期末余额
		1	2	3 = 1 + 2	4 ≤ 3	5 = 3 – 4
一、减税项目						
合计	1		849.13	849.13	87.38	761.75
0001129914 税控系统专用设备和技术维护费抵减增值税	2		820	820	58.25	761.75
00011129924 简并增值税征收率政策	3		29.13	29.13	29.13	0
	4					

续表

免税性质代码及名称	栏次	二、免税项目				
		免征增值税项目销售额	免税销售额扣除项目本期实际扣除金额	扣除后免税销售额	免税销售额对应的进项税额	免税额
		1	2	3=1-2	4	5
合计	7					
出口免税	8		—	—	—	—
其中：跨境服务	9					
	10					

【例6-5】A公司是一家从事餐饮服务的小规模纳税人，2019年5月份取得销售收入206 000元，税控器具开具普通发票，注明不含税金额200 000元，税额6 000元；当期购买税控系统专用设备，取得服务单位开具的专用发票，注明含税金额490元，另外支付防伪税控系统技术维护费330元，取得专用发票。

A公司增值税纳税申报表填写如表6-9所示。

表6-9　　　　　　　　　增值税纳税申报表
（小规模纳税人适用）

税款所属时间：自2019年5月1日至2019年5月31日

纳税人识别号：　　　　　　　　　　　　　　　填表日期：
纳税人名称（公章）：A公司　　　　　　　　　金额单位：元至角分

	项目	栏次	本期数		本年累计	
			货物及劳务	服务、不动产和无形资产	货物及劳务	服务、不动产和无形资产
一、计税依据	（一）应征增值税不含税销售额（3%征收率）	1		200 000		
	税务机关代开的增值税专用发票不含税销售额	2				
	税控器具开具的普通发票不含税销售额	3		200 000		
	（二）应征增值税不含税销售额（5%征收率）	4	—	—	—	—
	税务机关代开的增值税专用发票不含税销售额	5	—	—	—	—
	税控器具开具的普通发票不含税销售额	6				
	（三）销售使用过的固定资产不含税销售额	7（7≥8）		—		—
	其中：税控器具开具的普通发票不含税销售额	8				

续表

项目		栏次	本期数		本年累计	
			货物及劳务	服务、不动产和无形资产	货物及劳务	服务、不动产和无形资产
一、计税依据	（四）免税销售额	9 = 10 + 11 + 12				
	其中：小微企业免税销售额	10				
	未达起征点销售额	11				
	其他免税销售额	12				
	（五）出口免税销售额	13 （13≥14）				
	其中：税控器具开具的普通发票销售额	14				
二、税款计算	核定销售额	15		200 000		
	本期应纳税额	16		6 000		
	核定应纳税额	17		6 000		
	本期应纳税额减征额	18		820		
	本期免税额	19				
	其中：小微企业免税额	20				
	未达起征点免税额	21				
	应纳税额合计	22 = 16 − 18 或 17 − 18		5 180		
	本期预缴税额	23			—	—
	本期应补（退）税额	24 = 22 − 23		5 180	—	—
纳税人或代理人声明：		如纳税人填报，由纳税人填写以下各栏：				
本纳税申报表是根据国家税收法律法规及相关规定填报的，我确定它是真实的、可靠的、完整的。		办税人员： 　　　　　　　财务负责人： 法定代表人： 　　　　　　　联系电话： 如委托代理人填报，由代理人填写以下各栏： 代理人名称（公章）： 　　　　经办人： 　　　　　　　　　　　　　联系电话：				
主管税务机关：		接收人：			接收日期：	

增值税减免税申报明细表填写如表 6−10 所示。

表 6 – 10　　　　　增值税减免税申报明细表

税款所属时间：自 2019 年 5 月 1 日至 2019 年 5 月 31 日

纳税人名称（公章）：A 公司　　　　　　　　　　　　　　　金额单位：元至角分

一、减税项目					
减税性质代码及名称	栏次	期初余额 1	本期发生额 2	本期应抵减税额 3＝1＋2	本期实际抵减税额 4≤3	期末余额 5＝3－4

减税性质代码及名称	栏次	1	2	3＝1＋2	4≤3	5＝3－4
合计	1		820	820	820	0
0001129914 税控系统专用设备和技术维护费抵减增值税	2		820	820	820	0
	3					
	4					

二、免税项目						
免税性质代码及名称	栏次	免征增值税项目销售额	免税销售额扣除项目本期实际扣除金额	扣除后免税销售额	免税销售额对应的进项税额	免税额
		1	2	3＝1－2	4	5
合计	7					
出口免税	8		—	—	—	
其中：跨境服务	9					
	10					

【例 6 – 6】A 公司属于小规模纳税人，2019 年 5 月发生如下业务：

（1）转让其购进的一处不动产，取得收入 30.5 万元，该不动产的购置原价为 20 万元。

（2）以 10 万元购入金融商品 C，其后以 11.03 万元卖出，开具普通发票，该纳税人本月未发生其他增值税业务。

则计算和填列过程如下：

（1）按照政策规定，小规模纳税人销售其取得（不含自建）的不动产（不含个体工商户销售购买的住房和其他个人销售不动产），应以取得的全部价款和价外费用扣除该项不动产购置原价或者取得不动产时的作价后的余额为销售额，按照 5% 的征收率计算应纳税额。该纳税人销售不动产的不含税销售额 =（30.5 － 20）÷1.05 = 10（万元）。

应纳税额 = 10 000 × 5% = 5 000（元），需在税务局预缴。

（2）纳税人转让金融商品的，按照卖出价扣除买入价后的余额为销售额。该纳税销售服务的不含税销售额 =（11.03 － 10）÷1.03 = 1（万元）。

应纳税额 = 10 000 × 3% = 300（元）。

A 公司增值税纳税申报表填写如表 6 – 11 所示。

表 6-11

增值税纳税申报表
（小规模纳税人适用）

税款所属时间：自 2019 年 5 月 1 日至 2019 年 5 月 30 日

纳税人识别号：　　　　　　　　　　　　　　　　　　　　　　　　填表日期：
纳税人名称（公章）：A 公司　　　　　　　　　　　　　　　　　　金额单位：元至角分

	项目	栏次	本期数		本年累计	
			货物及劳务	服务、不动产和无形资产	货物及劳务	服务、不动产和无形资产
一、计税依据	（一）应征增值税不含税销售额（3%征收率）	1		10 000		
	税务机关代开的增值税专用发票不含税销售额	2				
	税控器具开具的普通发票不含税销售额	3		10 000		
	（二）应征增值税不含税销售额（5%征收率）	4	—	100 000	—	
	税务机关代开的增值税专用发票不含税销售额	5	—			
	税控器具开具的普通发票不含税销售额	6	—	100 000		
	（三）销售使用过的固定资产不含税销售额	7（7≥8）		—		—
	其中：税控器具开具的普通发票不含税销售额	8		—		—
	（四）免税销售额	9=10+11+12				
	其中：小微企业免税销售额	10				
	未达起征点销售额	11				
	其他免税销售额	12				
	（五）出口免税销售额	13（13≥14）				
	其中：税控器具开具的普通发票销售额	14				
二、税款计算	核定销售额	15		110 000		
	本期应纳税额	16		5 300		
	核定应纳税额	17		5 300		
	本期应纳税额减征额	18				
	本期免税额	19				
	其中：小微企业免税额	20				
	未达起征点免税额	21				
	应纳税额合计	22=16-18 或 17-18				
	本期预缴税额	23		5 000		
	本期应补（退）税额	24=22-23		300	—	—

续表

纳税人或代理人声明：	如纳税人填报，由纳税人填写以下各栏：	
本纳税申报表是根据国家税收法律法规及相关规定填报的，我确定它是真实的、可靠的、完整的。	办税人员：	财务负责人：
	法定代表人：	联系电话：
	如委托代理人填报，由代理人填写以下各栏：	
	代理人名称（公章）：	经办人：
		联系电话：
主管税务机关：	接收人：	接收日期：

附列资料填写如表6-12所示。

表6-12 增值税纳税申报表（小规模纳税人适用）附列资料

税款所属期：自2019年5月1日至2019年5月30日　　　　　　　填表日期：
纳税人名称（公章）：A公司　　　　　　　　　　　　　　　　金额单位：元至角分

	项目	栏次	金额
应税行为（3%征收率）扣除额计算	期初余额	1	0
	本期发生额	2	100 000
	本期扣除额	3（3≤1+2之和，且3≤5）	100 000
	期末余额	4=1+2-3	0
应税行为（3%征收率）计税销售额计算	全部含税收入（适用3%征收率）	5	110 300
	本期扣除额	6=3	100 000
	含税销售额	7=5-6	10 300
	不含税销售额	8=7÷1.03	10 000
应税行为（5%征收率）扣除额计算	期初余额	9	0
	本期发生额	10	200 000
	本期扣除额	11（11≤9+10之和，且11≤13）	200 000
	期末余额	12=9+10-11	0
应税行为（5%征收率）计税销售额计算	全部含税收入（适用5%征收率）	13	305 000
	本期扣除额	14=11	200 000
	含税销售额	15=13-14	105 000
	不含税销售额	16=15÷1.05	100 000

第三节　小规模纳税人申报时间及报送资料

一、申报时间

小规模纳税人一般以1个月或者1个季度为1个纳税期，自期满之日起15

日内申报纳税；最后一日是法定休假日的，以休假日期满的次日为期限的最后一日，在期限内有连续3日以上法定休假日的，按休假日天数顺延。原则上按季申报，纳税人要求不实行按季申报的，由主管税务机关根据其应纳税额大小核定纳税期限。

按季申报的小规模纳税人每个月都需要使用税控设备登录后系统自动抄报税，目前小规模纳税人也要申报比对，所以在季报月份请注意以下几点：

1. 小规模纳税人申报时必须先抄报税后，方可正常申报，未进行税控设备抄报税的纳税人无法网上申报。

2. 小规模纳税人申报时，应准确填写申报，符合系统比对规则后方可正常申报。对申报比对不通过的，网报系统会提示纳税人比对不符原因，并引导纳税人修改申报数据。纳税人须按系统提示准确修改申报数据，符合系统比对后方可正常上传申报数据。

3. 纳税人正常比对通过后，可正常清卡解锁。若纳税人申报时经反复核对仍无法正常申报，则可按照系统提示正常上报但暂不扣缴税款，携一证通、税控设备、增值税申报表、营业执照、经办人身份证到办税服务厅办理相关申报事宜。

季度申报完毕后，要注意：一是在网报软件中查询是否申报成功或扣款成功；二是在税控系统及时查看是否清卡，以免造成不便。

二、需报送资料

根据实际业务情况填报的增值税申报报表和财务报表如下：

1. 《增值税纳税申报表（小规模纳税人适用）》。

2. 《增值税纳税申报表（小规模纳税人适用）附列资料》。该表由销售服务有扣除项目的纳税人填写，其他小规模纳税人不填报。

3. 《增值税减免税申报明细表》，此表为增值税一般纳税人和增值税小规模纳税人共用表，享受增值税减免税优惠的增值税小规模纳税人需填写该表。

发生增值税税控系统专用设备费用、技术维护费以及购置税控收款机费用的增值税小规模纳税人也需填报此表。

仅享受月销售额不超过10万元（按季纳税30万元）免征增值税政策或未达起征点的增值税小规模纳税人不需要填报此表。

纳税人通过网上申报的，不需要再向税务机关报送纸质资料，但需要自行将相关资料留存备查。纳税人根据自己经营业务实际选择需要申报提交的资料，并在报表上加盖公章，复印件注明"此件由我单位提供，复印件与原件一致"。

三、案例讲解

(一) 一般申报案例

【例 6-7】 某一按季申报的小规模纳税人,2019 年 1 月份销售货物取得收入 7 万元(不含税收入,下同),2 月份取得加工修理修配收入 5 万元,3 月份取得应税服务收入 4 万元,同时销售不动产差额扣除后的销售额为 15 万,并由税务机关代开不动产销售的增值税专用发票,增值税如何申报?

该纳税人一季度增值税应税销售额为 31 万元,扣除不动产销售额 15 万元后的季销售额为 16 万元,仍可享受免征增值税优惠,但是 15 万元的不动产销售应按规定纳税。填制纳税申报表如 6-13 所示。

表 6-13 增值税纳税申报表
(小规模纳税人适用)
税款所属时间:2019 年 1 月 1 日至 2019 年 3 月 31 日

纳税人识别号: 　　　　　　　　　　　　　　　　　填表日期:
纳税人名称:(公章) 　　　　　　　　　　　　　　　金额单位:元至角分

	项目	栏次	本期数		本年累计	
			货物及劳务	服务、不动产和无形资产	货物及劳务	服务、不动产和无形资产
一、计税依据	(一)应征增值税不含税销售额(3%征收率)	1				
	税务机关代开的增值税专用发票不含税销售额	2				
	税控器具开具的普通发票不含税销售额	3				
	(二)应征增值税不含税销售额(5%征收率)	4	—	150 000	—	
	税务机关代开的增值税专用发票不含税销售额	5	—	150 000	—	
	税控器具开具的普通发票不含税销售额	6	—		—	
	(三)销售使用过的固定资产不含税销售额	7 (7≥8)		—		—
	其中:税控器具开具的普通发票不含税销售额	8		—		—
	(四)免税销售额	9=10+11+12	120 000	40 000		
	其中:小微企业免税销售额	10	120 000	40 000		
	未达起征点销售额	11				
	其他免税销售额	12				
	(五)出口免税销售额	13 (13≥14)				
	其中:税控器具开具的普通发票销售额	14				

续表

项目		栏次	本期数		本年累计	
			货物及劳务	服务、不动产和无形资产	货物及劳务	服务、不动产和无形资产
二、税款计算	核定销售额	15				
	本期应纳税额	16		7 500		
	核定应纳税额	17				
	本期应纳税额减征额	18				
	本期免税额	19	3 600	1 200		
	其中：小微企业免税额	20	3 600	1 200		
	未达起征点免税额	21				
	应纳税额合计	22＝16－18 或 17－18		7 500		
	本期预缴税额	23			—	—
	本期应补（退）税额	24＝22－23		7 500	—	—

纳税人或代理人声明：	如纳税人填报，由纳税人填写以下各栏：	
本纳税申报表是根据国家税收法律法规及相关规定填报的，我确定它是真实的、可靠的、完整的。	办税人员：	财务负责人：
	法定代表人：	联系电话：
	如委托代理人填报，由代理人填写以下各栏：	
	代理人名称（公章）：	经办人：
		联系电话：
主管税务机关：	接收人：	接收日期：

（二）自行开具增值税专用发票申报案例

【例6－8】某一按月申报的小规模纳税人，1月份销售货物并开具增值税专用发票4万元，开具增值税普通发票3万元，未开具发票3万元，1月份增值税如何申报？

该纳税人1月份销售货物取得收入合计10万元，其中开具普通发票和未开票收入合计6万元可以适用免税，另外4万元开具增值税专用发票应缴纳增值税0.12万元。填制纳税申报表如表6－14所示。

表 6–14 增值税纳税申报表
（小规模纳税人适用）

税款所属时间：2019 年 1 月 1 日至 2019 年 1 月 31 日

纳税人识别号： 填表日期：
纳税人名称：（公章） 金额单位：元至角分

	项目	栏次	本期数		本年累计	
			货物及劳务	服务、不动产和无形资产	货物及劳务	服务、不动产和无形资产
一、计税依据	（一）应征增值税不含税销售额（3%征收率）	1	40 000			
	税务机关代开的增值税专用发票不含税销售额	2	40 000			
	税控器具开具的普通发票不含税销售额	3				
	（二）应征增值税不含税销售额（5%征收率）	4	—		—	
	税务机关代开的增值税专用发票不含税销售额	5	—		—	
	税控器具开具的普通发票不含税销售额	6	—		—	
	（三）销售使用过的固定资产不含税销售额	7（7≥8）		—		—
	其中：税控器具开具的普通发票不含税销售额	8		—		—
	（四）免税销售额	9=10+11+12	60 000			
	其中：小微企业免税销售额	10	60 000			
	未达起征点销售额	11				
	其他免税销售额	12				
	（五）出口免税销售额	13（13≥14）				
	其中：税控器具开具的普通发票销售额	14				
二、税款计算	核定销售额	15				
	本期应纳税额	16	1 200			
	核定应纳税额	17				
	本期应纳税额减征额	18				
	本期免税额	19	1 800			
	其中：小微企业免税额	20	1 800			
	未达起征点免税额	21				
	应纳税额合计	22=16-18 或 17-18	1 200			
	本期预缴税额	23			—	—
	本期应补（退）税额	24=22-23	1 200		—	—

续表

纳税人或代理人声明：	如纳税人填报，由纳税人填写以下各栏：	
本纳税申报表是根据国家税收法律法规及相关规定填报的，我确定它是真实的、可靠的、完整的。	办税人员：	财务负责人：
	法定代表人：	联系电话：
	如委托代理人填报，由代理人填写以下各栏：	
	代理人名称（公章）：	经办人：
		联系电话：

主管税务机关：	接收人：	接收日期：

（三）小微企业申报表填制案例

【例6-9】 某一按季申报的小规模纳税人，2019年1月份销售货物取得收入7万元，2月份取得加工修理修配收入5万元，3月份取得应税服务收入4万元，同时销售不动产14万元，一季度增值税如何申报？

4月份在申报一季度增值税时，应合并计算销售货物、劳务、服务、无形资产和不动产的总和，该纳税人一季度取得合计销售额未超过30万元，可以享受小规模纳税人免征增值税政策，按免税申报分别填入第10栏的相应栏次。填制纳税申报表如表6-15所示。

表6-15

增值税纳税申报表

（小规模纳税人适用）

税款所属时间：2019年1月1日至2019年3月31日

纳税人识别号：　　　　　　　　　　　　　　　　　　填表日期：

纳税人名称：（公章）　　　　　　　　　　　　　　　金额单位：元至角分

	项目	栏次	本期数		本年累计	
			货物及劳务	服务、不动产和无形资产	货物及劳务	服务、不动产和无形资产
一、计税依据	（一）应征增值税不含税销售额（3%征收率）	1				
	税务机关代开的增值税专用发票不含税销售额	2				
	税控器具开具的普通发票不含税销售额	3				
	（二）应征增值税不含税销售额（5%征收率）	4	—		—	
	税务机关代开的增值税专用发票不含税销售额	5	—		—	
	税控器具开具的普通发票不含税销售额	6	—		—	
	（三）销售使用过的固定资产不含税销售额	7 (7≥8)		—		—

续表

项目		栏次	本期数		本年累计	
			货物及劳务	服务、不动产和无形资产	货物及劳务	服务、不动产和无形资产
一、计税依据	其中：税控器具开具的普通发票不含税销售额	8		—		—
	（四）免税销售额	9=10+11+12	120 000	180 000		
	其中：小微企业免税销售额	10	120 000	180 000		
	未达起征点销售额	11				
	其他免税销售额	12				
	（五）出口免税销售额	13（13≥14）				
	其中：税控器具开具的普通发票销售额	14				
二、税款计算	核定销售额	15				
	本期应纳税额	16				
	核定应纳税额	17				
	本期应纳税额减征额	18				
	本期免税额	19	3 600	8 200		
	其中：小微企业免税额	20	3 600	8 200		
	未达起征点免税额	21				
	应纳税额合计	22=16-18 或 17-18				
	本期预缴税额	23			—	—
	本期应补（退）税额	24=22-23			—	—

纳税人或代理人声明：	如纳税人填报，由纳税人填写以下各栏：		
本纳税申报表是根据国家税收法律法规及相关规定填报的，我确定它是真实的、可靠的、完整的。	办税人员：		财务负责人：
	法定代表人：		联系电话：
	如委托代理人填报，由代理人填写以下各栏：		
	代理人名称（公章）：		经办人：
			联系电话：

主管税务机关：	接收人：	接收日期：

（四）差额征税申报案例

【例6-10】2019年1月，某建筑业小规模纳税人（按月纳税）取得建筑服务含税收入31.27万元，同时向其他建筑企业支付分包款22万元，1月份增值税如何申报？

该小规模纳税人当月扣除分包款后的销售额为 9 万元，未超过 10 万元免税标准，因此，当月可享受小规模纳税人免税政策。以差额扣除后的 9 万元填写申报表第 10 栏，同时差额部分应填写申报表附列资料。填制的报表如表 6-16 和表 6-17 所示。

表 6-16　　　　　　　　　　　　增值税纳税申报表
（小规模纳税人适用）
税款所属时间：2019 年 1 月 1 日至 2019 年 1 月 31 日

纳税人识别号：　　　　　　　　　　　　　　　　　　　　　　填表日期：
纳税人名称：（公章）　　　　　　　　　　　　　　　　　　　　金额单位：元至角分

	项目	栏次	本期数		本年累计	
			货物及劳务	服务、不动产和无形资产	货物及劳务	服务、不动产和无形资产
一、计税依据	（一）应征增值税不含税销售额（3%征收率）	1				
	税务机关代开的增值税专用发票不含税销售额	2				
	税控器具开具的普通发票不含税销售额	3				
	（二）应征增值税不含税销售额（5%征收率）	4		—		—
	税务机关代开的增值税专用发票不含税销售额	5		—		—
	税控器具开具的普通发票不含税销售额	6		—		—
	（三）销售使用过的固定资产不含税销售额	7 (7≥8)		—		—
	其中：税控器具开具的普通发票不含税销售额	8		—		—
	（四）免税销售额	9=10+11+12	90 000			
	其中：小微企业免税销售额	10	90 000			
	未达起征点销售额	11				
	其他免税销售额	12				
	（五）出口免税销售额	13 (13≥14)				
	其中：税控器具开具的普通发票销售额	14				

续表

	项目	栏次	本期数		本年累计	
			货物及劳务	服务、不动产和无形资产	货物及劳务	服务、不动产和无形资产
二、税款计算	核定销售额	15				
	本期应纳税额	16				
	核定应纳税额	17				
	本期应纳税额减征额	18				
	本期免税额	19	2 700			
	其中：小微企业免税额	20	2 700			
	未达起征点免税额	21				
	应纳税额合计	22＝16－18 或 17－18				
	本期预缴税额	23			—	—
	本期应补（退）税额	24＝22－23			—	—

纳税人或代理人声明：	如纳税人填报，由纳税人填写以下各栏：	
本纳税申报表是根据国家税收法律法规及相关规定填报的，我确定它是真实的、可靠的、完整的。	办税人员：	财务负责人：
	法定代表人：	联系电话：
	如委托代理人填报，由代理人填写以下各栏：	
	代理人名称（公章）：	经办人：
		联系电话：
主管税务机关：	接收人：	接收日期：

表 6－17　增值税纳税申报表（小规模纳税人适用）附列资料

税款所属期：自 2019 年 1 月 1 日至 2019 年 1 月 31 日　　　　填表日期：

纳税人名称（公章）：　　　　　　　　　　　　　　　　　　　金额单位：元至角分

	项目	栏次	金额
应税行为（3%征收率）扣除额计算	期初余额	1	
	本期发生额	2	220 000
	本期扣除额	3（3≤（1＋2）之和，且 3≤5）	220 000
	期末余额	4＝1＋2－3	
应税行为（3%征收率）计税销售额计算	全部含税收入（适用3%征收率）	5	312 700
	本期扣除额	6＝3	220 000
	含税销售额	7＝5－6	92 700
	不含税销售额	8＝7÷1.03	90 000

续表

	项目	栏次	金额
应税行为（5%征收率）扣除额计算	期初余额	9	
	本期发生额	10	
	本期扣除额	11（11≤9+10 之和，且 11≤13）	
	期末余额	12 = 9 + 10 − 11	
应税行为（5%征收率）计税销售额计算	全部含税收入（适用5%征收率）	13	
	本期扣除额	14 = 11	
	含税销售额	15 = 13 − 14	
	不含税销售额	16 = 15 ÷ 1.05	

第七章

一般纳税人申报表填写实例

第一节 商贸企业填写案例

广西交电有限公司为增值税一般纳税人，2019年5月发生业务如下：

业务1：储运部门转来收货单，向光辉灯具厂购进书写台灯100箱，每箱500元，取得增值税专用发票，发票价款为50 000元，增值税进项税额为6 500元；向黎明灯具厂购入纸质灯具200台，每台100元，取得增值税专用发票，发票价款为20 000元，增值税进项税额为2 600元；购买石云灯具500台，每台200元，取得增值税专用发票，发票价款为100 000元，增值税进项税额为13 000元；已全部验收入库。

业务2：销售书写台灯98箱，开具增值税专用发票，取得货款78 400元，增值税销项税额10 192元；销售纸质灯具200台，开具增值税专用发票，取得货款40 000元，增值税销项税额5 200元；销售石云灯具200台，开具增值税专用发票，取得货款200 000元，增值税销项税额26 000元。

业务3：购买税控盘，取得增值税专用发票，价税合计490元；缴纳技术维护费，取得增值税专用发票，价税合计330元。

一、填写《增值税纳税申报表附列资料（一）》（本期销售情况明细）

业务2中，共销售产品 = 78 400 + 40 000 + 200 000 = 318 400（元），都开具了增值税专用发票，税款 = 318 400 × 13% = 41 392（元），应填入表7-1中第1行第1、2、9、10列相应栏次。

二、填写《增值税纳税申报表附列资料（二）》（本期进项税额明细）

纳税人取得的专用发票，不论是否允许抵扣，均应先进行认证，再根据不同情形填写该表，见表7-2。

业务1中，共购入产品 = 50 000 + 20 000 + 100 000 = 170 000（元），都取得专用发票，允许抵扣税款 = 170 000 × 13% = 22 100（元），填入表7-2中第1、2、12栏。

表 7－1

增值税纳税申报表附列资料（一）
（本期销售情况明细）

税款所属时间：2019 年 5 月 1 日至 2019 年 5 月 31 日

纳税人名称：（公章）广西交电有限公司

金额单位：元至角分

项目及栏次			开具增值税专用发票		开具其他发票		未开具发票		纳税检查调整		合计			服务、不动产和无形资产扣除项目本期实际扣除金额	扣除后	
			销售额	销项（应纳）税额	销售额	销项（应纳）税额	销售额	销项（应纳）税额	销售额	销项（应纳）税额	销售额 9=1+3+5+7	销项（应纳）税额 10=2+4+6+8	价税合计 11=9+10		含税（免税）销售额 13＝11－12	销项（应纳）税额 14=13÷(100%+税率或征收率)×税率或征收率
			1	2	3	4	5	6	7	8	9	10	11	12	13	14
一、一般计税方法计税	全部征税项目	13%税率的货物及加工修理修配劳务	1	318 400	41 392	—	—	—	—	—	—	318 400	41 392	—	—	—	—
		13%税率的服务、不动产和无形资产	2														
		9%税率的货物及加工修理修配劳务	3														
		9%税率的服务、不动产和无形资产	4														
		6%税率	5														
	其中：即征即退项目	即征即退货物及加工修理修配劳务	6	—	—	—	—	—	—	—	—	—	—	—	—	—	—
		即征即退服务、不动产和无形资产	7	—	—	—	—	—	—	—	—	—	—	—	—	—	—

续表

项目及栏次	栏次	开具增值税专用发票		开具其他发票		未开具发票		纳税检查调整		合计			服务、不动产和无形资产扣除项目本期实际扣除金额	扣除后	
		销售额	销项(应纳)税额	销售额	销项(应纳)税额	销售额	销项(应纳)税额	销售额	销项(应纳)税额	销售额	销项(应纳)税额	价税合计		含税(免税)销售额	销项(应纳)税额
		1	2	3	4	5	6	7	8	9=1+3+5+7	10=2+4+6+8	11=9+10	12	13=11-12	14=13÷(100%+税率或征收率)×税率或征收率
二、简易计税方法计税 全部征税项目 6%征收率	8														
5%征收率的货物及加工修理修配劳务	9a	—	—	—	—	—	—	—	—	—	—	—	—	—	—
5%征收率的服务、不动产和无形资产	9b														
4%征收率	10	—	—	—	—	—	—	—	—	—	—	—	—	—	—
3%征收率的货物及加工修理修配劳务	11														
3%征收率的服务、不动产和无形资产	12	—	—	—	—	—	—	—	—	—	—	—	—	—	—
预征率%	13a														
预征率%	13b	—	—	—	—	—	—	—	—	—	—	—	—	—	—
预征率%	13c														
其中:即征即退 即征即退货物及加工修理修配劳务	14	—	—	—	—	—	—	—	—	—	—	—	—	—	—
即征即退服务、不动产和无形资产	15	—	—	—	—	—	—	—	—	—	—	—	—	—	—

续表

项目及栏次		开具增值税专用发票		开具其他发票		未开具发票		纳税检查调整		合计			服务、不动产和无形资产扣除项目本期实际扣除金额	扣除后	
		销售额	销项(应纳)税额	销售额	销项(应纳)税额	销售额	销项(应纳)税额	销售额	销项(应纳)税额	销售额	销项(应纳)税额	价税合计		含税(免税)销售额	销项(应纳)税额
		1	2	3	4	5	6	7	8	9=1+3+5+7	10=2+4+6+8	11=9+10	12	13=11−12	14=13÷(100%+税率或征收率)×税率或征收率
三、免抵退税	货物及加工修理修配劳务 16	—	—	—	—	—	—	—	—	—	—	—	—	—	—
	服务、不动产和无形资产 17	—	—	—	—	—	—	—	—	—	—	—	—	—	—
四、免税	货物及加工修理修配劳务 18	—	—	—	—	—	—	—	—	—	—	—	—	—	—
	服务、不动产和无形资产 19	—	—	—	—	—	—	—	—	—	—	—	—	—	—

业务 3 中，购进税控设备，可以全额抵减增值税税款，不得作为扣税凭证再抵扣进项税额，不应填写表中"一、申报抵扣的进项税额"相关栏次，而应填写"三、待抵扣进项税额"相关栏次。因此，将业务 3 中专用发票金额 744.95 元、税额 75.05 元填入第 26、27、28 栏。

本期所有认证相符的专用发票，不论是否申报抵扣进项税额，均应填入第 35 栏。

表 7 – 2　　　　　　　　　增值税纳税申报表附列资料（二）
（本期进项税额明细）

税款所属时间：2019 年 5 月 1 日至 2019 年 5 月 31 日

纳税人名称：（公章）广西交电有限公司　　　　　　　　　　　金额单位：元至角分

一、申报抵扣的进项税额				
项目	栏次	份数	金额	税额
（一）认证相符的增值税专用发票	1 = 2 + 3	3	170 000	22 100
其中：本期认证相符且本期申报抵扣	2		170 000	22 100
前期认证相符且本期申报抵扣	3			
（二）其他扣税凭证	4 = 5 + 6 + 7 + 8a + 8b			
其中：海关进口增值税专用缴款书	5			
农产品收购发票或者销售发票	6			
代扣代缴税收缴款凭证	7		—	
加计扣除农产品进项税额	8a	—	—	
其他	8b			
（三）本期用于购建不动产的扣税凭证	9			
（四）本期用于抵扣的旅客运输服务扣税凭证	10			
（五）外贸企业进项税额抵扣证明	11	—	—	
当期申报抵扣进项税额合计	12 = 1 + 4 + 11		170 000	22 100
二、进项税额转出额				
项目	栏次		税额	
本期进项税额转出额	13 = 14 至 23 之和			
其中：免税项目用	14			
集体福利、个人消费	15			
非正常损失	16			
简易计税方法征税项目用	17			
免抵退税办法不得抵扣的进项税额	18			
纳税检查调减进项税额	19			
红字专用发票信息表注明的进项税额	20			
上期留抵税额抵减欠税	21			
上期留抵税额退税	22			
其他应作进项税额转出的情形	23			

续表

三、待抵扣进项税额				
项目	栏次	份数	金额	税额
（一）认证相符的增值税专用发票	24	—	—	—
期初已认证相符但未申报抵扣	25			
本期认证相符且本期未申报抵扣	26	2	744.95	75.05
期末已认证相符但未申报抵扣	27	2	744.95	75.05
其中：按照税法规定不允许抵扣	28	2	744.95	75.05
（二）其他扣税凭证	29＝30至33之和			
其中：海关进口增值税专用缴款书	30			
农产品收购发票或者销售发票	31			
代扣代缴税收缴款凭证	32		—	
其他	33			
	34			
四、其他				
项目	栏次	份数	金额	税额
本期认证相符的增值税专用发票	35	5	170 744.95	22 175.05
代扣代缴税额	36	—		

三、填写《增值税纳税申报表附列资料（四）》（税额抵减情况表）

业务3中购进税控设备和缴纳技术维护费820元，可以全额抵减增值税税额，填入表7-3第1行。

这一业务同时还需要填写《增值税减免税申报明细表》的"一、减税项目"部分。上述抵减金额合计反映在主表第23栏，不在主表第28栏反映。

表7-3　　　　　　　　增值税纳税申报表附列资料（四）
（税额抵减情况表）

税款所属时间：2019年5月1日至2019年5月31日

纳税人名称：（公章）广西交电有限公司　　　　　　　　　金额单位：元至角分

一、税额抵减情况						
序号	抵减项目	期初余额	本期发生额	本期应抵减税额	本期实际抵减税额	期末余额
		1	2	3＝1+2	4≤3	5＝3-4
1	增值税税控系统专用设备费及技术维护费	0	820	820	820	0
2	分支机构预征缴纳税款					
3	建筑服务预征缴纳税款					
4	销售不动产预征缴纳税款					
5	出租不动产预征缴纳税款					

四、填写《增值税减免税申报明细表》

业务 3 中购买税控盘和缴纳技术维护费,取得增值税专用发票,价税合计 820 元,可全额抵减增值税,填入表 7-4 第 2 行。

在实际业务中,纳税人可根据其不同的减免税项目增加行次填写,第 1 行填写合计数。

本表第 1 行等于主表第 23 栏。

表 7-4   **增值税减免税申报明细表**

税款所属时间:自 2019 年 5 月 1 日至 2019 年 5 月 31 日

纳税人名称(公章):广西交电有限公司   金额单位:元至角分

一、减税项目						
减税性质代码及名称	栏次	期初余额	本期发生额	本期应抵减税额	本期实际抵减税额	期末余额
		1	2	3=1+2	4≤3	5=3-4
合计	1	0	820	820	820	0
0001129914 税控系统专用设备和技术维护费用抵减增值税	2	0	820	820	820	0
	3					

二、免税项目						
免税性质代码及名称	栏次	免征增值税项目销售额	免税销售额扣除项目本期实际扣除金额	扣除后免税销售额	免税销售额对应的进项税额	免税额
		1	2	3=1-2	4	5
合计	7					
出口免税	8		—		—	—
其中:跨境服务	9		—		—	—

五、填写《增值税纳税申报》

主表绝大部分数据会根据附表数据自动生成。

(一)销售额部分

将业务 2 中按适用税率计税的不含税销售额 318 400 元(扣除前)填在主表第 1 栏,其中,货物销售额 318 400 元同时填在第 2 栏。

(二)税款计算部分

将业务 2 中一般计税方法项目对应的销项税额 41 392 元,即《附列资料(一)》第 1 栏第 10 列中数字,填入主表第 11 栏。

将本期允许抵扣的进项税额,即《附列资料(二)》第 12 栏税额 22 100 元,填入主表第 12 栏。

将业务 3 中可全额抵减的税控设备金额和技术维护费金额合计 820 元填入主表第 23 栏。

经过表内逻辑关系计算，当期主表第 24 栏为 18 472 元。

（三）税款缴纳部分

本月无预缴税额不需填写主表第 28 栏。

经过表内逻辑关系计算，当期主表第 34 栏为 18 472 元。

《增值税纳税申报表》的填写如表 7-5 所示。

表 7-5　　　　　　　　　增值税纳税申报表
（一般纳税人适用）

根据国家税收法律法规及增值税相关规定制定本表。纳税人不论有无销售额，均应按税务机关核定的纳税期限填写本表，并向当地税务机关申报。

税款所属时间：自 2019 年 5 月 1 日至 2019 年 5 月 31 日　　填表日期：　　年　月　日

金额单位：元至角分

纳税人识别号				所属行业	
纳税人名称	（公章）广西交电有限公司	法定代表人姓名		注册地址	生产经营地址
开户银行及账号		登记注册类型		电话号码	

	项目	栏次	一般项目		即征即退项目	
			本月数	本年累计	本月数	本年累计
销售额	（一）按适用税率计税销售额	1	318 400			
	其中：应税货物销售额	2	318 400			
	应税劳务销售额	3				
	纳税检查调整的销售额	4				
	（二）按简易办法计税销售额	5				
	其中：纳税检查调整的销售额	6				
	（三）免、抵、退办法出口销售额	7			—	—
	（四）免税销售额	8			—	—
	其中：免税货物销售额	9			—	—
	免税劳务销售额	10			—	—
税款计算	销项税额	11	41 392			
	进项税额	12	22 100			
	上期留抵税额	13				
	进项税额转出	14				
	免、抵、退应退税额	15			—	—
	按适用税率计算的纳税检查应补缴税额	16				
	应抵扣税额合计	17 = 12 + 13 - 14 - 15 + 16	22 100		—	—
	实际抵扣税额	18（如 17 < 11，则为 17，否则为 11）	22 100			

续表

项目		栏次	一般项目		即征即退项目	
			本月数	本年累计	本月数	本年累计
税款计算	应纳税额	19 = 11 − 18	19 292			
	期末留抵税额	20 = 17 − 18			—	—
	简易计税办法计算的应纳税额	21				
	按简易计税办法计算的纳税检查应补缴税额	22			—	—
	应纳税额减征额	23	820			
	应纳税额合计	24 = 19 + 21 − 23	18 472			
税款缴纳	期初未缴税额（多缴为负数）	25				
	实收出口开具专用缴款书退税额	26				
	本期已缴税额	27 = 28 + 29 + 30 + 31				
	①分次预缴税额	28			—	—
	②出口开具专用缴款书预缴税额	29			—	—
	③本期缴纳上期应纳税额	30				
	④本期缴纳欠缴税额	31				
	期末未缴税额（多缴为负数）	32 = 24 + 25 + 26 − 27				
	其中：欠缴税额（≥0）	33 = 25 + 26 − 27			—	—
	本期应补（退）税额	34 = 24 − 28 − 29	18 472		—	—
	即征即退实际退税额	35	—	—		
	期初未缴查补税额	36			—	—
	本期入库查补税额	37			—	—
	期末未缴查补税额	38 = 16 + 22 + 36 − 37			—	—

授权声明	如果你已委托代理人申报，请填写下列资料： 为代理一切税务事宜，现授权 （地址）_____ 为本纳税人的代理申报人，任何与本申报表有关的往来文件，都可寄予此人。 授权人签字：	申报人声明	本纳税申报表是根据国家税收法律法规及相关规定填报的，我确定它是真实的、可靠的、完整的。 声明人签字：

主管税务机关：　　　　　　　　接收人：　　　　　　　　接收日期：

第二节　生活服务业企业填写实例

广西 A 大酒店有限公司为增值税一般纳税人，2019 年 5 月发生业务如下：

业务 1：对外提供餐饮服务共开具普通发票 1 060 万元，外卖收入 35.1 万元。出租 2019 年 4 月取得的停车场收入 10.5 万元，所属经营部对外销售烟酒百货 23.4 万元并开具普通发票，处理 2016 年 1 月份购进的办公用车一辆，取得收入 10.3 万元。

业务 2：从农业生产者手中购进农产品，取得普通发票金额为 200 万元；从超市购进鲜活肉产品，取得普通发票金额为 150 万元；购买烟酒百货 10 万元、食用植物油 30 万元，分别取得增值税专用发票；取得某公司法律咨询费增值税专用发票，金额为 20 万元；购进办公产品，取得增值税专用发票金额为 60 万元。

业务 3：购买税控盘，取得增值税专用发票，价税合计 490 元；缴纳技术维护费，取得增值税专用发票，价税合计 330 元。

一、填写《增值税纳税申报表附列资料（一）》（本期销售情况明细）

业务 1 中，对外提供餐饮服务适用 6% 的税率，销项税额 = 1 060 ÷（1 + 6%）× 6% = 60（万元），开具普通发票，相关金额应填入表 7 - 6 第 5 行第 3、4、9、10 列相应栏次。

外卖及烟酒百货销售收入适用 13% 的税率，销项税额 =（35.1 + 23.4）÷（1 + 13%）× 13% = 6.73（万元），开具普通发票，相关金额应填入表 7 - 6 第 1 行第 3、4、9、10 列相应栏次。

停车场收入按不动产经营租赁处理，可选择简易计税，适用征收率为 5%，应纳税额 = 10.5 ÷（1 + 5%）× 5% = 0.5（万元），开具普通发票，相关金额应填入表 7 - 6 第 9b 行第 3、4、9 ~ 14 列相应栏次。

车辆处理收入按清理固定资产处理，简易计税适用征收率为 3%，应纳税额 = 10.3 ÷（1 + 3%）× 3% = 0.3（万元），开具普通发票，相关金额应填入表 7 - 6 第 11 行第 3、4、9、10 列相应栏次。

二、填写《增值税纳税申报表附列资料（二）》（本期进项税额明细）

纳税人取得的专用发票，不论是否允许抵扣，均应先进行认证，再根据不同情形应填写《附列资料（二）》，见表 7 - 7。

表7-6

增值税纳税申报表附列资料（一）
（本期销售情况明细）

税款所属时间：2019年5月1日至2019年5月31日

纳税人名称：(公章) 广西A大酒店有限公司　　　　　　　　　　　　　　　金额单位：元至角分

项目及栏次		开具增值税专用发票		开具其他发票		未开具发票		纳税检查调整		合计		价税合计	服务、不动产和无形资产扣除项目本期实际扣除金额	扣除后	
		销售额	销项（应纳）税额	销售额	销项（应纳）税额	销售额	销项（应纳）税额	销售额	销项（应纳）税额	销售额	销项（应纳）税额			含税（免税）销售额	销项（应纳）税额
		1	2	3	4	5	6	7	8	9=1+3+5+7	10=2+4+6+8	11=9+10	12	13=11-12	14=13÷(100%+税率或征收率)×税率或征收率
一、一般计税方法计税	全部征税项目	13%税率的货物及加工修理修配劳务	1	—	—	—	—	—	—	—	—	—	—	—	—	—	—
		13%税率的服务、不动产和无形资产	2	517 699	67 300							517 699	67 300				
		9%税率的货物及加工修理修配劳务	3	—	—	—	—	—	—	—	—	—	—	—	—	—	—
		9%税率的服务、不动产和无形资产	4	—	—	—	—	—	—	—	—	—	—	—	—	—	—
		6%税率	5			10 000 000	600 000					10 000 000	600 000	10 600 000	0	10 600 000	600 000
	其中：即征即退项目	即征即退货物加工修理修配劳务	6	—	—	—	—	—	—	—	—	—	—	—	—	—	—
		即征即退服务、不动产和无形资产	7	—	—	—	—	—	—	—	—	—	—	—	—	—	—

续表

项目及栏次		栏次	开具增值税专用发票		开具其他发票		未开具发票		纳税检查调整		合计			服务、不动产和无形资产扣除项目本期实际扣除金额	扣除后	
			销售额	销项(应纳)税额	销售额	销项(应纳)税额	销售额	销项(应纳)税额	销售额	销项(应纳)税额	销售额	销项(应纳)税额	价税合计		含税(免税)销售额	销项(应纳)税额
			1	2	3	4	5	6	7	8	9=1+3+5+7	10=2+4+6+8	11=9+10	12	13=11-12	14=13÷(100%+税率或征收率)×税率或征收率
二、简易计税方法计税	全部征税项目	6%征收率	8														
		5%征收率的货物及加工修理修配劳务	9a														
		5%征收率的服务、不动产和无形资产	9b			100 000	5 000					100 000	5 000	105 000	0	105 000	5 000
		4%征收率	10														
		3%征收率的货物及加工修理修配劳务	11			100 000	3 000					100 000	3 000				
		3%征收率的服务、不动产和无形资产	12														
	其中:即征即退项目	预征率%	13a	—	—	—	—	—	—	—	—	—	—	—	—	—
		预征率%	13b	—	—	—	—	—	—	—	—	—	—	—	—	—
		预征率%	13c	—	—	—	—	—	—	—	—	—	—	—	—	—
		即征即退货物及加工修理修配劳务	14	—	—	—	—	—	—	—	—	—	—	—	—	—
		即征即退服务、不动产和无形资产	15	—	—	—	—	—	—	—	—	—	—	—	—	—

续表

项目及栏次		开具增值税专用发票 销售额	开具增值税专用发票 销项(应纳)税额	开具其他发票 销售额	开具其他发票 销项(应纳)税额	未开具发票 销售额	未开具发票 销项(应纳)税额	纳税检查调整 销售额	纳税检查调整 销项(应纳)税额	合计 销售额	合计 销项(应纳)税额	合计 价税合计	服务、不动产和无形资产扣除项目本期实际扣除金额	扣除后 含税(免税)销售额	扣除后 销项(应纳)税额
		1	2	3	4	5	6	7	8	9=1+3+5+7	10=2+4+6+8	11=9+10	12	13=11-12	14=13÷(100%+税率或征收率)×税率或征收率
三、免抵退税	货物及加工修理修配劳务 16	—	—	—	—	—	—	—	—	—	—	—	—	—	—
	服务、不动产和无形资产 17	—	—	—	—	—	—	—	—	—	—	—	—	—	—
四、免税	货物及加工修理修配劳务 18	—	—	—	—	—	—	—	—	—	—	—	—	—	—
	服务、不动产和无形资产 19	—	—	—	—	—	—	—	—	—	—	—	—	—	—

业务 2 中，从农业生产者手中购进农产品允许抵扣的进项税额 = 200×9% = 18（万元），相关金额应填入表 7-7 第 4、6 栏。

购买烟酒百货、办公用品取得的增值税专用发票税额 =（60+10）×13% = 9.1（万元），购入食用植物油、支付法律咨询费取得的增值税专用发票税额 = 30×9%+20×6% = 3.9（万元），相关金额应按合计数填入表 7-7 第 1、2 栏。

鲜活肉产品流通环节免征增值税，取得的普通发票不能抵扣进项税额，不填入表 7-7 中。

业务 3 中，购进税控设备和缴纳技术维护费 820 元，可以全额抵减增值税税款，不得作为扣税凭证再抵扣进项税额，不应填写表 7-7 中 "一、申报抵扣的进项税额" 相关栏次，而应填写 "三、待抵扣进项税额" 相关栏次。因此，将业务 3 中增值税专用发票金额 744.95 元、税额 75.05 元填入表 7-7 第 26、27、28 栏。

本期所有认证相符的专用发票，不论是否申报抵扣进项税额，均应填入第 35 栏。

表 7-7   增值税纳税申报表附列资料（二）
（本期进项税额明细）

税款所属时间：2019 年 5 月 1 日至 2019 年 5 月 31 日

纳税人名称：（公章）广西 A 大酒店有限公司　　　　　　　金额单位：元至角分

一、申报抵扣的进项税额				
项目	栏次	份数	金额	税额
（一）认证相符的增值税专用发票	1 = 2 + 3	4	1 200 000	130 000
其中：本期认证相符且本期申报抵扣	2		1 200 000	130 000
前期认证相符且本期申报抵扣	3			
（二）其他扣税凭证	4 = 5 + 6 + 7 + 8a + 8b		2 000 000	180 000
其中：海关进口增值税专用缴款书	5			
农产品收购发票或者销售发票	6		2 000 000	180 000
代扣代缴税收缴款凭证	7			—
加计扣除农产品进项税额	8a		—	
其他	8b			
（三）本期用于购建不动产的扣税凭证	9			
（四）本期用于抵扣的旅客运输服务扣税凭证	10			
（五）外贸企业进项税额抵扣证明	11		—	
当期申报抵扣进项税额合计	12 = 1 + 4 + 11		3 200 000	310 000

续表

二、进项税额转出额		
项目	栏次	税额
本期进项税额转出额	13 = 14 至 23 之和	
其中：免税项目用	14	
集体福利、个人消费	15	
非正常损失	16	
简易计税方法征税项目用	17	
免抵退税办法不得抵扣的进项税额	18	
纳税检查调减进项税额	19	
红字专用发票信息表注明的进项税额	20	
上期留抵税额抵减欠税	21	
上期留抵税额退税	22	
其他应作进项税额转出的情形	23	

三、待抵扣进项税额				
项目	栏次	份数	金额	税额
（一）认证相符的增值税专用发票	24	—		—
期初已认证相符但未申报抵扣	25			
本期认证相符且本期未申报抵扣	26	2	744.95	75.05
期末已认证相符但未申报抵扣	27	2	744.95	75.05
其中：按照税法规定不允许抵扣	28	2	744.95	75.05
（二）其他扣税凭证	29 = 30 至 33 之和			
其中：海关进口增值税专用缴款书	30			
农产品收购发票或者销售发票	31			
代扣代缴税收缴款凭证	32		—	
其他	33			
	34			

四、其他				
项目	栏次	份数	金额	税额
本期认证相符的增值税专用发票	35	6	1 200 744.95	130 075.05
代扣代缴税额	36	—	—	

三、填写《增值税纳税申报表附列资料（四）》（税额抵减情况表）

业务1中，处理2016年1月份购进的办公用车，属于销售使用过的固定资产，享受减按2%征收优惠，减免税额 = 10.3 ÷ （1 + 3%） × （3% - 2%） = 0.1（万元）。

业务3中，购进税控设备和缴纳技术维护费820元，可以全额抵减增值税税额，填入表7-8第1行。

这一业务同时还需要填写《增值税减免税申报明细表》的"一、减税项目"部分。上述抵减金额合计反映在主表第23栏，不在主表第28栏反映。

表7-8　　　　　　　增值税纳税申报表附列资料（四）
（税额抵减情况表）

税款所属时间：2019年5月1日至2019年5月31日

纳税人名称：（公章）广西A大酒店　　　　　　　　　　金额单位：元至角分

一、税额抵减情况

序号	抵减项目	期初余额	本期发生额	本期应抵减税额	本期实际抵减税额	期末余额
		1	2	3 = 1 + 2	4 ≤ 3	5 = 3 - 4
1	增值税税控系统专用设备费及技术维护费	0	820	820	820	0
2	分支机构预征缴纳税款					
3	建筑服务预征缴纳税款					
4	销售不动产预征缴纳税款					
5	出租不动产预征缴纳税款					

四、填写《增值税减免税申报明细表》

业务3中购买税控盘和缴纳技术维护费，取得增值税专用发票，价税合计820元，可全额抵减增值税，填入表7-9第2行。

业务1中处理2016年1月购入的办公用车，取得收入10.3万元，该业务采用简易计税。按3%减按2%征收，减免的1%部分1 000元填入表7-9第3行。

在实际业务中，纳税人可根据其不同的减免税项目增加行次填写，第1行填写合计数。本表第1行等于主表第23栏。

表 7-9 　　　　　　　　　　增值税减免税申报明细表

税款所属时间：自 2019 年 5 月 1 日至 2019 年 5 月 31 日

纳税人名称（公章）：广西 A 大酒店　　　　　　　　　　　　　　　　　　　　金额单位：元至角分

一、减税项目

减税性质代码及名称	栏次	期初余额	本期发生额	本期应抵减税额	本期实际抵减税额	期末余额
		1	2	3=1+2	4≤3	5=3-4
合计	1	0	1 820	1 820	1 820	0
0001129914 税控系统专用设备和技术维护费用抵减增值税	2	0	820	820	820	0
0001129924 购进使用过的固定资产（办公用车）	3	0	1 000	1 000	1 000	0

二、免税项目

免税性质代码及名称	栏次	免征增值税项目销售额	免税销售额扣除项目本期实际扣除金额	扣除后免税销售额	免税销售额对应的进项税额	免税额
		1	2	3=1-2	4	5
合计	7					
出口免税	8	—	—	—	—	
其中：跨境服务	9	—	—	—	—	

五、填写《增值税纳税申报表》主表

主表绝大部分数据会根据附表数据自动生成。

（一）销售额部分

将业务 1 中按适用税率计税的不含税销售额 10 517 699 元（扣除前）填在主表第 1 栏，其中，货物销售额 517 699 元同时填在第 2 栏。简易计税销售额 200 000 元填入主表第 5 栏。

（二）税款计算部分

将业务 1 中一般计税方法项目对应的销项税额 667 300 元，即《附列资料（一）》第 1 行第 10 列 + 第 5 行第 14 列之和，填入主表第 11 栏。

将业务 1 中简易计税方法项目对应的销项（应纳）税额 8 000 元，即《附列资料（一）》第 9b 行 14 列 + 第 11 行第 10 列之和，填入主表第 21 栏。

将本期允许抵扣的进项税额，即《附列资料（二）》第 12 栏税额 310 000 元，填入主表第 12 栏。

将业务 3 中可全额抵减的税控设备和技术维护费、购进使用过的固定资产抵减税额合计 1 820 元填入主表第 23 栏。

经过表内逻辑关系计算，当期主表第 24 栏为 363 480 元。

（三）税款缴纳部分

本月无预缴税额，不需填写主表第 28 栏。

经过表内逻辑关系计算，当期主表第 34 栏为 363 480 元。

《增值税纳税申报表》的填写如表 7 – 10 所示。

表 7 – 10　　　　　　　　　　增值税纳税申报表
（一般纳税人适用）

根据国家税收法律法规及增值税相关规定制定本表。纳税人不论有无销售额，均应按税务机关核定的纳税期限填写本表，并向当地税务机关申报。

税款所属时间：自 2019 年 5 月 1 日至 2019 年 5 月 31 日　　填表日期：　　年　月　日

金额单位：元至角分

纳税人识别号				所属行业：		
纳税人名称	广西 A 大酒店（公章）	法定代表人姓名		注册地址		生产经营地址
开户银行及账号		登记注册类型			电话号码	

	项目	栏次	一般项目		即征即退项目	
			本月数	本年累计	本月数	本年累计
销售额	（一）按适用税率计税销售额	1	10 517 699			
	其中：应税货物销售额	2	517 699			
	应税劳务销售额	3				
	纳税检查调整的销售额	4				
	（二）按简易办法计税销售额	5	200 000			
	其中：纳税检查调整的销售额	6				
	（三）免、抵、退办法出口销售额	7			—	—
	（四）免税销售额	8			—	—
	其中：免税货物销售额	9			—	—
	免税劳务销售额	10			—	—
税款计算	销项税额	11	667 300			
	进项税额	12	310 000			
	上期留抵税额	13			—	—
	进项税额转出	14				
	免、抵、退应退税额	15			—	—
	按适用税率计算的纳税检查应补缴税额	16				
	应抵扣税额合计	17 = 12 + 13 – 14 – 15 + 16	310 000		—	—
	实际抵扣税额	18（如 17 < 11，则为 17，否则为 11）	310 000			
	应纳税额	19 = 11 – 18	357 300			
	期末留抵税额	20 = 17 – 18			—	—
	简易计税办法计算的应纳税额	21	8 000			

续表

项目		栏次	一般项目		即征即退项目	
			本月数	本年累计	本月数	本年累计
税款计算	按简易计税办法计算的纳税检查应补缴税额	22			—	—
	应纳税额减征额	23	1 820			
	应纳税额合计	24 = 19 + 21 − 23	363 480			
税款缴纳	期初未缴税额（多缴为负数）	25				
	实收出口开具专用缴款书退税额	26			—	—
	本期已缴税额	27 = 28 + 29 + 30 + 31				
	①分次预缴税额	28		—		—
	②出口开具专用缴款书预缴税额	29			—	—
	③本期缴纳上期应纳税额	30				
	④本期缴纳欠缴税额	31				
	期末未缴税额（多缴为负数）	32 = 24 + 25 + 26 − 27				
	其中：欠缴税额（≥0）	33 = 25 + 26 − 27			—	—
	本期应补（退）税额	34 = 24 − 28 − 29	363 480		—	—
	即征即退实际退税额	35	—	—		
	期初未缴查补税额	36			—	—
	本期入库查补税额	37			—	—
	期末未缴查补税额	38 = 16 + 22 + 36 − 37			—	—

授权声明	如果你已委托代理人申报，请填写下列资料： 为代理一切税务事宜，现授权 （地址）为本纳税人的代理申报人，任何与本申报表有关的往来文件，都可寄予此人。 授权人签字：	申报人声明	本纳税申报表是根据国家税收法律法规及相关规定填报的，我确定它是真实的、可靠的、完整的。 声明人签字：

主管税务机关：　　　　　　　　接收人：　　　　　　　　接收日期：

第三节　建筑业企业填写实例

广东 A 建筑企业，注册地广州，增值税一般纳税人，2019 年 5 月发生下列业务：

1. 将购进的建筑材料（地板砖）对外销售，开具增值税专用发票，票面金额 8 万元，增值税 1.04 万元。

2. 在南宁从事建筑服务，适用一般计税方法，取得收入 10.9 万元（含税），向付款方开具增值税专用发票；向分包方支付分包款 5.45 万元，取得增值税专用发票金额 5 万元，税额 0.45 万元；购进该项目用建筑材料 3.39 万元，取得增值税专用发票金额 3 万元，税款 0.39 万元。该业务应填写《增值税预缴税款表》向南宁市税务局预缴增值税 (10.9 - 5.45) ÷ (1 + 9%) × 2% = 0.1（万元），并已预缴。

3. 在柳州从事建筑服务，选择适用简易计税方法，取得收入 20.6 万元（含税），向付款方开具增值税专用发票，并向分包方支付分包款 10.3 万元。该业务应填写《增值税预缴税款表》向柳州税务局预缴增值税 (20.6 - 10.3) ÷ (1 + 3%) × 3% = 0.3（万元），并已预缴。

4. 购进建筑材料一批，取得增值税专用发票，票面金额 10 万元，税额 1.3 万元，用于本单位办公楼的建设。

5. 柳州工地接受的运输服务，取得增值税专用发票，票面金额 0.5 万元，税额 0.045 万元。

6. 柳州工地购进低值易耗品，取得增值税专用发票，票面金额 0.5 万元，税额 0.065 万元。

7. 购进白酒一箱用于宴请，取得增值税专用发票，票面金额 0.1 万元，税额 0.013 万元。

8. 登记在公司名下的业务用车，在开展经营业务中支付高速公路通行费 0.103 万元，取得收据凭证（非财务票据）。

9. 购买金税盘，支付 490 元，取得增值税专用发票；支付技术维护费 330 元，取得增值税专用发票。

综合上述业务，该纳税人在机构所在地广州的增值税纳税申报表填写情况如下：

一、填写《增值税纳税申报表附列资料（一）》（本期销售情况明细）

业务 1，属于销售适用 13% 税率的货物，将金额 8 万元、税额 1.04 万元分别填写在表 7 - 11 第 1 行第 1、2、9、10 列。

业务 2，提供适用 9% 税率的建筑服务，适用一般计税方法时，全额计算应纳税额，差额计算预缴税额。因此，纳税申报时分包款不作为差额扣除申报，而是按正常销项减进项申报。在第 4 行第 1 列填写不含税收入 10 万元，第 4 行第 1 列填写税款 0.9 万元，第 4 行第 12 列填写本期实际扣除额为 0，第 4 行第 13 列填写扣除前的含税销售额 10.9 万元，第 4 行第 14 列填写扣除前的应纳税额 0.9 万元。

业务 3，提供简易计税的建筑服务，差额计算应纳税额，差额计算预缴税额。在第 12 行第 1 列填写不含税收入 20 万元，第 12 行第 2 列填写税款 0.6 万元，第 12 行第 12 列填写本期实际扣除的分包款 10.3 万元，第 12 行第 14 列填写扣除后的应纳税额 0.3 万元。

表7-11 增值税纳税申报表附列资料（一）

（本期销售情况明细）

税款所属时间：2019年5月1日至2019年5月31日

纳税人名称：（公章）广东A建筑企业

金额单位：元至角分

项目及栏次			开具增值税专用发票		开具其他发票		未开具发票		纳税检查调整		合计		价税合计	服务、不动产和无形资产扣除项目本期实际扣除金额	含税（免税）销售额	扣除后	
			销售额	销项（应纳）税额	销售额	销项（应纳）税额	销售额	销项（应纳）税额	销售额	销项（应纳）税额	销售额	销项（应纳）税额				销项（应纳）税额	
			1	2	3	4	5	6	7	8	9=1+3+5+7	10=2+4+6+8	11=9+10	12	13=11-12	14=13÷(100%+税率或征收率)×税率或征收率	
一、一般计税方法计税	全部征税项目	13%税率的货物及加工修理修配劳务	1	80 000	10 400							80 000	10 400					
		13%税率的服务、不动产和无形资产	2															
		9%税率的货物及加工修理修配劳务	3															
		9%税率的服务、不动产和无形资产	4	100 000	9 000							100 000	9 000	109 000	0	109 000	9 000	
		6%税率	5	—	—	—	—	—	—	—	—	—	—	—	—	—	—
	其中：即征即退项目	即征即退货物及加工修理修配劳务	6	—	—	—	—	—	—	—	—	—	—	—	—	—	—
		即征即退服务、不动产和无形资产	7	—	—	—	—	—	—	—	—	—	—	—	—	—	—

续表

项目及栏次			开具增值税专用发票		开具其他发票		未开具发票		纳税检查调整		合计			服务、不动产和无形资产扣除项目本期实扣除金额	含税（免税）销售额	扣除后	
			销售额	销项（应纳）税额	销售额	销项（应纳）税额	销售额	销项（应纳）税额	销售额	销项（应纳）税额	销售额	销项（应纳）税额	价税合计			销项（应纳）税额
			1	2	3	4	5	6	7	8	9=1+3+5+7	10=2+4+6+8	11=9+10	12	13=11-12	14=13÷(100%+税率或征收率)×税率或征收率
二、简易计税方法计税	全部征税项目	6%征收率	8													—
		5%征收率的货物及加工修理修配劳务	9a													—
		5%征收率的服务、不动产和无形资产	9b													—
		4%征收率	10													—
		3%征收率的货物及加工修理修配劳务	11	200 000	6 000							200 000	6 000	206 000	103 000	103 000	—
		3%征收率的服务、不动产和无形资产	12													—
		预征率%	13a													—
		预征率%	13b													—
		预征率%	13c													—
	其中：即征即退项目	即征即退货物及加工修理修配劳务	14													—
		即征即退服务、不动产和无形资产	15													—

第七章 一般纳税人申报表填写实例

续表

项目及栏次		开具增值税专用发票		开具其他发票		未开具发票		纳税检查调整		合计			服务、不动产和无形资产扣除项目本期实际扣除金额	扣除后	
		销售额	销项(应纳)税额	销售额	销项(应纳)税额	销售额	销项(应纳)税额	销售额	销项(应纳)税额	销售额	销项(应纳)税额	价税合计		含税(免税)销售额	销项(应纳)税额
		1	2	3	4	5	6	7	8	9=1+3+5+7	10=2+4+6+8	11=9+10	12	13=11-12	14=13÷(100%+税率或征收率)×税率或征收率
三、免抵退税	货物及加工修理修配劳务	16	—	—	—	—	—	—	—	—	—	—	—	—	—
	服务、不动产和无形资产	17	—	—	—	—	—	—	—	—	—	—	—	—	—
四、免税	货物及加工修理修配劳务	18	—	—	—	—	—	—	—	—	—	—	—	—	—
	服务、不动产和无形资产	19	—	—	—	—	—	—	—	—	—	—	—	—	—

二、填写《增值税纳税申报表附列资料（三）》（服务、不动产和无形资产扣除项目明细）

该企业本期有差额扣除项目，在填写完《附列资料（一）》后将差额扣除情况填写在《附列资料（三）》中。

业务2，一般计税方法9%的税率，不填写差额扣除项目。

业务3，简易计税方法3%的征收率，填写差额扣除情况，应填写在表7-12第6行。

表7-12 增值税纳税申报表附列资料（三）
（服务、不动产和无形资产扣除项目明细）

税款所属时间：2019年5月1日至2019年5月31日

纳税人名称：（公章）广东A建筑企业　　　　　　　　　　　金额单位：元至角分

项目及栏次		本期服务、不动产和无形资产价税合计额（免税销售额）	服务、不动产和无形资产扣除项目				
			期初余额	本期发生额	本期应扣除金额	本期实际扣除金额	期末余额
		1	2	3	4=2+3	5（5≤1且5≤4）	6=4-5
13%税率的项目	1						
9%税率的项目	2						
6%税率的项目（不含金融商品转让）	3						
6%税率的金融商品转让项目	4						
5%征收率的项目	5						
3%征收率的项目	6	206 000	0	103 000	103 000	103 000	0
免抵退税的项目	7						
免税的项目	8						

三、填写《增值税纳税申报表附列资料（二）》（本期进项税额明细）

纳税人取得的专用发票，不论是否允许抵扣，均应先进行认证，再根据下列情形填写《附列资料（二）》。

业务2支付的分包款和材料款、业务4支付的材料款、业务5支付的运输费用、业务6中的购进低值易耗品、业务8中的支付通行费，均取得合法扣税凭证并用于可以抵扣项目，需根据凭证取得情况填写《附列资料（二）》，其中，业务 2、4、5、6 为取得专用发票，将份数、金额、税额之和填写在第 1、2 栏；业务 8 取得的为通行费票据，份数、金额、税额填写在第 8b 栏。

业务 4 购进货物用于建设本单位办公楼，属于构建不动产，将对应金额、税额填写在第 9 栏。

业务 7 纳税人交际应酬属于个人消费，其增值税进项税额不得抵扣，因购进时即确定不能抵扣，则不应填写《附列资料（二）》"一、申报抵扣进项税额"相关栏次，而应填写"三、待抵扣进项税额"相关栏次。因此，将业务 7 进项税额填入第 26、27、28 栏。

业务 9 购进税控设备和支付技术服务费，可以全额抵减增值税税款，不得作为扣税凭证再抵扣进项税额，不应填写《附列资料（二）》"一、申报抵扣进项税额"相关栏次，而应填写"三、待抵扣进项税额"相关栏次。因此，将业务 9 进项税额填入第 26、27、28 栏。

本期所有认证相符的专用发票，不论是否申报抵扣进项税额，均应填入第 35 栏。具体见表 7-13。

表 7-13　　　　　　　　　　增值税纳税申报表附列资料（二）
（本期进项税额明细）

税款所属时间：　　年　月　日至　　年　月　日

纳税人名称：（公章）　　　　　　　　　　　　　　　　　　金额单位：元至角分

一、申报抵扣的进项税额				
项目	栏次	份数	金额	税额
（一）认证相符的增值税专用发票	1=2+3	5	190 000	22 100
其中：本期认证相符且本期申报抵扣	2	5	190 000	22 100
前期认证相符且本期申报抵扣	3			
（二）其他扣税凭证	4=5+6+7+8a+8b	1	1 000	30
其中：海关进口增值税专用缴款书	5			
农产品收购发票或者销售发票	6			
代扣代缴税收缴款凭证	7	—		
加计扣除农产品进项税额	8a	—		
其他	8b	1	1 000	30
（三）本期用于购建不动产的扣税凭证	9	1	100 000	13 000
（四）本期用于抵扣的旅客运输服务扣税凭证	10			
（五）外贸企业进项税额抵扣证明	11	—	—	
当期申报抵扣进项税额合计	12=1+4+11	6	191 000	22 130

续表

二、进项税额转出额		
项目	栏次	税额
本期进项税额转出额	13 = 14 至 23 之和	
其中：免税项目用	14	
集体福利、个人消费	15	
非正常损失	16	
简易计税方法征税项目用	17	
免抵退税办法不得抵扣的进项税额	18	
纳税检查调减进项税额	19	
红字专用发票信息表注明的进项税额	20	
上期留抵税额抵减欠税	21	
上期留抵税额退税	22	
其他应作进项税额转出的情形	23	

三、待抵扣进项税额				
项目	栏次	份数	金额	税额
（一）认证相符的增值税专用发票	24	—	—	—
期初已认证相符但未申报抵扣	25			
本期认证相符且本期未申报抵扣	26	3	1 744.95	205.05
期末已认证相符但未申报抵扣	27	3	1 744.95	205.05
其中：按照税法规定不允许抵扣	28	3	1 744.95	205.05
（二）其他扣税凭证	29 = 30 至 33 之和			
其中：海关进口增值税专用缴款书	30			
农产品收购发票或者销售发票	31			
代扣代缴税收缴款凭证	32			
其他	33			
	34			

四、其他				
项目	栏次	份数	金额	税额
本期认证相符的增值税专用发票	35	8	191 744.95	22 305.05
代扣代缴税额	36	—		

四、填写《增值税纳税申报表附列资料（四）》（税额抵减情况表）

业务 9 中，购进税控设备和缴纳技术维护费 820 元，可以全额抵减增值税税额，填入表 7-14 第 1 行。

业务 2、3 中，纳税人在异地预缴了增值税，其中，在南宁预缴了 1 000 元，在柳州预缴了 3 000 元，将上述金额合计填入表 7 - 14 第 3 行。

当纳税人当期应纳税额较小而预缴税款较大时，不足抵减部分可通过表 7 - 14 中的期末余额结转至下期抵扣。

表 7 - 14　　　　　　　　　增值税纳税申报表附列资料（四）
（税额抵减情况表）

税款所属时间：2019 年 5 月 1 日至 2019 年 5 月 31 日

纳税人名称：（公章）广东 A 建筑企业　　　　　　　　　　　　金额单位：元至角分

一、税额抵减情况

序号	抵减项目	期初余额	本期发生额	本期应抵减税额	本期实际抵减税额	期末余额
		1	2	3 = 1 + 2	4 ≤ 3	5 = 3 - 4
1	增值税税控系统专用设备费及技术维护费	0	820	820	820	0
2	分支机构预征缴纳税款					
3	建筑服务预征缴纳税款	0	4 000	4 000	2 180	1 820
4	销售不动产预征缴纳税款					
5	出租不动产预征缴纳税款					

二、加计抵减情况

序号	加计抵减项目	期初余额	本期发生额	本期调减额	本期可抵减额	本期实际抵减额	期末余额
		1	2	3	4 = 1 + 2 - 3	5	6 = 4 - 5
6	一般项目加计抵减额计算						
7	即征即退项目加计抵减额计算						
8	合计						

五、填写《增值税纳税申报表》主表

主表绝大部分数据会根据附表数据自动生成。

（一）销售额部分

业务 1、2 为适用税率销售额，应按扣除前不含税金额合计 18 万元填写在主表第 1 栏，另业务 1 中，8 万元建筑材料销售额还应填写在主表第 2 栏。

业务 3 为简易计税方法销售额，20 万元销售额填在主表第 5 栏。

（二）税款计算部分

将业务 1、业务 2 中对应销项税额合计 1.04 万元（对应《附列资料（一）》第 1 行第 10 列）+0.9 万元（对应《附列资料（一）》第 4 行第 14 列）= 1.94 万元填入主表第 11 栏。

将业务 3 中应纳销项税额 3 000 元（对应《附列资料（一）》第 12 行第 14 列）填入主表第 21 栏。

将本期允许抵扣的进项税额 22 130 元（对应《附列资料（二）》第 12 栏）填入主表第 12 栏。

将业务 9 中可全额抵减的税控设备和技术维护费 820 元填入主表第 23 栏。

经过表内逻辑关系计算，当期主表第 24 栏为 2 180 元。

（三）税款缴纳部分

第 28 栏为当期可实际抵减税额，当纳税人当期应纳税额较小而预缴税款较大时，则应按较小值填写本栏，不足抵减部分通过《附列资料（四）》的期末余额结转至下期抵扣。所以，将业务 2、3 的预缴税款 4 000 元按实际可抵扣金额 2 180 元（对应《附列资料（四）》第 3 行第 4 列）填入主表第 28 栏。

经过表内逻辑关系计算，当期主表第 34 栏为 0。

《增值税纳税申报表》的填写如表 7 - 15 所示。

表 7 - 15　　　　　　　　　　增值税纳税申报表
（一般纳税人适用）

根据国家税收法律法规及增值税相关规定制定本表。纳税人不论有无销售额，均应按税务机关核定的纳税期限填写本表，并向当地税务机关申报。

税款所属时间：自 2019 年 5 月 1 日至 2019 年 5 月 31 日　　填表日期：　　年　　月　　日

金额单位：元至角分

纳税人识别号					所属行业			
纳税人名称		广东 A 建筑企业（公章）	法定代表人姓名		注册地址		生产经营地址	
开户银行及账号			登记注册类型				电话号码	
	项目			栏次	一般项目		即征即退项目	
					本月数	本年累计	本月数	本年累计
销售额	（一）按适用税率计税销售额			1	180 000			
	其中：应税货物销售额			2	80 000			
	应税劳务销售额			3				
	纳税检查调整的销售额			4				
	（二）按简易办法计税销售额			5	200 000			
	其中：纳税检查调整的销售额			6				
	（三）免、抵、退办法出口销售额			7			—	—
	（四）免税销售额			8			—	—
	其中：免税货物销售额			9			—	—
	免税劳务销售额			10			—	—

续表

	项目	栏次	一般项目		即征即退项目	
			本月数	本年累计	本月数	本年累计
税款计算	销项税额	11	19 400			
	进项税额	12	22 130			
	上期留抵税额	13			—	—
	进项税额转出	14				
	免、抵、退应退税额	15			—	—
	按适用税率计算的纳税检查应补缴税额	16				
	应抵扣税额合计	17 = 12 + 13 - 14 - 15 + 16	22 130		—	—
	实际抵扣税额	18（如 17 < 11，则为 17，否则为 11）	19 400			
	应纳税额	19 = 11 - 18	0			
	期末留抵税额	20 = 17 - 18	2 730		—	—
	简易计税办法计算的应纳税额	21	3 000			
	按简易计税办法计算的纳税检查应补缴税额	22			—	—
	应纳税额减征额	23	820			
	应纳税额合计	24 = 19 + 21 - 23	2 180			
税款缴纳	期初未缴税额（多缴为负数）	25				
	实收出口开具专用缴款书退税额	26			—	—
	本期已缴税额	27 = 28 + 29 + 30 + 31	2 180			
	①分次预缴税额	28	2 180		—	—
	②出口开具专用缴款书预缴税额	29			—	—
	③本期缴纳上期应纳税额	30				
	④本期缴纳欠缴税额	31				
	期末未缴税额（多缴为负数）	32 = 24 + 25 + 26 - 27				
	其中：欠缴税额（≥0）	33 = 25 + 26 - 27			—	—
	本期应补（退）税额	34 = 24 - 28 - 29	0		—	—
	即征即退实际退税额	35	—	—		
	期初未缴查补税额	36			—	—
	本期入库查补税额	37			—	—
	期末未缴查补税额	38 = 16 + 22 + 36 - 37			—	—

续表

项目	栏次	一般项目		即征即退项目	
		本月数	本年累计	本月数	本年累计
授权声明 如果你已委托代理人申报，请填写下列资料：为代理一切税务事宜，现授权（地址）为本纳税人的代理申报人，任何与本申报表有关的往来文件，都可寄予此人。 授权人签字：	申报人声明	本纳税申报表是根据国家税收法律法规及相关规定填报的，我确定它是真实的、可靠的、完整的。 声明人签字：			

主管税务机关：　　　　　　　接收人：　　　　　　　接收日期：

第四节　房地产企业填写实例

太原 A 房地产企业为增值税一般纳税人，2019 年 5 月发生下列业务：

1. 销售自行开发的适用一般计税方法的房地产，取得收入 4 360 万元（含税），开具增值税专用发票。对应土地价款为 1 500 万元。

2. 销售自行开发的适用简易计税方法的房产，取得收入 1 050 万元（含税），开具增值税普通发票。

3. 当期收取预收款 109 万元，适用一般计税项目，向购房方开具增值税普通发票。

4. 购买电梯一部，用于建设中的房地产项目，取得增值税专用发票，票面金额 100 万元，税额 13 万元。

5. 向地产项目建设方支付建筑款 1 090 万元，该项目采用一般计税方法，取得增值税专用发票，票面金额 1 000 万元，税额 90 万元。

6. 支付各类配套工程费用 2 180 万元（含税），增值税专用发票上注明税额 180 万元。

7. 购进钢筋水泥 113 万元（含税），取得增值税专用发票上注明税额 13 万元；支付法律咨询费 21.2 万元（含税），取得增值税专用发票上注明税额 1.2 万元；开展经营过程中业务用车取得高速公路通行费票据（非财政票据）51.5 万元。

8. 购进白酒用于宴请，取得增值税专用发票，票面金额 0.1 万元，税额 0.013 万元。

9. 购买金税盘，取得增值税专用发票，发票金额 490 元；缴纳技术维护费，取得增值税专用发票，发票金额 330 元。

上述业务取得的增值税专用发票均已认证相符。

综合上述业务，该企业2019年6月增值税申报表填写情况如下：

一、填写《增值税纳税申报表附列资料（一）》（本期销售情况明细）

业务1中，一般计税方法销售房地产，取得含税销售收入4 360万元，则不含税收入为4 000万元，销项税额为360万元，其对应的土地价款可以从销售收入中扣除。业务1中允许扣除的土地价款为1 500万元，则扣除后含税销售收入为2 860万元，对应销项税额236.15万元。上述数字分别填写在《附列资料（一）》第4行第1、2、9~14列。

业务2中，销售自行开发的适用简易计税方法的房产，取得收入1 050万元，开具增值税普通发票，换算不含税销售额1 000万元，税款50万元，简易计税方法无差额扣除项目。将上述业务填写在《附列资料（一）》第9b行对应列次。

业务3中，收取适用于一般计税项目的预收款109万元，开具增值税普通发票，不含税金额100万元，税额9万元。

根据国家税务总局2016年第18号公告规定，房地产开发企业收到预收款时并未发生纳税义务，应按照3%预征率预缴增值税。该企业需预缴税款=109÷（1+9%）×3%=3（万元），该笔预缴税款需在申报前填写《增值税预缴税款表》，向主管税务机关办理预缴申报。

正式纳税申报时，如纳税人预收款开具的为收据，则不需在《附列资料（一）》中反映；如开具的是发票，为保证票表比对的一致性，使纳税人能够顺利申报，暂按以下方法填写（如后期有调整，按调整后的填报方法执行）：

将预收款的开票数据金额100万元，税额9万元，填入《附列资料（一）》第4行第3、4列，同时在《附列资料（一）》第4行第5、6列分别填写-100万元、-9万元。之所以用相应负数进行冲减，是因为该笔预收款仅是预缴税款，未在当期申报纳税。以后月份纳税人收到全部价款后，在纳税义务发生的当月，应在未开票收入栏次填入相应正数，以此来冲减前期填报的未开票发票栏次的负数金额，将前期负数冲减的预收款在纳税义务发生当月全额申报缴纳税款，同时根据最后一次发票开具情况填写对应栏次。具体到本业务，假如该企业7月份收到全部价款1 000万元（不含税），先开具金额为100万元的红字发票冲减之前开具的100万元（不含税）发票，再开具蓝字发票1 000万元，冲减后该笔销售收入发票金额为900万元，那么在未开具发票栏次项填写本开票收入100万元（不含税），冲减前期未开具发票-100万元，处理当期申报纳税销售额为全部收入1 000万元。具体见表7-16。

表 7-16 增值税纳税申报表附列资料（一）
（本期销售情况明细）

纳税人名称：（公章）太原 A 房地产企业
税款所属时间：2019 年 5 月 1 日至 2019 年 5 月 31 日
金额单位：元至角分

项目及栏次			开具增值税专用发票		开具其他发票		未开具发票		纳税检查调整		合计		价税合计	服务、不动产和无形资产扣除项目本期实际扣除金额	含税（免税）销售额	扣除后 销项（应纳）税额
			销售额	销项（应纳）税额	销售额	销项（应纳）税额	销售额	销项（应纳）税额	销售额	销项（应纳）税额	销售额	销项（应纳）税额				
			1	2	3	4	5	6	7	8	9=1+3+5+7	10=2+4+6+8	11=9+10	12	13=11-12	14=13÷(100%+税率或征收率)×税率或征收率
一般计税方法计税	全部征税项目	13%税率的货物及加工修理修配劳务 1														
		13%税率的服务、不动产和无形资产 2														
		9%税率的货物及加工修理修配劳务 3														
		9%税率的服务、不动产和无形资产 4	40 000 000	3 600 000	1 000 000	90 000	-1 000 000	-90 000			40 000 000	3 600 000	43 600 000	15 000 000	28 600 000	2 361 500
		6%税率 5														
	其中：即征即退	即征即退货物及加工修理修配劳务 6	—	—	—	—	—	—	—	—	—	—	—	—	—	—
		即征即退服务、不动产和无形资产 7	—	—	—	—	—	—	—	—	—	—	—	—	—	—

续表

项目及栏次		开具增值税专用发票		开具其他发票		未开具发票		纳税检查调整		合计		价税合计	服务、不动产和无形资产扣除项目本期实际扣除金额	扣除后	
		销售额	销项(应纳)税额	销售额	销项(应纳)税额	销售额	销项(应纳)税额	销售额	销项(应纳)税额	销售额	销项(应纳)税额			含税(免税)销售额	销项(应纳)税额
		1	2	3	4	5	6	7	8	9=1+3+5+7	10=2+4+6+8	11=9+10	12	13=11−12	14=13÷(100%+税率或征收率)×税率或征收率
二、简易计税方法计税															
全部征税项目	6%征收率	8	—	—	—	—	—	—	—	—	—	—	—	—	—
	5%征收率的货物及加工修理修配劳务	9a	—	—	—	—	—	—	—	—	—	—	—	—	—
	5%征收率的服务、不动产和无形资产	9b	—	—	10 000 000	500 000	—	—	—	—	10 000 000	500 000	10 500 000	0	10 500 000	500 000
	4%征收率	10	—	—	—	—	—	—	—	—	—	—	—	—	—
	3%征收率的货物及加工修理修配劳务	11	—	—	—	—	—	—	—	—	—	—	—	—	—
	3%征收率的服务、不动产和无形资产	12	—	—	—	—	—	—	—	—	—	—	—	—	—
其中:即征即退项目	预征率%	13a	—	—	—	—	—	—	—	—	—	—	—	—	—
	预征率%	13b	—	—	—	—	—	—	—	—	—	—	—	—	—
	预征率%	13c	—	—	—	—	—	—	—	—	—	—	—	—	—
其中:即征即退货物及加工修理修配劳务		14	—	—	—	—	—	—	—	—	—	—	—	—	—
即征即退服务、不动产和无形资产		15	—	—	—	—	—	—	—	—	—	—	—	—	—

续表

项目及栏次		开具增值税专用发票		开具其他发票		未开具发票		纳税检查调整		合计		价税合计	服务、不动产和无形资产扣除项目本期实际扣除金额	扣除后	
		销售额	销项(应纳)税额	销售额	销项(应纳)税额	销售额	销项(应纳)税额	销售额	销项(应纳)税额	销售额	销项(应纳)税额			含税(免税)销售额	销项(应纳)税额
		1	2	3	4	5	6	7	8	9=1+3+5+7	10=2+4+6+8	11=9+10	12	13=11-12	14=13÷(100%+税率或征收率)×税率或征收率
三、免抵退税 货物及加工修理修配劳务	16	—	—	—	—	—	—	—	—	—	—				
服务、不动产和无形资产	17	—	—	—	—	—	—	—	—	—	—			—	—
四、免税 货物及加工修理修配劳务	18	—	—	—	—	—	—	—	—	—	—			—	—
服务、不动产和无形资产	19	—	—	—	—	—	—	—	—	—	—			—	—

二、填写《增值税纳税申报表附列资料（三）》（服务、不动产和无形资产扣除项目明细）

业务1中，该企业适用一般计税方法销售房产，取得全部收入4 360万元，其中允许抵扣除对应的土地出让金价款1 500万元，在写完《附列资料（一）》后应同时将扣除情况填写在《附列资料（三）》中。具体见表7-17。

表7-17 增值税纳税申报表附列资料（三）
（服务、不动产和无形资产扣除项目明细）
税款所属时间：2019年5月1日至2019年5月31日

纳税人名称：（公章）太原A房地产企业　　　　　　　　　　　　　金额单位：元至角分

项目及栏次		本期服务、不动产和无形资产价税合计额（免税销售额）	服务、不动产和无形资产扣除项目				
			期初余额	本期发生额	本期应扣除金额	本期实际扣除金额	期末余额
		1	2	3	4 = 2 + 3	5 (5≤1且5≤4)	6 = 4 - 5
13%税率的项目	1						
9%税率的项目	2	43 600 000	0	15 000 000	15 000 000	15 000 000	0
6%税率的项目（不含金融商品转让）	3						
6%税率的金融商品转让项目	4						
5%征收率的项目	5						
3%征收率的项目	6						
免抵退税的项目	7						
免税的项目	8						

三、填写《增值税纳税申报表附列资料（二）》（本期进项税额明细）

纳税人取得的专用发票，不论是否允许抵扣，均应先进行认证，再根据不同情形相应填写附表2。

业务4、5、6、7中，取得的专用发票本期认证相符且按照规定允许抵扣进项税额，按取得专用发票的份数、金额、税额合计填写《附列资料（二）》第1、2栏。金额合计 = 100 + 1 000 + 2 000 + 100 + 20 = 3 220（万元），进项税额 = 13 + 90 + 180 + 13 + 1.2 = 297.2（万元）。

业务7中，高速公路通行费票据51.5万元，允许抵扣的进项税额 = 51.5 ÷ 1.03 × 3% = 1.5（万元），应填写在第4、8b栏。

业务8中，纳税人交际应酬属于个人消费，其增值税进项税额不得抵扣，因购进时即确定不能抵扣,则不应填写《附列资料(二)》"一、申报抵扣的进项税额"相关栏次,而应填写"三、待抵扣进项税额"相关栏次。因此,将业务8金额、税额填入第26、27、28栏。

业务9中,购进税控设备,可以全额抵减增值税税款,不得作为扣税凭证再抵扣进项税额,不应填写《附列资料(二)》"一、申报抵扣进项税额"相关栏次,而应填写"三、待抵扣进项税额"相关栏次。因此,将业务9金额、税额填入第26、27、28栏。

本期所有认证相符的专用发票,无论是否申报抵扣进项税额,均应填写在第35栏。具体见表7-18。

表7-18 **增值税纳税申报表附列资料(二)**
(本期进项税额明细)

税款所属时间:2019年5月1日至2019年5月31日

纳税人名称:(公章)太原A房地产企业　　　　　　　　　金额单位:元至角分

一、申报抵扣的进项税额				
项目	栏次	份数	金额	税额
(一)认证相符的增值税专用发票	1=2+3	5	32 200 000	2 972 000
其中:本期认证相符且本期申报抵扣	2	5	32 200 000	2 972 000
前期认证相符且本期申报抵扣	3			
(二)其他扣税凭证	4=5+6+7+8a+8b	1	500 000	15 000
其中:海关进口增值税专用缴款书	5			
农产品收购发票或者销售发票	6			
代扣代缴税收缴款凭证	7			—
加计扣除农产品进项税额	8a			—
其他	8b	1	500 000	15 000
(三)本期用于购建不动产的扣税凭证	9			
(四)本期用于抵扣的旅客运输服务扣税凭证	10			
(五)外贸企业进项税额抵扣证明	11		—	—
当期申报抵扣进项税额合计	12=1+4+11	6	32 700 000	2 987 000
二、进项税额转出额				
项目	栏次			税额
本期进项税额转出额	13=14至23之和			
其中:免税项目用	14			
集体福利、个人消费	15			
非正常损失	16			

续表

项目	栏次	税额
简易计税方法征税项目用	17	
免抵退税办法不得抵扣的进项税额	18	
纳税检查调减进项税额	19	
红字专用发票信息表注明的进项税额	20	
上期留抵税额抵减欠税	21	
上期留抵税额退税	22	
其他应作进项税额转出的情形	23	

三、待抵扣进项税额

项目	栏次	份数	金额	税额
（一）认证相符的增值税专用发票	24	—	—	—
期初已认证相符但未申报抵扣	25			
本期认证相符且本期未申报抵扣	26	3	1 744.95	205.05
期末已认证相符但未申报抵扣	27	3	1 744.95	205.05
其中：按照税法规定不允许抵扣	28	3	1 744.95	205.05
（二）其他扣税凭证	29 = 30 至 33 之和			
其中：海关进口增值税专用缴款书	30			
农产品收购发票或者销售发票	31			
代扣代缴税收缴款凭证	32		—	
其他	33			

四、其他

项目	栏次	份数	金额	税额
本期认证相符的增值税专用发票	34	8	32 201 744.95	3 652 205.05
代扣代缴税额	35		—	

四、填写《增值税纳税申报表附列资料（四）》（税额抵减情况表）

业务9中，购进税控设备和缴纳技术维护费820元，可以全额抵减增值税税额，填入表7-19第1行。此项业务还应同时填写入《增值税减免税申报明细表》。该抵减金额反映在主表第23栏，不在主表第28栏中反映。

业务3中，纳税人收取预收款已预缴税额3万元，填入表7-19第4行。

表 7-19 增值税纳税申报表附列资料（四）
（税额抵减情况表）

税款所属时间：2019 年 5 月 1 日至 2019 年 5 月 31 日

纳税人名称：太原 A 房地产企业　　　　　　　　　　　　　　　　金额单位：元至角分

一、税额抵减情况

序号	抵减项目	期初余额	本期发生额	本期应抵减税额	本期实际抵减税额	期末余额
		1	2	3=1+2	4≤3	5=3-4
1	增值税税控系统专用设备费及技术维护费		820	820	820	0
2	分支机构预征缴纳税款					
3	建筑服务预征缴纳税款					
4	销售不动产预征缴纳税款		0	30 000	30 000	30 000
5	出租不动产预征缴纳税款					

二、加计抵减情况

序号	加计抵减项目	期初余额	本期发生额	本期调减额	本期可抵减额	本期实际抵减额	期末余额
		1	2	3	4=1+2-3	5	6=4-5
6	一般项目加计抵减额计算						
7	即征即退项目加计抵减额计算						
8	合计						

五、填写《增值税减免税申报明细表》

业务 9 中，购买金税盘和缴纳技术维护费，取得增值税专用发票，价税合计 820 元，可全额抵减增值税，填入表 7-20 第 2 行。

本表第 1 行填合计数，该数应同时填写在主表第 23 栏。

表 7-20 增值税减免税申报明细表

税款所属时间：自 2019 年 5 月 1 日至 2019 年 5 月 31 日

纳税人名称（公章）：太原 A 房地产企业　　　　　　　　　　　　　　金额单位：元至角分

一、减税项目

减税性质代码及名称	栏次	期初余额	本期发生额	本期应抵减税额	本期实际抵减税额	期末余额
		1	2	3=1+2	4≤3	5=3-4
合计	1	0	820	820	820	0
0001129914 税控系统专用设备和技术维护费用抵减增值税	2	0	820	820	820	0

续表

二、免税项目					
免税性质代码及名称	栏次	免征增值税项目销售额	免税销售额扣除项目本期实际扣除金额	扣除后免税销售额	免税销售额对应的进项税额	免税额
		1	2	3 = 1 - 2	4	5
合计	7					
出口免税	8		—	—	—	—
其中：跨境服务	9		—	—	—	—

六、填写增值税纳税申报主表

主表绝大部分数据会根据附表数据自动生成。

（一）销售额部分

业务1中，扣除前的不含税销售额4 000万元填写在主表第1栏。

业务2中，简易计税的销售额1 000万元填入主表第5栏。

（二）税款计算部分

将业务1中对应的销项税额236.15万元（对应《附列资料（一）》第4行第14列），填入主表第11栏。

将业务2中应纳税额50万元（对应《附列资料（一）》第9b行第14列），填入主表第21栏。

将本期允许抵扣的进项税额298.7万元（对应《附列资料（二）》第12栏），填入主表第12栏。

将业务9中可全额抵减的税控设备和技术维护费820元填入主表第23栏。

经过表内逻辑关系计算，当期主表第24栏为499 180元。

（三）税款缴纳部分

将业务3中预缴的3万元税款（对应《附列资料（四）》）填入主表第28栏。需要注意的是，第28栏为当期可实际抵减税额，当纳税人当期应纳税额较小而预缴税款较大时，则应按较小值填写本栏，不足抵减部分通过《附列资料（四）》的期末余额结转至下期抵扣。

经过表内逻辑关系计算，当期主表第34栏为469 180元。

《增值税纳税申报表》的填写如表7-21所示。

表 7-21   增值税纳税申报表
                                   （一般纳税人适用）

根据国家税收法律法规及增值税相关规定制定本表。纳税人不论有无销售额，均应按税务机关核定的纳税期限填写本表，并向当地税务机关申报。

税款所属时间：2019 年 5 月 1 日至 2019 年 5 月 31 日　　填表日期：　　年　月　日　金额单位：元至角分

纳税人识别号					所属行业	
纳税人名称	太原 A 房地产企业	法人代表人姓名		注册地址		生产经营地址
开户银行及账号			登记注册类型		电话号码	

	项目	栏次	一般项目		即征即退项目	
			本月数	本年累计	本月数	本年累计
销售额	（一）按适用税率计税销售额	1	40 000 000			
	其中：应税货物销售额	2				
	应税劳务销售额	3				
	纳税检查调整的销售额	4				
	（二）按简易办法计税销售额	5	10 000 000			
	其中：纳税检查调整的销售额	6				
	（三）免、抵、退办法出口销售额	7			—	—
	（四）免税销售额	8			—	—
	其中：免税货物销售额	9				
	免税劳务销售额	10				
税款计算	销项税额	11	2 361 500			
	进项税额	12	2 987 000			
	上期留抵税额	13	753 486.49		—	
	进项税额转出	14				
	免、抵、退应退税额	15			—	
	按适用税率计算的纳税检查应补缴税额	16				
	应抵扣税额合计	17 = 12 + 13 - 14 - 15 + 16	2 987 000	—		
	实际抵扣税额	18（如 17 < 11，则为 17，否则为 11）	2 361 500			
	应纳税额	19 = 11 - 18	0			
	期末留抵税额	20 = 17 - 18	625 500			
	简易计税办法计算的应纳税额	21	500 000			
	按简易计税办法计算的纳税检查应补缴税额	22				
	应纳税额减征额	23	820			
	应纳税额合计	24 = 19 + 21 - 23	499 180			

续表

项目		栏次	一般项目		即征即退项目	
			本月数	本年累计	本月数	本年累计
税收缴纳	期初未缴税额（多缴为负数）	25				
	实收出口开具专用缴款书退税额	26			—	—
	本期已缴税额	27 = 28 + 29 + 30 + 31	30 000			
	①分次预缴税额	28	30 000	—		
	②实收出口开具专用缴款书预缴税额	29		—		
	③本期缴纳上期应纳税额	30				
	④本期缴纳欠缴税额	31				
	期末未缴税额（多缴为负数）	32 = 24 + 25 + 26 − 27				
	其中：欠缴税额（≥0）	33 = 25 + 26 − 27		—		
	本期应补（退）税额	34 = 24 − 28 − 29	469 180	—	—	—
	即征即退实际退税额	35	—			
	期初未缴查补税额	36				
	本期入库查补税额	37				
	期末未缴查补税额	38 = 16 + 22 + 36 − 37				

授权声明	如果你已委托代理人申报，请填写下列资料： 为代理一切税收事宜，现授权 （地址）为本纳税人的代理申报人，任何与本申报表有关的往来文件，都可寄予此人。 授权人签字：	申报人声明	本纳税申报表是根据国家税收法律法规及相关规定填报的，我确定它是真实的、可靠的、完整的。 声明人签名：

主管税务机关：　　　　　　　　　接收人：　　　　　　　　　接收日期：

第五节　金融企业申报实例[①]

A 银行为增值税一般纳税人，且为增值税全省集中核算的总机构，2019 年 6 月汇总核算全系统业务如下：

1. 贷款利息及中间业务收入为 10 000 万元（适用 6% 税率），开具增值税专用发票；

2. 免税的利息收入 2 000 万元（联行间利息、国债利息、转贴现利息等，如保险企业有 1 年期以上人寿保险等），开具普通发票；

---

① 本实例以银行业务出发，保险企业可根据应税、免税视同销售等不同业务自行替代参考，需注意银行为按季申报、保险企业为按月申报的差别。

3. 视同销售收入 200 万元（适用税率均为 13%，如为拓展业务将购进的商品、礼品无偿赠送给不特定的人员、单位等），未开具发票；

4. 处置已使用过的固定资产收入 100 万元，开具普通发票；

5. 出租不动产收入 20 万元（适用 5% 征收率），开具增值税专用发票；

6. 买卖金融商品业务，卖出价 1 060 万元，买入价 636 万元（均含税），未开发票；

7. 手续费支出 1 000 万元（6% 税率），取得增值税专用发票上注明进项税额为 60 万元；

8. 采购设备（属固定资产），取得增值税专用发票上注明价款为 500 万元，进项税额为 65 万元；

9. 装修办公场所支付施工费 100 万元（新项目，适用一般计税方法），取得增值税专用发票上注明进项税额 9 万元，支付建筑材料费 100 万元，取得增值税专用发票上注明进项税额 13 万元；

10. 购进办公耗材 200 万元（13% 税率），取得增值税专用发票上注明进项税额 26 万元；

11. 支付办公用房租赁费 50 万元（2016 年 4 月 30 日前房子，适用简易计税方法，5% 征收率），取得增值税专用发票上注明进项税额 2.5 万元；

12. 组织单位职工旅游支付旅游费 200 万元，取得增值税专用发票上注明价款为 50 万元，进项税额为 3 万元，取得普通发票 150 万元；

13. 自购进宣传品 100 万元，其中，自一般纳税人处购进 90 万元，进项税额 11.7 万元，小规模纳税人处购进 10 万元，取得代开增值税专用发票进项税额为 0.3 万元。

上述增值税专用发票均已认证相符。

综合上述业务，该企业 2019 年 7 月增值税纳税申报表填写情况如下：

一、填写《增值税纳税申报表附列资料（一）》（本期销售情况明细）

业务 1，贷款利息适用 6% 税率，在第 5 行第 1 列填写 10 000 万元，在第 2 列第 5 行填写销项税额 600 万元。

业务 2，免税的利息收入 2 000 万元填写在第 19 行第 3 列。注意：免税项目需到主管税务机关做减免税备案。

业务 3，视同销售收入未开具发票，销售额 200 万元、销项税额 26 万元分别填写在第 1 行第 5、6 列。

业务 4，处置固定资产适用简易计税办法依 3% 减按 2% 征税，将销售额 100 万元、税额 3 万元分别填写在第 11 行第 3、4 列。

业务 5，出租不动产收入 20 万元，销项税额 1 万元，分别填写在第 9b 行第 1、2 列。

业务 6，买卖金融商品需按差额征税填写，卖出价 1 060 万元换算为不含税销售额 1 000 万元，销项税额 60 万元，分别填入第 5 行第 5、6 列，买入价 636 万元填入第 5 行第 12 列。具体见表 7 - 22。

表7-22

增值税纳税申报表附列资料（一）

（本期销售情况明细）

税款所属时间：2019年6月1日至2019年6月30日

纳税人名称：（公章）A银行

金额单位：元至角分

项目及栏次		开具增值税专用发票		开具其他发票		未开具发票		纳税检查调整		合计		价税合计	服务、不动产和无形资产扣除项目本期实际扣除金额	含税（免税）销售额	扣除后销项（应纳）税额
		销售额	销项（应纳）税额	销售额	销项（应纳）税额	销售额	销项（应纳）税额	销售额	销项（应纳）税额	销售额	销项（应纳）税额				
		1	2	3	4	5	6	7	8	9=1+3+5+7	10=2+4+6+8	11=9+10	12	13=11-12	14=13÷(100%+税率或征收率)×税率或征收率
一般计税方法计税	全部征税项目														
13%税率的货物及加工修理修配劳务	1					2 000 000	260 000			2 000 000	260 000				
13%税率的服务、不动产和无形资产	2	—	—	—	—	—	—	—	—	—	—	—	—	—	—
9%税率的货物及加工修理修配劳务	3	—	—	—	—	—	—	—	—	—	—	—	—	—	—
9%税率的服务、不动产和无形资产	4	—	—	—	—	—	—	—	—	—	—	—	—	—	—
6%税率	5	100 000 000	6 000 000	—	—	10 000 000	600 000	—	—	110 000 000	6 600 000	116 600 000	6 360 000	110 240 000	6 240 000
其中：即征即退项目 即征即退货物及加工修理修配劳务	6	—	—	—	—	—	—	—	—	—	—	—	—	—	—
即征即退服务、不动产和无形资产	7	—	—	—	—	—	—	—	—	—	—	—	—	—	—

续表

项目及栏次		开具增值税专用发票		开具其他发票		未开具发票		纳税检查调整		合计		价税合计	服务、不动产和无形资产扣除项目本期实际扣除金额	扣除后	
		销售额	销项(应纳)税额	销售额	销项(应纳)税额	销售额	销项(应纳)税额	销售额	销项(应纳)税额	销售额	销项(应纳)税额			含税(免税)销售额	销项(应纳)税额
		1	2	3	4	5	6	7	8	9=1+3+5+7	10=2+4+6+8	11=9+10	12	13=11-12	14=13÷(100%+税率或征收率)×税率或征收率
二、简易计税方法计税															
全部征税项目	6%征收率 8	—	—	—	—	—	—	—	—	—	—	—	—	—	—
	5%征收率的货物及加工修理修配劳务 9a	200 000	10 000	—	—	—	—	—	—	200 000	10 000	210 000	0	210 000	10 000
	5%征收率的服务、不动产和无形资产 9b	—	—	—	—	—	—	—	—	—	—	—	—	—	—
	4%征收率 10	—	—	—	—	—	—	—	—	—	—	—	—	—	—
	3%征收率的货物及加工修理修配劳务 11	—	—	1 000 000	300 000	—	—	—	—	1 000 000	300 000	—	—	—	—
	3%征收率的服务、不动产和无形资产 12	—	—	—	—	—	—	—	—	—	—	—	—	—	—
	预征率% 13a	—	—	—	—	—	—	—	—	—	—	—	—	—	—
	预征率% 13b	—	—	—	—	—	—	—	—	—	—	—	—	—	—
	预征率% 13c	—	—	—	—	—	—	—	—	—	—	—	—	—	—
其中：即征即退项目	即征即退货物及加工修理修配劳务 14	—	—	—	—	—	—	—	—	—	—	—	—	—	—
	即征即退服务、不动产和无形资产 15	—	—	—	—	—	—	—	—	—	—	—	—	—	—

续表

项目及栏次		开具增值税专用发票		开具其他发票		未开具发票		纳税检查调整		合计		价税合计	服务、不动产和无形资产本期扣除项目实际扣除金额	扣除后	
		销售额	销项(应纳)税额	销售额	销项(应纳)税额	销售额	销项(应纳)税额	销售额	销项(应纳)税额	销售额	销项(应纳)税额			含税(免税)销售额	销项(应纳)税额
		1	2	3	4	5	6	7	8	$9=1+3+5+7$	$10=2+4+6+8$	$11=9+10$	12	$13=11-12$	$14=13\div(100\%+$税率或征收率$)\times$税率或征收率
三、免抵退税	货物及加工修理修配劳务	16	—	—	—	—	—	—	—	—	—	—	—	—	—
	服务、不动产和无形资产	17	—	—	—	—	—	—	—	—	—	—	—	—	—
四、免税	货物及加工修理修配劳务	18	—	—	20 000 000	—	—	—	—	—	—	—	—	—	—
	服务、不动产和无形资产	19	—	—	—	—	—	—	—	—	20 000 000	—	—	—	—	—

二、填写《增值税纳税申报表附列资料（三）》（服务、不动产和无形资产扣除项目明细）

业务6，金融商品买卖适用差额征收政策，需将差额扣除情况填写在表7-23中，需注意金融商品负差仅能在年度内结转下期抵减，每年第一期的期初余额应为0。

表7-23　　　　　　　　增值税纳税申报表附列资料（三）
（服务、不动产和无形资产扣除项目明细）

纳税人名称：（公章）A银行　　税款所属时间：2019年6月1日至2019年6月3日　　金额单位：元至角分

项目及栏次		本期服务、不动产和无形资产价税合计额（免税销售额）	服务、不动产和无形资产扣除项目				
			期初余额	本期发生额	本期应扣除金额	本期实际扣除金额	期末余额
		1	2	3	4 = 2 + 3	5（5≤1且5≤4）	6 = 4 - 5
13%税率的项目	1						
9%税率的项目	2						
6%税率的项目（不含金融商品转让）	3	10 600 000	0	6 360 000	6 360 000	6 360 000	0
6%税率的金融商品转让项目	4						
5%征收率的项目	5						
3%征收率的项目	6						
免抵退税的项目	7						
免税的项目	8						

三、《增值税纳税申报表附列资料（二）》（本期进项税额明细）

纳税人取得的专用发票，符合抵扣条件的，应先进行认证，再根据不同情形相应填写《附列资料（二）》。

业务7、8、9、10、11、13，取得的增值税专用发票，按份数、金额、税额合计分别填写第1、2栏，经计算可抵扣进项税额合计为187.5万元。

业务12，取得的增值税专用发票用于职工福利，按税法规定不能抵扣，不应填写在表7-24中"一、申报抵扣的进项税额"相关栏次中，而应填写在"三、待抵扣进项税额"相关栏次中。因此，将业务12相关金额填入第26、27、28栏。

本期实现免税利息收入2 000万元，其对应的进项税额应作转出处理，应转出金额 = 187.5 × 2 000 ÷ （200 + 11 000 + 20 + 100 + 2 000） = 28.153（万元），应填入第13、14栏，并同时填写《增值税减免税申报明细表》（本示例默认所有进项税额均无法准确划分,实际业务中纳税人应按具体政策规定,先区分哪些能够准确划分,无法准确划分的再按规定计算应转出进项税额)。

本期所有认证相符的增值税专用发票,不论是否申报抵扣进项税额,均应填写第 35 栏。

表 7-24　　　　　　　　**增值税纳税申报表附列资料（二）**
（本期进项税额明细）

税款所属时间：2019 年 6 月 1 日至 2019 年 6 月 30 日

纳税人名称：（公章）A 银行　　　　　　　　　　　　　　　金额单位：元至角分

一、申报抵扣的进项税额					
项目		栏次	份数	金额	税额
（一）认证相符的增值税专用发票		1=2+3	8	20 500 000	1 875 000
其中：本期认证相符且本期申报抵扣		2	8	20 500 000	1 875 000
前期认证相符且本期申报抵扣		3			
（二）其他扣税凭证		4=5+6+7+8a+8b			
其中：海关进口增值税专用缴款书		5			
农产品收购发票或者销售发票		6			
代扣代缴税收缴款凭证		7			
加计扣除农产品进项税额		8a	—	—	
其他		8b			
（三）本期用于购建不动产的扣税凭证		9			
（四）本期用于抵扣的旅客运输服务扣税凭证		10			
（五）外贸企业进项税额抵扣证明		11	—	—	
当期申报抵扣进项税额合计		12=1+4+11	8	20 500 000	1 875 000
二、进项税额转出额					
项目		栏次		税额	
本期进项税额转出额		13=14 至 23 之和		281 530	
其中：免税项目用		14		281 530	
集体福利、个人消费		15			
非正常损失		16			
简易计税方法征税项目用		17			
免抵退税办法不得抵扣的进项税额		18			
纳税检查调减进项税额		19			
红字专用发票信息表注明的进项税额		20			
上期留抵税额抵减欠税		21			
上期留抵税额退税		22			
其他应作进项税额转出的情形		23			

续表

三、待抵扣进项税额

项目	栏次	份数	金额	税额
（一）认证相符的增值税专用发票	24	—	—	—
期初已认证相符但未申报抵扣	25			
本期认证相符且本期未申报抵扣	26	1	500 000	30 000
期末已认证相符但未申报抵扣	27	1	500 000	30 000
其中：按照税法规定不允许抵扣	28	1	500 000	30 000
（二）其他扣税凭证	29=30至33之和			
其中：海关进口增值税专用缴款书	30			
农产品收购发票或者销售发票	31			
代扣代缴税收缴款凭证	32		—	
其他	33			

四、其他

项目	栏次	份数	金额	税额
本期认证相符的增值税专用发票	34	9	21 000 000	1 905 000
代扣代缴税额	35	—	—	

四、填写《增值税减免税申报明细表》

A 银行销售使用过的固定资产，符合按照简易办法依照 3% 征收率减按 2% 征收的减免政策规定，故将其对应金额填入《增值税减免税申报明细表》第 2 行。

一般纳税人填写时，第 1 行"合计""本期实际抵减税额"= 主表第 23 栏"一般项目"列"本月数"。

免税的利息收入应选择相应的免税项目后，将对应金额填入第 10 行，对应的进项税额 28.153 万元填入第 10 行第 4 列，免税额 = 2 000 × 6% − 28.153 = 91.847（万元）。具体见表 7 − 25。

表 7 − 25　　　　　　　　　　增值税减免税申报明细表

税款所属时间：自 2019 年 6 月 1 日至 2019 年 6 月 30 日

纳税人名称（公章）：A 银行　　　　　　　　　　　　　　金额单位：元至角分

一、减税项目

减税性质代码及名称	栏次	期初余额	本期发生额	本期应抵减税额	本期实际抵减税额	期末余额
		1	2	3=1+2	4≤3	5=3−4
合计	1	0	10 000	10 000	10 000	0
简易办法依照 3% 征收率减按 2% 征收增值税	2	0	10 000	10 000	10 000	0

……

续表

免税性质代码及名称	栏次	二、免税项目				
		免征增值税项目销售额	免税销售额扣除项目本期实际扣除金额	扣除后免税销售额	免税销售额对应的进项税额	免税额
		1	2	3 = 1 - 2	4	5
合计	7					
出口免税	8	—	—	—	—	—
其中：跨境服务	9		—		—	—
免税的利息收入	10	20 000 000	0	20 000 000	281 530	918 470

五、填写《增值税申报表》主表

主表绝大部分数据会根据附表数据自动生成。

（一）销售额部分

第1栏"一般项目"列"本月数"=《附列资料（一）》第9列第1至5行之和－第9列第6、7行之和。经计算为11 200万元，其中，视同销售货物收入200万元应填入第2栏。

第5栏填写纳税人适用简易计税方法的销售使用过的固定资产和房屋租赁收入，合计120万元。

第8栏免税销售额填写免税利息收入2 000万元。

（二）税款计算部分

第11栏"一般项目"列"本月数"=《附列资料（一）》（第10列第1、3行之和－第10列第6行）+（第14列第2、4、5行之和－第14列第7行），经计算为650万元。

第12栏"一般项目"列"本月数"+"即征即退项目"列"本月数"=《附列资料（二）》第12栏"税额"=187.5万元。

第14栏进"一般项目"列"本月数"+"即征即退项目"列"本月数"=《附列资料（二）》第13栏"税额"=28.153万元。

第17、18、19栏按表内公式计算。

第21栏"一般项目"列"本月数"=《附列资料（一）》（第10列第8、9a、10、11行之和－第10列第14行）+（第14列第9b、12、13a、13b行之和－第14列第15行）=31万元。

第23栏填写销售使用过的固定资产减征的1万元。

经计算，本月第24栏和第3栏均为5 206 530元。具体见表7-26。

表 7-26 增值税纳税申报表
（一般纳税人适用）

根据国家税收法律法规及增值税相关规定制定本表。纳税人不论有无销售额，均应按税务机关核定的纳税期限填写本表，并向当地税务机关申报。

税款所属时间：　　年　月　日至　　年　月　日　填表日期：　　年　月　日　金额单位：元至角分

纳税人识别号				所属行业	
纳税人名称		法人代表人姓名		注册地址	生产经营地址
开户银行及账号		登记注册类型		电话号码	

	项目	栏次	一般项目		即征即退项目	
			本月数	本年累计	本月数	本年累计
销售额	（一）按适用税率计税销售额	1	112 000 000			
	其中：应税货物销售额	2	2 000 000			
	应税劳务销售额	3				
	纳税检查调整的销售额	4				
	（二）按简易办法计税销售额	5	1 200 000			
	其中：纳税检查调整的销售额	6				
	（三）免、抵、退办法出口销售额	7			—	—
	（四）免税销售额	8	20 000 000		—	—
	其中：免税货物销售额	9			—	—
	免税劳务销售额	10			—	—
税款计算	销项税额	11	6 500 000			
	进项税额	12	1 875 000			
	上期留抵税额	13				—
	进项税额转出	14	281 530			
	免、抵、退应退税额	15			—	—
	按适用税率计算的纳税检查应补缴税额	16				
	应抵扣税额合计	17 = 12 + 13 - 14 - 15 + 16	1 593 470	—		—
	实际抵扣税额	18（如 17 < 11，则为 17，否则为 11）	1 593 470			
	应纳税额	19 = 11 - 18	4 906 530			
	期末留抵税额	20 = 17 - 18				—
	简易计税办法计算的应纳税额	21	310 000			

续表

项目		栏次	一般项目		即征即退项目	
			本月数	本年累计	本月数	本年累计
税款计算	按简易计税办法计算的纳税检查应补缴税额	22			—	—
	应纳税额减征额	23	10 000			
	应纳税额合计	24 = 19 + 21 − 23	5 206 530			
税收缴纳	期初未缴税额（多缴为负数）	25				
	实收出口开具专用缴款书退税额	26			—	—
	本期已缴税额	27 = 28 + 29 + 30 + 31				
	①分次预缴税额	28			—	—
	②出口开具专用缴款书预缴税额	29			—	—
	③期缴纳上期应纳税额	30				
	④本期缴纳欠缴税额	31				
	期末未缴税额（多缴为负数）	32 = 24 + 25 + 26 − 27				
	其中：欠缴税额（≥0）	33 = 25 + 26 − 27			—	—
	本期应补（退）税额	34 = 24 − 28 − 29	5 206 530		—	—
	即征即退实际退税额	35	—	—		
	期初未缴查补税额	36			—	—
	本期入库查补税额	37			—	—
	期末未缴查补税额	38 = 16 + 22 + 36 − 37			—	—
授权声明	如果你已委托代理人申报，请填写下列资料：为代理一切税务事宜，现授权（地址）为本纳税人的代理申报人，任何与本申报表有关的往来文件，都可寄予此人。 授权人签字：			申报人声明	本纳税申报表是根据国家税收法律法规及相关规定填报的，我确定它是真实的、可靠的、完整的。 声明人签名：	

主管税务机关：　　　　　　　　　　　接收人：　　　　　　　　　　　接收日期：

第八章

增值税网上申报

增值税申报通用流程如图 8-1 所示。

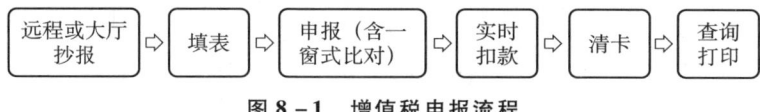

图 8-1　增值税申报流程

第一节　增值税一般纳税人网上申报流程

一、用户登录

纳税人可通过国家税务总局广西壮族自治区税务局官网进入"国家税务总局广西壮族自治区电子税务局"。登录界面主要包含"我的待办""我要预约""个性服务""通知公告""我的信息""我要办税""我要查询""互动中心""公众服务"九个图标，如图 8-2 所示。

图 8-2　网上税务局界面

点击【我要办税】，进行企业身份登录，如图 8-3 所示。

图 8-3 登录界面

二、一般纳税人增值税申报表填写

登录完成后，点击左边系统功能菜单栏【系统功能】—【税费申报及缴纳】—【增值税纳税申报表（一般纳税人适用）】，系统会自动调用"金三"系统的税费种认定信息跳出相应的申报表单，点击菜单进入增值税申报界面。增值税纳税申报表（一般纳税人适用）的填写顺序为：先填写附表再填写主表，表头带有星号的主表、附表一、附表二为必填表，其他根据实际需要填写。

在点击附表一时，系统会自动提取防伪税控数据，带出"一表集成"表格。纳税人核对后，点击表格右上角的【X】，系统自动将数据带入主表与对应附表。如纳税人认为带出数据有误，可点击进相应附表进行修改，如图 8-4 至图 8-6 所示。

（一）《增值税纳税申报附列资料（一）》（本期销售情况明细）的填写

在主附表树中打开《增值税纳税申报表附列资料（一）》（本期销售情况明细）（以下简称《附列资料（一）》）进行页面填写，填写企业销售情况相关数据，完成后点击【保存】。填写页面如图 8-7 所示。

1. 一般货物销售、加工及修理修配、有形动产租赁行业纳税人开具 13% 税率的红字专用发票，应根据对应应税项目填在"13% 税率的货物及加工修理修配劳务"或"13% 税率的服务、不动产和无形资产"栏次。低税率货物销售、交通运输服务、邮政服务、基础电信服务、建筑服务、不动产租赁、土地使用权转

增值税一表集成

温馨提示：1、请确保本所属期的发票全部上传完毕！（开票时请务必正确选择商品编码！），发票量较大时，请耐心等待！
2、请务必确认自动带出的发票数据是否正确！如需更正请在对应的报表上手工修改！
3、若对带出的发票数据存有疑问，请点击增值税报表页面上"刷新发票数据"按钮重新获取发票数据！

增值税纳税申报表

项目	栏次	一般项目		即征即退项目	
		本月数	本年累计	本月数	本年累计
上期留抵税额	13	0.00	0.00	0.00	--
免、抵、退应退税额	15	0.00	--	--	--
期初未缴税额（多缴为负数）	25	32574.18	307431.12	0.00	0.00
①分次预缴税额	28	0.00	--	--	--
②出口开具专用缴款书预缴税额	29	0.00	--	--	--
③本期缴纳上期应纳税额	30	0.00	--	--	--
期初未缴查补税额	36	0.00	0.00	--	--

增值税附表一（本期销项情况明细）

项目栏次		开具增值税专用发票		开具其他发票	
		销售额	销项(应纳)税额	销售额	销项(应纳)税额
一、一般计税方法计税					
13%税率的货物及加工修理修配劳务	1	0.00	0.00	0.00	0.00
13%税率的服务、不动产和无形资产	2	0.00	0.00	0.00	0.00
9%税率的货物及加工修理修配劳务	3	0.00	0.00	0.00	0.00
9%税率的服务、不动产和无形资产	4	0.00	0.00	0.00	0.00
6%税率	5	0.00	0.00	0.00	0.00
二、简易计税方法计税					

图 8-4　填报集成增值税纳税申报表 1

增值税一表集成

货物及加工修理修配劳务	18	0.00	0.00	--
服务、不动产和无形资产	19	--	--	0.00	--

增值税附表二（本期进项税额明细）

项目	栏次	份数	金额	税额
（二）其他扣税凭证　其中：海关进口增值税专用缴款书	5	0.00	--	0.00
红字专用发票信息表注明的进项税额	20	--	--	0.00
上期留抵税额抵减欠税	21	--	--	0.00
上期留抵税额退税	22	--	--	0.00
本期认证相符的增值税专用发票	35	0	0.00	0.00

增值税附表三（服务、不动产和无形资产扣除项目明细）

项目及栏次	服务、不动产和无形资产扣除项目	
	期初余额	本期发生额
13%税率的项目	0.00	0.00
9%税率的项目	0.00	0.00
6%税率的项目（不含金融商品转让）	0.00	0.00
6%税率的金融商品转让项目	0.00	0.00
5%征收率的项目	0.00	0.00
3%征收率的项目	0.00	0.00
免抵退税的项目	0.00	--
免税的项目	0.00	--

图 8-5　填报集成增值税纳税申报表 2

增值税一表集成				
上期留抵税额抵减欠税	21	--	--	0.00
上期留抵税额退税	22	--	--	0.00
本期认证相符的增值税专用发票	35	0	0.00	0.00

增值税附表三（服务、不动产和无形资产扣除项目明细）		
项目及栏次	服务、不动产和无形资产扣除项目	
	期初余额	本期发生额
13%税率的项目	0.00	0.00
9%税率的项目	0.00	0.00
6%税率的项目（不含金融商品转让）	0.00	0.00
6%税率的金融商品转让项目	0.00	0.00
5%征收率的项目	0.00	0.00
3%征收率的项目	0.00	0.00
免抵退税的项目	0.00	--
免税的项目	0.00	0.00

增值税附表四（税额抵减明细表）		
抵减项目	序号	期初余额
增值税税控系统专用设备费及技术维护费	1	0.00
分支机构预征缴纳税款	2	0.00
建筑服务预征缴纳税款	3	0.00
销售不动产预征缴纳税款	4	0.00
出租不动产预征缴纳税款	5	0.00

图 8-6　填报集成增值税纳税申报表 3

让、不动产销售行业纳税人开具 9% 税率的红字专用发票，应根据对应应税项目填在 "9% 税率的货物及加工修理修配劳务" 或 "9% 税率的服务、不动产和无形资产" 栏次。

2. 补开适用 16%、10% 的原增值税税率发票申报表的填写。纳税人补开适用 16%、10% 的原增值税税率发票后，申报时补开的发票数据适用 16%、10% 税率的金额和税额分别填入 13%、9% 税率的对应栏次，同时在《附列资料（一）》"未开具发票" 的第 5、6 列中同时填报相应负数冲减相应所属期填报的未开具发票收入。如图 8-7 所示。

（二）《增值税纳税申报表附列资料（二）》（本期进项税额明细）的填写

在主附表树中打开《增值税纳税申报表附列资料（二）》（本期进项税额明细）（以下简称《附列资料（二）》）进行填写。如进项税额有误，可点击上方【刷新发票数据】，再点击【删除】，即可刷新最新的进项税额数据，如图 8-8 所示。

1. 不动产进项税额抵扣申报的填写。企业取得购入不动产的增值税专用发票，填报《附列资料（二）》第 2 栏 "本期认证相符且本期申报抵扣"，同时将合计数填入该表第 9 栏 "（三）本期用于购建不动产的扣税凭证" 进行一次性抵扣，数据会自动带入主表第 12 栏，如图 8-9 所示。

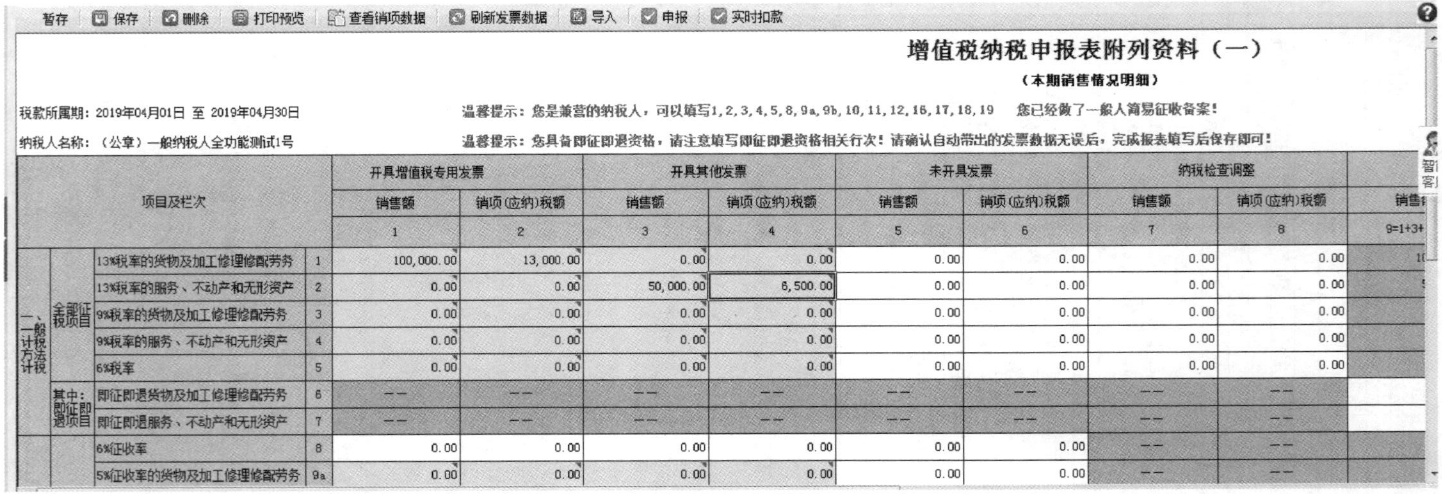

图 8-7 填报《增值税纳税申报表附列资料（一）》

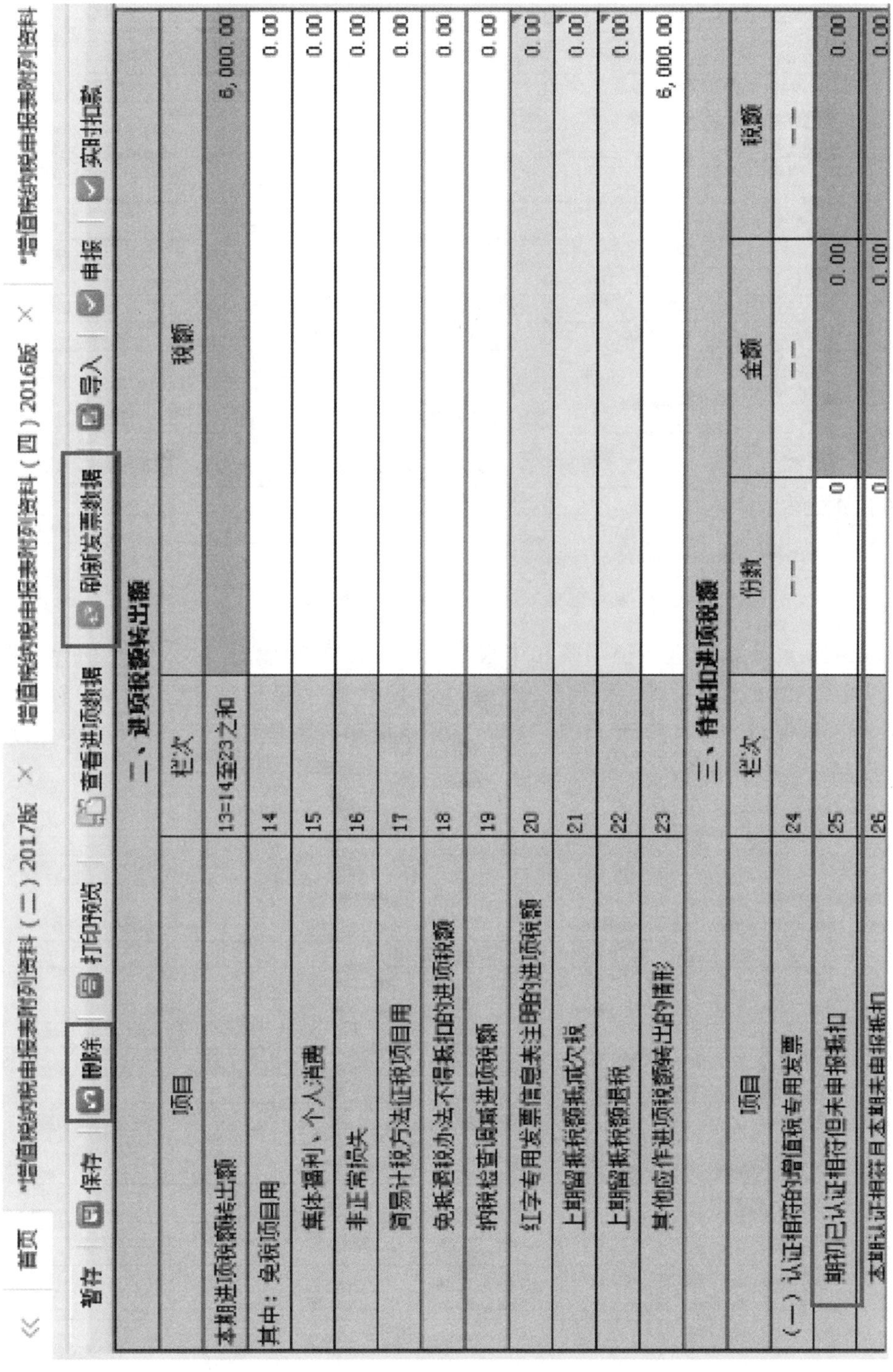

二、进项税额转出额

项目	栏次	税额
本期进项税额转出额	13=14至23之和	6,000.00
其中：免税项目用	14	0.00
集体福利、个人消费	15	0.00
非正常损失	16	0.00
简易计税方法征税项目用	17	0.00
免抵退税办法不得抵扣的进项税额	18	0.00
纳税检查调减进项税额	19	0.00
红字专用发票信息表注明的进项税额	20	0.00
上期留抵税额抵减欠税	21	0.00
上期留抵税额退税	22	0.00
其他应作进项税额转出的情形	23	6,000.00

三、待抵扣进项税额

项目	栏次	份数	金额	税额
（一）认证相符的增值税专用发票	24	---	---	---
期初已认证相符但未申报抵扣	25	0	0.00	0.00
本期认证相符且本期未申报抵扣	26	0	0.00	0.00

图8-8 填报进项税额转出项界面

项目	栏次	份数	金额	税额
其中：本期认证相符且本期申报抵扣	2	0	0.00	0.00
前期认证相符且本期申报抵扣	3	0	0.00	0.00
（二）其他扣税凭证	4=5+6+7+8a+8b	0	0.00	900.00
其中：海关进口增值税专用缴款书	5	0	0.00	0.00
农产品收购发票或者销售发票	6	0	0.00	0.00
代扣代缴税收缴款凭证	7	0	——	——
加计扣除农产品进项税额	8a	——	——	900.00
其他	8b	0	0.00	0.00
（三）本期用于购建不动产的扣税凭证	9	1	8,000,000.00	7,200,000.00
（四）本期用于抵扣的旅客运输服务扣税凭证	10	0	0.00	0.00
（五）外贸企业进项税额抵扣证明	11	——	——	0.00
当期申报抵扣进项税额合计	12=1+4+11	0	0.00	900.00

二、进项税额转出额

项目	栏次	税额
本期进项税额转出额	13=14至23之和	0.00
其中：免税项目用	14	0.00
集体福利、个人消费	15	0.00
非正常损失	16	0.00

图 8-9　填写不动产进项税额抵扣申报界面

2. 不动产待抵扣进项税额抵扣申报的填写。存在 2019 年 3 月 31 日前尚未抵扣完毕的待抵扣进项税额，可自 2019 年 4 月税款所属期起，自行选择一个月份填入《附列资料（二）》第 8b 栏进行一次性抵扣，数据会自动带入主表第 12 栏，如图 8-10 所示。

税款所属期：2019年04月01日 至 2019年04月30日
纳税人名称：（公章）一般纳税人全功能测试1号　　　　金额单位：元至角分

一、申报抵扣的进项税额

项目	栏次	份数	金额	税额
（一）认证相符的增值税专用发票	1=2+3	0	0.00	0.00
其中：本期认证相符且本期申报抵扣	2	0	0.00	0.00
前期认证相符且本期申报抵扣	3	0	0.00	0.00
（二）其他扣税凭证	4=5+6+7+8a+8b	0	0.00	450,000.00
其中：海关进口增值税专用缴款书	5	0	0.00	0.00
农产品收购发票或者销售发票	6	0	0.00	0.00
代扣代缴税收缴款凭证	7	0	——	——
加计扣除农产品进项税额	8a	——	——	0.00
其他	8b	0	0.00	450,000.00
（三）本期用于购建不动产的扣税凭证	9	0	0.00	0.00
（四）本期用于抵扣的旅客运输服务扣税凭证	10	0	0.00	0.00
（五）外贸企业进项税额抵扣证明	11	——	——	0.00
当期申报抵扣进项税额合计	12=1+4+11	0	0.00	450,000.00

图 8-10　填写不动产待抵扣进项税额

3. 旅客运输服务进项税额抵扣申报的填写。若一般纳税人购进国内旅客运输服务，取得增值税专用发票，填报《附列资料（二）》第 2 栏"本期认证相符且本期申报抵扣"，同时将合计数填入该表第 10 栏"（四）本期用于抵扣的旅客运输服务扣税凭证"，如图 8-11 所示。

项目	栏次	份数	金额	税额
（一）认证相符的增值税专用发票	1=2+3	1	20,000.00	1,800.00
其中：本期认证相符且本期申报抵扣	2	1	20,000.00	1,800.00
前期认证相符且本期申报抵扣	3	0	0.00	0.00
（二）其他扣税凭证	4=5+6+7+8a+8b	22	17,128.44	1,241.58
其中：海关进口增值税专用缴款书	5	0	0.00	0.00
农产品收购发票或者销售发票	6	0	0.00	0.00
代扣代缴税收缴款凭证	7	0	——	0.00
加计扣除农产品进项税额	8a	——	——	0.00
其他	8b	22	17,128.44	1,241.58
（三）本期用于购建不动产的扣税凭证	9	0	0.00	0.00
（四）本期用于抵扣的旅客运输服务扣税凭证	10	23	37128.00	3,041.56
（五）外贸企业进项税额抵扣证明	11			0.00
当期申报抵扣进项税额合计	12=1+4+11	23	37,128.00	3,041.56

图 8-11　填写旅客运输服务进项税额抵扣申报界面

（三）《增值税纳税申报表附列资料（三）》（服务、不动产和无形资产扣除项目明细）的填写

《增值税纳税申报表附列资料（三）》是关于服务、不动产和无形资产扣除项目的填写。第 1 栏"16% 税率项目"、第 2 栏"10% 税率项目"项目名称分别调整为"13% 税率的项目"和"9% 税率的项目"。

（四）《增值税纳税申报表附列资料（四）》（税额抵减情况表）的填写

1. 《增值税纳税申报表附列资料（四）》（以下简称《附列资料（四）》）分为"税额抵减情况"和"加计抵减情况"，"加计抵减情况"又包括"一般项目加计抵减额计算""即征即退项目加计抵减额计算""合计"。

2. 适用加计抵减政策申报表的填写。将本期发生的加计抵减额填入《附列资料（四）》第 6 栏"本期发生额"列。若纳税人存在可计提但未计提的加计抵减额，亦可在确定适用加计抵减政策当期一并计提，填入第 6 栏"本期发生额"列。第 6 栏"本期实际抵减额"列点击上方"提取数据"功能选项即可带出，如图 8-12 所示。

一、税额抵减情况

序号	抵减项目	期初余额	本期发生额	本期应抵减税额	本期实际抵减税额	期末余额
		1	2	3=1+2	4≤3	5=3-4
1	增值税税控系统专用设备费及技术维护费		0.00	0.00	0.00	0.00
2	分支机构预征缴纳税款		0.00	0.00	0.00	0.00
3	建筑服务预征缴纳税款		0.00	0.00	0.00	0.00
4	销售不动产预征缴纳税款		0.00	0.00	0.00	0.00
5	出租不动产预征缴纳税款		0.00	0.00	0.00	0.00

二、加计抵减情况

序号	加计抵减项目	期初余额	本期发生额	本期调减额	本期可抵减额	本期实际抵减额	期末余额
		1	2	3	4=1+2-3	5	6=4-5
6	一般项目加计抵减额计算		30,000.00		30,000.00	18,600.00	11,400.00
7	即征即退项目加计抵减额计算		0.00		0.00	0.00	0.00
8	合计		30,000.00		30,000.00	18,600.00	11,400.00

图8-12 填报加计抵减项目申报界面

若一般纳税人的销项税额小于进项税额,本期应纳税额为 0,加计抵减额显示在第 6 行"期末余额"列,留待下期抵减,如图 8-13 所示。

一、税额抵减情况

序号	抵减项目	期初余额 1	本期发生额 2	本期应抵减税额 3=1+2	本期实际抵减税额 4≤3	期末余额 5=3-4
1	增值税税控系统专用设备费及技术维护费	0.00	0.00	0.00	0.00	0.00
2	分支机构预征缴纳税款	0.00	0.00	0.00	0.00	0.00
3	建筑服务预征缴纳税款	0.00	0.00	0.00	0.00	0.00
4	销售不动产预征缴纳税款	0.00	0.00	0.00	0.00	0.00
5	出租不动产预征缴纳税款	0.00	0.00	0.00	0.00	0.00

二、加计抵减情况

序号	加计抵减项目	期初余额 1	本期发生额 2	本期调减额 3	本期可抵减额 4=1+2-3	本期实际抵减额 5	期末余额 6=4-5
6	一般项目加计抵减额计算	0.00	50,000.00	0.00	50,000.00	18,600.00	31,400.00
7	即征即退项目加计抵减额计算	0.00	0.00	0.00	0.00	0.00	0.00
8	合计	0.00	50,000.00	0.00	50,000.00	18,600.00	31,400.00

图 8-13 销项税额小于进项税额加计抵减申报填写界面

若将已计提加计抵减额的进项税额转出,则纳税人在《附列资料(二)》第 23 栏"税额"列填入数字后,在《附列资料(四)》第 6 行"本期调减额"列填入同样数字,如图 8-14 所示。若《附列资料(四)》第 6 行"本期可抵减额"列为负数,则"本期实际抵减额"为 0,负数不形成本期应纳税额,可留待下期冲减,如图 8-15 所示。

二、进项税额转出额

项目	栏次	税额
本期进项税额转出额	13=14至23之和	6,000.00
其中:免税项目用	14	0.00
集体福利、个人消费	15	0.00
非正常损失	16	0.00
简易计税方法征税项目用	17	0.00
免抵退税办法不得抵扣的进项税额	18	0.00
纳税检查调减进项税额	19	0.00
红字专用发票信息表注明的进项税额	20	0.00
上期留抵税额抵减欠税	21	0.00
上期留抵税额退税	22	0.00
其他应作进项税额转出的情形	23	6,000.00

三、待抵扣进项税额

项目	栏次	份数	金额	税额
(一)认证相符的增值税专用发票	24	---	---	---
期初已认证相符但未申报抵扣	25	0	0.00	0.00
本期认证相符且本期未申报抵扣	26			

图 8-14 本期可抵减额为负数时进项税额转出填写界面

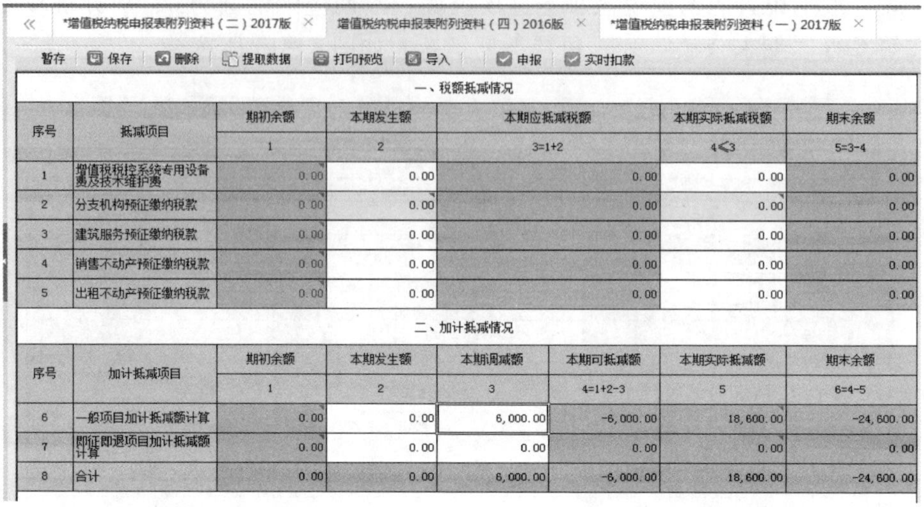

		一、税额抵减情况				
序号	抵减项目	期初余额	本期发生额	本期应抵减税额	本期实际抵减税额	期末余额
		1	2	3=1+2	4≤3	5=3-4
1	增值税税控系统专用设备费及技术维护费	0.00	0.00	0.00	0.00	0.00
2	分支机构预征缴纳税款	0.00	0.00	0.00	0.00	0.00
3	建筑服务预征缴纳税款	0.00	0.00	0.00	0.00	0.00
4	销售不动产预征缴纳税款	0.00	0.00	0.00	0.00	0.00
5	出租不动产预征缴纳税款	0.00	0.00	0.00	0.00	0.00

		二、加计抵减情况				
序号	加计抵减项目	期初余额	本期发生额	本期调减额	本期可抵减额	本期实际抵减额	期末余额
		1	2	3	4=1+2-3	5	6=4-5
6	一般项目加计抵减额计算	0.00	0.00	6,000.00	-6,000.00	18,600.00	-24,600.00
7	即征即退项目加计抵减额计算	0.00	0.00	0.00	0.00	0.00	0.00
8	合计	0.00	0.00	6,000.00	-6,000.00	18,600.00	-24,600.00

图 8-15 本期可抵减额为负数时加计抵减情况填写界面

(五)《增值税纳税申报表(一般纳税人适用)》主表填写

打开主表,可点击上方【生成主报表】按钮集取附表数据,集取附表数据完成后,点击【保存】按钮进行数据保存,如图 8-16 所示。

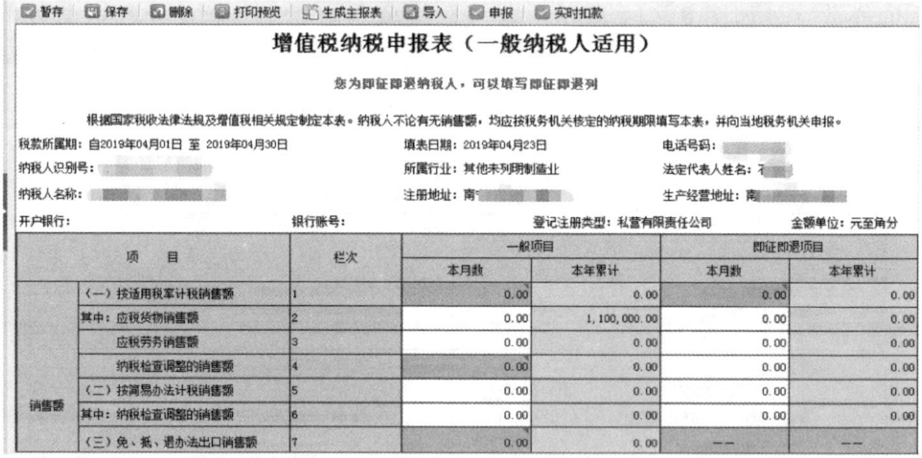

图 8-16 《增值税纳税申报表(一般纳税人适用)》主表填写界面

三、增值税纳税申报表提交

在所有表单填写完成后,点击左侧菜单栏的【税费申报及缴纳】—【税费缴纳】—【申报表提交】,进入纳税表提交页面,勾选需要申报的申报项目,点击【申报数据提交】,如图 8-17 所示。

第八章 增值税网上申报 211

图 8-17 增值税纳税申报表提交界面

注："增值税"申报前必须先执行税控开票系统"网上抄报→上报汇总（抄报）"后，再返回申报系统中点击【申报表提交】申报增值税，申报成功之后点击【实时扣款】，最后在开票软件中点击【反写】。

四、税费缴纳

数据申报成功后，勾选相应申报项目名称，点击【实时扣款】，提示扣款成功即可，如图 8-18 所示。

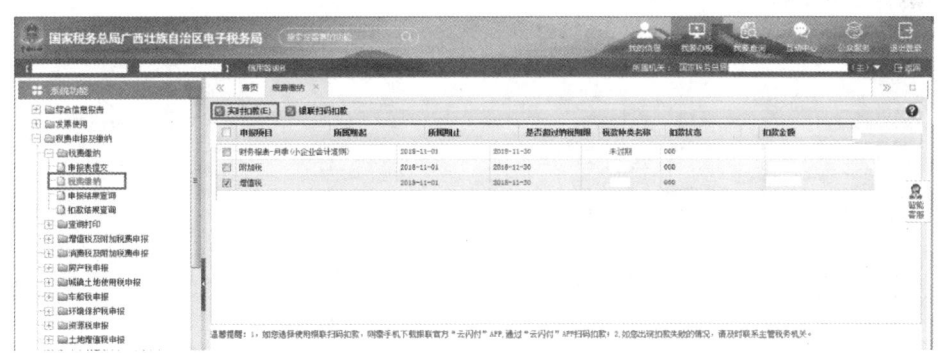

图 8-18 实时扣款界面

五、申报结果查询

可以按照"申报日期"和"所属日期"两种方式查询，选择查询方式及查询日期后，点击【查询】，可以查看申报结果，如图 8-19 所示。

图 8-19 申报查询界面

六、扣款结果查询

可以按照"扣款日期"和"所属日期"两种方式查询，选择查询方式及查询日期后，点击【查询】，可以查看报表扣款详细结果，如图 8-20 所示。

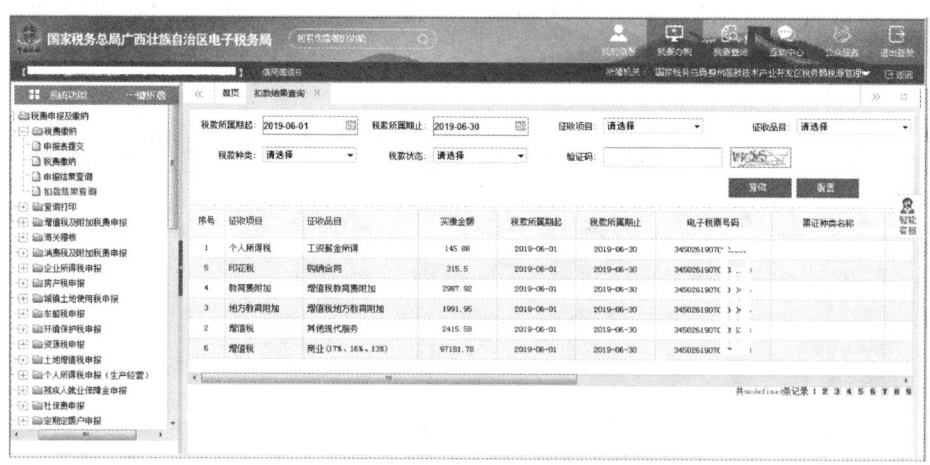

图 8-20 扣款查询界面

七、查询打印

1. 点击【税费申报及缴纳】—【查询打印】—【申报信息查询及打印】，如图 8-21 所示。

第八章 增值税网上申报 213

图 8－21　申报信息查询打印界面

2. 选择相应的申报表种类后，可按"申报日期"或"所属日期"两种方式查询，点击界面的【查询】后勾选相应的报表进行查看，在查看界面点击【表单打印】按钮打印报表，如图 8－22 所示。

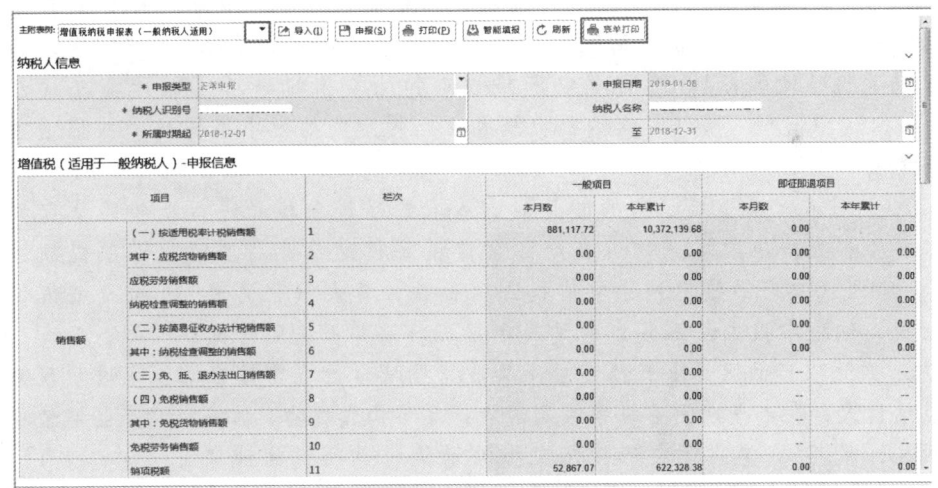

图 8－22　表单打印界面

增值税纳税人网上申报注意事项

1.《增值税纳税申报表（一般纳税人适用）》适用于增值税一般纳税人填报，也适用于增值税一般纳税人按简易办法销售的货物或者劳务。

2.《增值税纳税申报表附列资料（一）》《增值税纳税申报表附列资料（二）》作为增值税纳税申报表的附列资料报送。

3.《增值税纳税申报表附列资料（三）》由营业税改征增值税应税服务有扣

除项目的纳税人填写，其他纳税人不填写。

4.《增值税纳税申报表附列资料（四）》由发生增值税税控系统专用设备费用和技术维护费的纳税人填写，反映纳税人增值税税控系统专用设备费用和技术维护费按规定抵减增值税应纳税额的情况。该表第2行由营业税改征增值税纳税人，服务、不动产和无形资产按规定汇总计算缴纳增值税的总机构填写，反映其分支机构预征缴纳税款抵减总机构应纳增值税税额的情况；该表第3行由销售建筑服务并按规定预缴增值税的纳税人填写，反映其销售建筑服务预征缴纳税款抵减应纳增值税税额的情况；该表第4行由销售不动产并按规定预缴增值税的纳税人填写，反映其销售不动产预征缴纳税款抵减应纳增值税税额的情况；该表第5行由出租不动产并按规定预缴增值税的纳税人填写，反映其出租不动产预征缴纳税款抵减应纳增值税税额的情况。

5.投入产出法核定农产品增值税进项税额计算表。采取"投入产出法"计算农产品抵扣增值税进项税额的试点纳税人，在申报期内，应填写《投入产出法核定农产品增值税进项税额计算表》，连同《农产品核定扣除增值税进项税额计算表（汇总表）》和《增值税一般纳税人纳税申报办法》规定的纳税申报资料一并报送主管税务机关。

6.成本法核定农产品增值税进项税额计算表。采取"成本法"计算农产品抵扣增值税进项税额的试点纳税人，在申报期内，应填写《成本法核定农产品增值税进项税额计算表》，连同《农产品核定扣除增值税进项税额计算表（汇总表）》和《增值税一般纳税人纳税申报办法》规定的纳税申报资料一并报送主管税务机关。

7.购进农产品直接销售的并且对购入农产品进项税额进行抵扣的试点纳税人，在申报期内应填写《购进农产品直接销售核定农产品增值税进项税额计算表》，连同《农产品核定扣除增值税进项税额计算表（汇总表）》和《增值税一般纳税人纳税申报办法》规定的纳税申报资料一并报送主管税务机关。

8.购进农产品用于生产经营且不构成货物实体的，需核定增值税进项税额的试点纳税人，在申报期间应填写《购进农产品不构成货物实体核定农产品增值税进项税额计算表》，连同《农产品核定扣除增值税进项税额计算表（汇总表）》和《增值税一般纳税人纳税申报办法》规定的纳税申报资料一并报送主管税务机关。

第二节 增值税小规模纳税人网上申报流程

一、用户登录

纳税人可通过国家税务总局广西壮族自治区税务局官网进入"国家税务总局

广西壮族自治区电子税务局"。

点击【我要办税】，进行企业身份登录，如图8-23所示。

图8-23 小规模纳税人网上报税登录界面

二、小规模纳税人增值税申报表填写

增值税小规模纳税人依据相关税收法律、法规依法履行纳税义务，按照税收法律、法规等相关规定，在规定的纳税期限内填报《增值税纳税申报表（小规模纳税人适用）》及附表、其他相关资料，向税务机关进行纳税申报。

年应税销售额超过小规模纳税人标准的其他个人按小规模纳税人纳税；不经常发生销售货物、提供劳务和应税行为的单位和个体工商户可选择按照小规模纳税人规定申报缴纳增值税。

在左边系统功能菜单栏点击【税费申报及缴纳】—【增值税及附加税费申报】—【增值税（小规模纳税人适用）查账征收】，即可看到小规模纳税人申报要填写的表单，其中带有*的为必填报表，如图8-24所示。

点击进入【增值税纳税申报表（小规模纳税人适用）】，填写数据完成后，点击上方的【保存】按钮，保存当前表单。

如图8-25所示，申报表的第1栏增加了本期销售不动产的销售额填写内容，企业应根据实际情况填写。

如果为按月申报的增值税小规模纳税人，当月销售额未达到10万元，这时需要将发生的销售额填写到主表"免税销售额"相关栏次中。需要注意的是，"免税销售额"相关栏次，填写的是差额后的销售额，如图8-26所示。

216　增值税财税信息化实务案例集

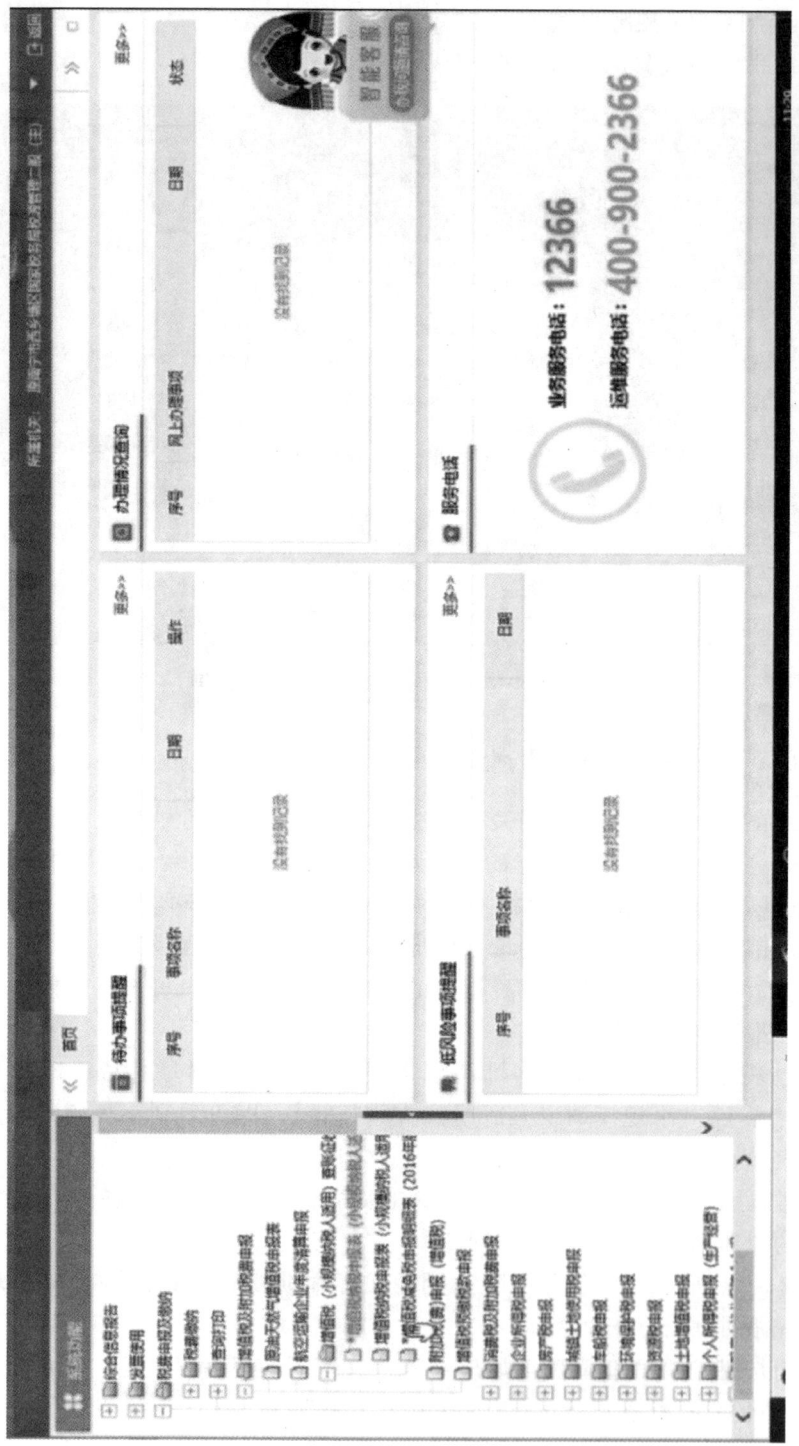

图8-24　小规模纳税人查账征收表单选择界面

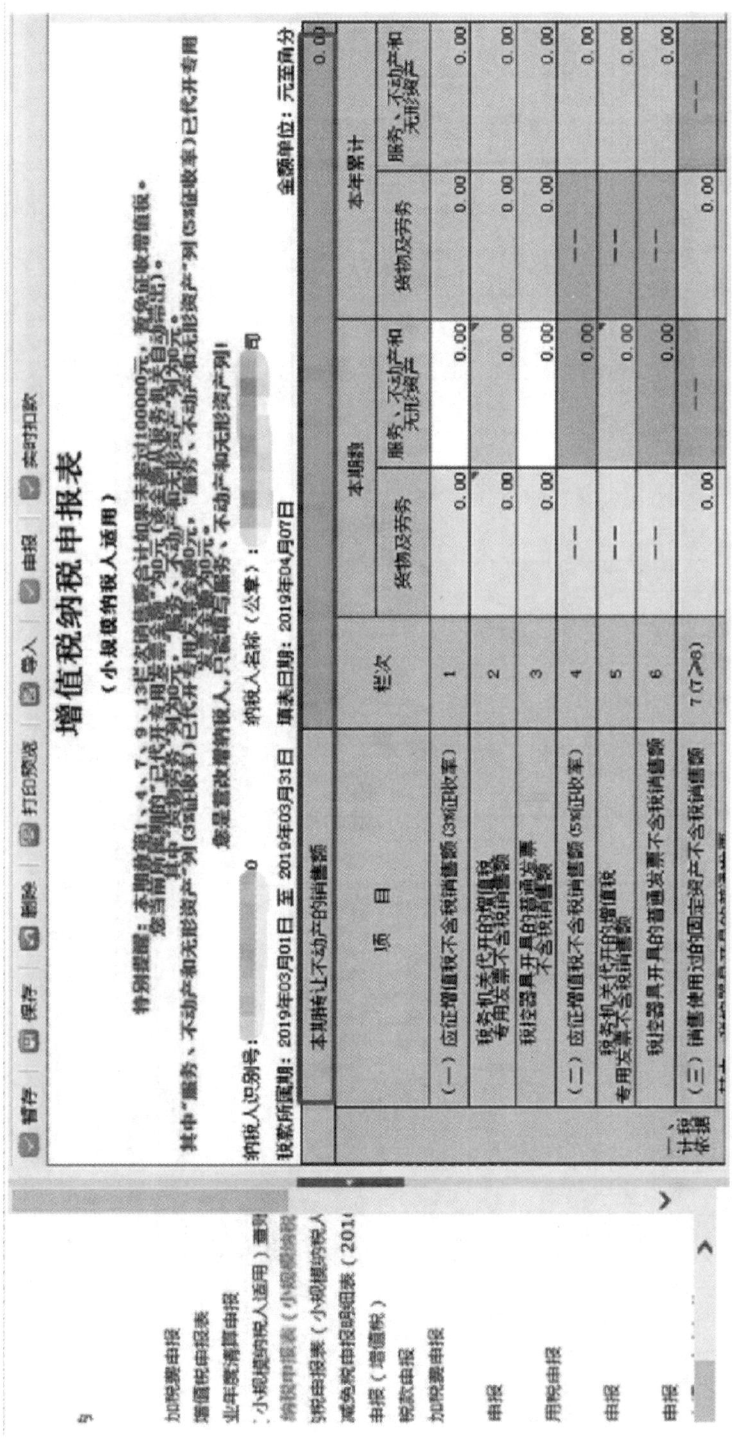

图8-25 小规模纳税纳税申报表填写

项目	栏次	本期数			本年累计		
		货物及劳务	服务、不动产和无形资产		货物及劳务	服务、不动产和无形资产	
(一) 应征增值税不含税销售额 (3%征收率)	1	0.00	0.00		0.00	0.00	
税务机关代开的增值税专用发票不含税销售额	2	0.00	0.00		0.00	0.00	
税控器具开具的普通发票不含税销售额	3	0.00	0.00		0.00	0.00	
(二) 应征增值税不含税销售额 (5%征收率)	4	—	—		—	—	
税务机关代开的增值税专用发票不含税销售额	5	—	—		—	—	
税控器具开具的普通发票不含税销售额	6	—	—		—	—	
(三) 销售使用过的固定资产不含税销售额	7 (7≥8)	0.00	—		0.00	—	
其中: 税控器具开具的普通发票不含税销售额	8	0.00	—		0.00	—	
(四) 免税销售额	9=10+11+12	800000.00	0.00		800000.00	0.00	
其中: 小微企业免税销售额	10	800000.00	0.00		800000.00	0.00	
未达起征点销售额	11	0.00	0.00		0.00	0.00	
其他免税销售额	12	0.00	0.00		0.00	0.00	
(五) 出口免税销售额	13 (13≥14)	0.00	0.00		0.00	0.00	
其中: 税控器具开具的普通发票销售额	14	0.00	0.00		0.00	0.00	

图8-26 小规模纳税人免税销售额填写

如果您填报的企业月销售额超过 10 万元（或季度超过 30 万元），这时系统会弹出窗口提示您是否存在不动产销售额，这里根据本企业实际情况填写。如图 8－27 和图 8－28 所示。

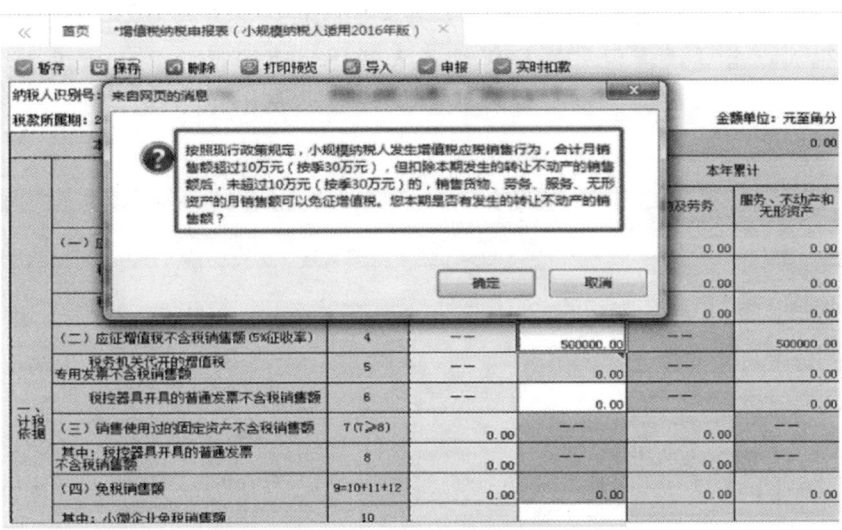

图 8－27　小规模纳税人不动产销售额填写 1

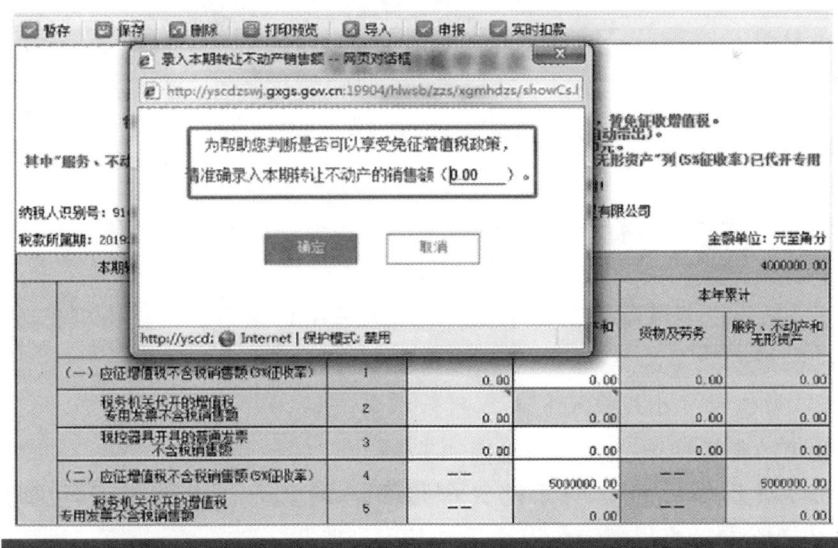

图 8－28　小规模纳税人不动产销售额填写 2

(一) 增值税 (小规模纳税人适用) 查账征收

1. 操作流程。

首页—【我要办税】—【税费申报及缴纳】—【增值税及附加税费申报】—【增值税 (小规模纳税人适用) 查账征收】。

纳税人点击【增值税 (小规模纳税人适用) 查账征收】菜单进入填写报表页面，手工录入数据后进行保存，数据保存后点击申报按钮进行申报，如图 8-29 所示。

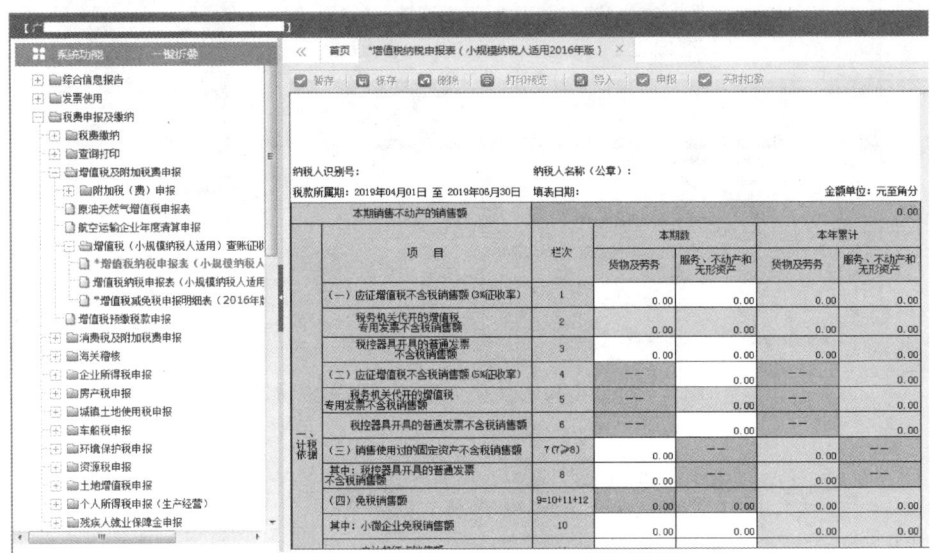

图 8-29 小规模纳税人查账征收申报填写

2. 注意事项。

(1) 营改增后，《增值税纳税申报表 (小规模纳税人适用)》，适用于增值税小规模纳税人。

(2) 《增值税纳税申报表 (小规模纳税人适用) 附列资料》由应税服务有扣除项目的纳税人填写，各栏次均不包含免征增值税应税服务数额。

(二) 增值税 (小规模纳税人适用) 核定征收

小规模纳税人核定征收操作流程如下：

首页—【我要办税】—【税费申报及缴纳】—【增值税及附加税费申报】—【增值税 (小规模纳税人适用) 核定征收】。

纳税人点击【增值税 (小规模纳税人适用) 核定征收】菜单进入填写报表页面，手工录入数据后进行保存，数据保存后点击申报按钮进行申报，如图 8-30 所示。

增值税纳税申报表

（小规模纳税人适用）

您是增值税季报，只在1月，4月，7月，10月才需填写此表！核定销售额未达起征点，系统自动显示相应行次数据。第1、4、7、9、13栏次销售额合计如果未超过90000元，暂免征收增值税。
您是非营改增纳税人，只能填写应税货物及劳务列！

纳税人识别号：

纳税人名称（公章）：测试1　　　　　　　　　　　　　金额单位：元至角分

税款所属期：　年10月01日 至 2015年12月31日　　　填表日期：　年06月08日

	项　目	栏次	本期数		本年累计	
			货物及劳务	服务、不动产和无形资产	货物及劳务	服务、不动产和无形资产
一、计税依据	（一）应征增值税不含税销售额（3%征收率）	1	0.00	0.00	0.00	0.00
	税务机关代开的增值税专用发票不含税销售额	2	0.00	0.00	0.00	0.00
	税控器具开具的普通发票不含税销售额	3	0.00	0.00	0.00	0.00
	（二）应征增值税不含税销售额（5%征收率）	4	--	0.00	--	0.00
	税务机关代开的增值税专用发票不含税销售额	5	--	0.00	--	0.00
	税控器具开具的普通发票不含税销售额	6	--	0.00	--	0.00
	（三）销售使用过的固定资产不含税销售额	7(7≥8)	0.00	--	0.00	--
	其中：税控器具开具的普通发票不含税销售额	8	0.00	--	0.00	--
	（四）免税销售额	9=10+11+12	16956.52	0.00	16956.52	0.00
	其中：小微企业免税销售额	10	16956.52	0.00	16956.52	0.00
	未达起征点销售额	11	0.00	0.00	0.00	0.00
	其他免税销售额	12	0.00	0.00	0.00	0.00
	（五）出口免税销售额	13(13≥14)	0.00	0.00	0.00	0.00
	其中：税控器具开具的普通发票销售额	14				
	核定销售额		16956.52	0.00	--	--
二、税款计算	本期应纳税额	15	0.00	0.00	0.00	0.00
	核定应纳税额		0.00	0.00	--	--
	本期应纳税额减征额	16	0.00	0.00	0.00	0.00
	本期免税额	17	508.70	0.00	508.70	0.00
	其中：小微企业免税额	18	508.70	0.00	508.70	0.00
	未达起征点免税额	19	0.00	0.00	0.00	0.00
	应纳税额合计	20=15-16	0.00	0.00	0.00	0.00
	本期预缴税额	21	0.00	0.00	--	--
	本期应补（退）税额	22=20-21	0.00	0.00	--	--

纳税人或代理人声明：　　　　　　　　如纳税人填报，由纳税人填写以下各栏：

图 8-30　小规模纳税人核定征收申报填写

三、增值税（小规模纳税人适用）双定户

1. 操作流程。

首页—【我要办税】—【税费申报及缴纳】—【增值税及附加税费申

报】—【增值税（小规模纳税人适用）双定户】。

纳税人点击【增值税（小规模纳税人适用）双定户】菜单进入填写报表页面，手工录入数据后进行保存，数据保存后点击申报按钮进行申报。

2. 注意事项。

增值税（小规模核定/双定户适用）（2016年版）由实行定期定额征收的企业如实填写，并按照主管税务机关规定的申报期限进行申报。

四、增值税纳税申报表提交

保存成功后，在左侧系统功能处找到【税费申报及缴纳】—【税费缴纳】，点击【申报表提交】，进入申报表提交界面，勾选需要申报的申报项目，点击页面上方的【申报数据提交】按钮，如图8-31所示。

图8-31 小规模纳税人纳税申报表提交

五、税费缴纳

数据申报成功后，勾选相应申报项目名称，点击【实时扣款】，提示扣款成功即可，如图8-32所示。

图8-32 小规模纳税人实时扣款

六、申报结果查询

可以按照"申报日期"和"所属日期"两种方式查询,选择查询方式及查询日期后,点击【查询】,可以查看申报结果,如图 8-33 所示。

图 8-33 小规模纳税人申报查询

七、扣款结果查询

可以按照"扣款日期"和"所属日期"两种方式查询,选择查询方式及查询日期后,点击【查询】,可以查看报表扣款详细结果,如图 8-34 所示。

图 8-34 小规模纳税人扣款查询

八、查询打印

1. 点击【税费申报及缴纳】—【查询打印】—【申报信息查询及打印】，如图 8-35 所示。

图 8-35　小规模纳税人申报信息查询打印

2. 选择相应的申报表种类后，可按"申报日期"或"所属日期"两种方式查询，点击界面的【查询】后勾选相应的报表进行查看，在查看界面点击【表单打印】按钮打印报表，如图 8-36 所示。

图 8-36　小规模纳税人表单打印

第九章

一般企业财务报表格式

第一节 企业财务报表填写说明

一、企业财务报表填写规范

为了解决执行企业会计准则的企业在财务报告编制中的实际问题,规范企业财务报表列报,提高会计信息质量,规范一般企业财务报表格式,2019年4月30日财政部印发了《关于修订印发2019年度一般企业财务报表格式的通知》(财会〔2019〕6号),针对2019年1月1日起分阶段实施的《企业会计准则第21号——租赁》(以下简称"新租赁准则"),以及企业会计准则实施中的有关情况,对一般企业财务报表格式进行了修订。该通知适用于执行企业会计准则的非金融企业2019年度中期财务报表和年度财务报表及以后期间的财务报表。

2017年发布的《企业会计准则第22号——金融工具确认和计量》、《企业会计准则第23号——金融资产转移》、《企业会计准则第24号——套期会计》、《企业会计准则第37号——金融工具列报》(以下简称"新金融准则")、《企业会计准则第14号——收入》(以下简称"新收入准则"),自2018年1月1日起已经开始分阶段实施。执行企业会计准则的非金融企业中,未执行新金融准则、新收入准则和新租赁准则的企业应当按照企业会计准则和财会〔2019〕6号通知的要求编制财务报表;已执行新金融准则、新收入准则和新租赁准则的企业应当按照企业会计准则和财会〔2019〕6号通知的要求编制财务报表;已执行新金融准则但未执行新收入准则和新租赁准则的企业,或已执行新金融准则和新收入准则但未执行新租赁准则的企业,应当结合该通知的要求对财务报表项目进行相应调整。企业对不存在相应业务的报表项目可结合本企业的实际情况进行必要删减,企业根据重要性原则并结合本企业的实际情况可以对确需单独列示的内容增加报表项目。执行企业会计准则的金融企业应当按照《财政部关于修订印发2018年度金融企业财务报表格式的通知》(财会〔2018〕36号)的要求编制财务报表,结合财会〔2019〕6号通知的格式对金融企业专用项目之外的相关财务报表项目进行相应调整。2018年6月15日发布的《财政部关于修订印发2018年度一般企业财务报表格式的通知》(财会〔2018〕15号)同时废止。

二、关于比较信息的列报

一般企业财务报表格式(适用于未执行新金融准则、新收入准则和新租赁准则的企业),关于比较信息的列报按照《企业会计准则第30号——财务报表列报》的相关规定,当期财务报表的列报,至少应当提供所有列报项目上一个可比会计期间的比较数据。财务报表的列报项目名称和内容发生变更的,应当对可比期间的比较数据按照当期的列报要求进行调整,相关准则有特殊规定的除外。

第二节 一般企业财务报表格式

一、资产负债表

资产负债表的格式如表9-1所示。

表9-1　　　　　　　　　　　资产负债表

会企01表

编制单位:　　　　　　　　　　年　月　日　　　　　　　　　　单位:元

资产	期末余额	年初余额	负债和所有者权益(或股东权益)	期末余额	年初余额
流动资产:			流动负债:		
货币资金			短期借款		
交易性金融资产			交易性金融负债		
衍生金融资产			衍生金融负债		
应收票据			应付票据		
应收账款			应付账款		
预付款项			预收款项		
其他应收款			应付职工薪酬		
存货			应交税费		
持有待售资产			其他应付款		
一年内到期的非流动资产			持有待售负债		
其他流动资产			一年内到期的非流动负债		

续表

资产	期末余额	年初余额	负债和所有者权益（或股东权益）	期末余额	年初余额
流动资产合计			其他流动负债		
非流动资产：			流动负债合计		
债权投资			非流动负债：		
其他债权投资			长期借款		
长期应收款			应付债券		
长期股权投资			其中：优先股		
投资性房地产			永续债		
固定资产			长期应付款		
在建工程			预计负债		
生产性生物资产			递延收益		
油气资产			递延所得税负债		
无形资产			其他非流动负债		
开发支出			非流动负债合计		
商誉			负债合计		
长期待摊费用			所有者权益（或股东权益）：		
递延所得税资产			实收资本（或股本）		
其他非流动资产			其他权益工具		
非流动资产合计			其中：优先股		
			永续债		
			资本公积		
			减：库存股		
			其他综合收益		
			专项储备		
			盈余公积		
			未分配利润		
			所有者权益（或股东权益）合计		
资产总计			负债和所有者权益（或股东权益）总计		

有关项目说明：

1."应收票据"项目，反映资产负债表日以摊余成本计量的、企业因销售商品、提供服务等收到的商业汇票，包括银行承兑汇票和商业承兑汇票。该项目应根据"应收票据"科目的期末余额，减去"坏账准备"科目中相关坏账准备期末余额后的金额填列。

2. "应收账款"项目，反映资产负债表日以摊余成本计量的、企业因销售商品、提供服务等经营活动应收取的款项。该项目应根据"应收账款"科目的期末余额，减去"坏账准备"科目中相关坏账准备期末余额后的金额填列。

3. "其他应收款"项目，应根据"应收利息""应收股利""其他应收款"科目的期末余额合计数，减去"坏账准备"科目中相关坏账准备期末余额后的金额填列。

4. "持有待售资产"项目，反映资产负债表日划分为持有待售类别的非流动资产及划分为持有待售类别的处置组中的流动资产和非流动资产的期末账面价值。该项目应根据"持有待售资产"科目的期末余额，减去"持有待售资产减值准备"科目的期末余额后的金额填列。

5. "固定资产"项目，反映资产负债表日企业固定资产的期末账面价值和企业尚未清理完毕的固定资产清理净损益。该项目应根据"固定资产"科目的期末余额，减去"累计折旧"和"固定资产减值准备"科目的期末余额后的金额，以及"固定资产清理"科目的期末余额填列。

6. "在建工程"项目，反映资产负债表日企业尚未达到预定可使用状态的在建工程的期末账面价值和企业为在建工程准备的各种物资的期末账面价值。该项目应根据"在建工程"科目的期末余额，减去"在建工程减值准备"科目的期末余额后的金额，以及"工程物资"科目的期末余额，减去"工程物资减值准备"科目的期末余额后的金额填列。

7. "一年内到期的非流动资产"项目，通常反映预计自资产负债表日起一年内变现的非流动资产。对于按照相关会计准则采用折旧（或摊销、折耗）方法进行后续计量的固定资产、无形资产和长期待摊费用等非流动资产，折旧（或摊销、折耗）年限（或期限）只剩一年或不足一年的，或预计在一年内（含一年）进行折旧（或摊销、折耗）的部分，不得归类为流动资产，仍在各该非流动资产项目中填列，不转入"一年内到期的非流动资产"项目。

8. "应付票据"项目，反映资产负债表日以摊余成本计量的、企业因购买材料、商品和接受服务等开出、承兑的商业汇票，包括银行承兑汇票和商业承兑汇票。该项目应根据"应付票据"科目的期末余额填列。

9. "应付账款"项目，反映资产负债表日以摊余成本计量的、企业因购买材料、商品和接受服务等经营活动应支付的款项。该项目应根据"应付账款"和"预付账款"科目所属的相关明细科目的期末贷方余额合计数填列。

10. "其他应付款"项目,应根据"应付利息""应付股利""其他应付款"科目的期末余额合计数填列。

11. "持有待售负债"项目,反映资产负债表日处置组中与划分为持有待售类别的资产直接相关的负债的期末账面价值。该项目应根据"持有待售负债"科目的期末余额填列。

12. "长期应付款"项目,反映资产负债表日企业除长期借款和应付债券以外的其他各种长期应付款项的期末账面价值。该项目应根据"长期应付款"科目的期末余额,减去相关的"未确认融资费用"科目的期末余额后的金额,以及"专项应付款"科目的期末余额填列。

13. "递延收益"项目中摊销期限只剩一年或不足一年的,或预计在一年内(含一年)进行摊销的部分,不得归类为流动负债,仍在该项目中填列,不转入"一年内到期的非流动负债"项目。

14. "其他权益工具"项目,反映资产负债表日企业发行在外的除普通股以外分类为权益工具的金融工具的期末账面价值。对于资产负债表日企业发行的金融工具,分类为金融负债的,应在"应付债券"项目填列,对于优先股和永续债,还应在"应付债券"项目下的"优先股"项目和"永续债"项目分别填列;分类为权益工具的,应在"其他权益工具"项目填列,对于优先股和永续债,还应在"其他权益工具"项目下的"优先股"项目和"永续债"项目分别填列。

15. "专项储备"项目,反映高危行业企业按国家规定提取的安全生产费的期末账面价值。该项目应根据"专项储备"科目的期末余额填列。

二、利润表

利润表的格式如表9-2所示。

表9-2　　　　　　　　　　　　利润表

会企02表

编制单位：　　　　　　　　　　年　月　　　　　　　　　　单位：元

项目	本期金额	上期金额
一、营业收入		
减：营业成本		
税金及附加		
销售费用		
管理费用		
研发费用		

续表

项目	本期金额	上期金额
财务费用		
其中：利息费用		
利息收入		
加：其他收益		
投资收益（损失以"－"号填列）		
其中：对联营企业和合营企业的投资收益		
公允价值变动收益（损失以"－"号填列）		
资产处置收益（损失以"－"号填列）		
二、营业利润（亏损以"－"号填列）		
加：营业外收入		
减：营业外支出		
三、利润总额（亏损以"－"号填列）		
减：所得税费用		
四、净利润（亏损总额以"－"号填列）		
（一）持续经营净利润（净亏损以"－"号填列）		
（二）终止经营净利润（净亏损以"－"号填列）		
五、其他综合收益的税后净额		
（一）不能重分类进损益的其他综合收益		
1. 重新计量设定受益计划变动额		
2. 权益法下不能转损益的其他综合收益		
……		
（二）将重分类进损益的其他综合收益		
1. 权益法下可转损益的其他综合收益		
2. 可供出售金融资产公允价值变动损益		
3. 持有至到期投资重分类为可供出售金融资产损益		
4. 现金流量套期损益的有效部分		
5. 外币财务报表折算差额		
……		
六、综合收益总额		
七、每股收益：		
（一）基本每股收益		
（二）稀释每股收益		

有关项目说明：

1. "研发费用"项目，反映企业进行研究与开发过程中发生的费用化支出，以及计入管理费用的自行开发无形资产的摊销。该项目应根据"管理费用"科目下的"研究费用"明细科目的发生额，以及"管理费用"科目下的"无形资产摊销"明细科目的发生额分析填列。

2. "财务费用"项目下的"利息费用"项目，反映企业为筹集生产经营所需资金等而发生的应予费用化的利息支出。该项目应根据"财务费用"科目的相关明细科目的发生额分析填列。该项目作为"财务费用"项目的其中项，以正数填列。

3. "财务费用"项目下的"利息收入"项目，反映企业按照相关会计准则确认的应冲减财务费用的利息收入。该项目应根据"财务费用"科目的相关明细科目的发生额分析填列。该项目作为"财务费用"项目的其中项，以正数填列。

4. "其他收益"项目，反映计入其他收益的政府补助，以及其他与日常活动相关且计入其他收益的项目。该项目应根据"其他收益"科目的发生额分析填列。企业作为个人所得税的扣缴义务人，根据《中华人民共和国个人所得税法》收到的扣缴税款手续费，应作为其他与日常活动相关的收益在该项目中填列。

5. "资产处置收益"项目，反映企业出售划分为持有待售的非流动资产（金融工具、长期股权投资和投资性房地产除外）或处置组（子公司和业务除外）时确认的处置利得或损失，以及处置未划分为持有待售的固定资产、在建工程、生产性生物资产及无形资产而产生的处置利得或损失。债务重组中因处置非流动资产（金融工具、长期股权投资和投资性房地产除外）产生的利得或损失和非货币性资产交换中换出非流动资产（金融工具、长期股权投资和投资性房地产除外）产生的利得或损失也包括在本项目内。该项目应根据"资产处置损益"科目的发生额分析填列；如为处置损失，以"－"号填列。

6. "营业外收入"项目，反映企业发生的除营业利润以外的收益，主要包括与企业日常活动无关的政府补助、盘盈利得、捐赠利得（企业接受股东或股东的子公司直接或间接的捐赠，经济实质属于股东对企业的资本性投入的除外）等。该项目应根据"营业外收入"科目的发生额分析填列。

7. "营业外支出"项目，反映企业发生的除营业利润以外的支出，主要包括公益性捐赠支出、非常损失、盘亏损失、非流动资产毁损报废损失等。该项目应根据"营业外支出"科目的发生额分析填列。非流动资产毁损报废损失，通常包括因自然灾害发生毁损、已丧失使用功能等原因而报废清理产生的损失。企业在不同交易中形成的非流动资产毁损报废利得和损失不得相互抵销，应分别在

"营业外收入"项目和"营业外支出"项目进行填列。

8."(一)持续经营净利润"和"(二)终止经营净利润"项目,分别反映净利润中与持续经营相关的净利润和与终止经营相关的净利润;如为净亏损,以"-"号填列。该两个项目应按照《企业会计准则第42号——持有待售的非流动资产、处置组和终止经营》的相关规定分别列报。

三、现金流量表

现金流量表的格式如表9-3所示。

表9-3　　　　　　　　　　　　现金流量表

会企03表

编制单位：　　　　　　　　　　　　　　　　　　　　　　　　单位：元

项目	本期金额	上期金额
一、经营活动产生的现金流量：		
销售商品、提供劳务收到的现金		
收到的税费返还		
收到其他与经营活动有关的现金		
经营活动现金流入小计		
购买商品、接受劳务支付的现金		
支付给职工以及为职工支付的现金		
支付的各项税费		
支付其他与经营活动有关的现金		
经营活动现金流出小计		
经营活动产生的现金流量净额		
二、投资活动产生的现金流量：		
收回投资收到的现金		
取得投资收益收到的现金		
处置固定资产、无形资产和其他长期资产收回的现金净额		
处置子公司及其他营业单位收到的现金净额		
收到其他与投资活动有关的现金		
投资活动现金流入小计		
购建固定资产、无形资产和其他长期资产支付的现金		
投资支付的现金		
取得子公司及其他营业单位支付的现金净额		

续表

项目	本期金额	上期金额
支付其他与投资活动有关的现金		
投资活动现金流出小计		
投资活动产生的现金流量净额		
三、筹资活动产生的现金流量：		
吸收投资收到的现金		
取得借款收到的现金		
收到其他与筹资活动有关的现金		
筹资活动现金流入小计		
偿还债务支付的现金		
分配股利、利润或偿付利息支付的现金		
支付其他与筹资活动有关的现金		
筹资活动现金流出小计		
筹资活动产生的现金流量净额		
四、汇率变动对现金及现金等价物的影响		
五、现金及现金等价物净增加额		
加：期初现金及现金等价物余额		
六、期末现金及现金等价物余额		

有关项目说明：

企业实际收到的政府补助，无论是与资产相关还是与收益相关，均在"收到其他与经营活动有关的现金"项目填列。

第十章

综合实战演练

第一节 综合案例一

一、资料

王佳、赵楠两位于2019年1月份投资成立广西佳楠股份有限公司，主要生产甲产品，于本月取得企业营业执照、办理税务登记及税种认证，企业为一般纳税人，增值税税率为13%，城建税税率为7%，教育费附加及地方附加为3%。1—2月份发生如下业务：

王佳、赵楠两位股东于2019年1月28日分别投入货币资金100万元；1月29日从小规模纳税人处购入生产设备一台，价值100万元并取得增值税普通发票；2月7日购入原材料，用货币资金支付款项11.3万元，取得增值税专用发票，2月15日购入原材料全部投入生产；本月生产人员工资2万元，车间管理人员工资1万元，本月末生产设备提取折旧1万元，月末产成品全部完工入库，本月出售甲产品取得22.6万元，并开据增值税专用发票，货款存入银行。

要求：

1. 根据以上业务编制相关的会计分录；
2. 填写增值税纳税申报表；
3. 结账（用T字账结出各总账账户本月发生额和期末余额）；
4. 编制1—2月试算平衡表；
5. 编制2月份利润表（不要上期金额）和2月28日资产负债表（不要年初余额）。

二、相关账务处理

广西佳楠股份有限公司相关账务处理如下：

1. 王佳、赵楠两位股东于 2019 年 1 月 28 日分别投入货币资金 100 万元：

借：银行存款　　　　　　　　　　　　　　　　　2 000 000
　　贷：实收资本——王佳　　　　　　　　　　　　1 000 000
　　　　　　　　　——赵楠　　　　　　　　　　　1 000 000

2. 1 月 29 日从小规模纳税人处购入生产设备一台，价值 100 万元：

借：固定资产　　　　　　　　　　　　　　　　　1 000 000
　　贷：银行存款　　　　　　　　　　　　　　　　1 000 000

3. 2 月 7 日购入原材料，用货币资金支付款项 11.3 万元，取得增值税专用发票：

借：原材料　　　　　　　　　　　　　　　　　　　100 000
　　应交税费——应交增值税（进项税额）　　　　　　13 000
　　贷：银行存款　　　　　　　　　　　　　　　　　113 000

4. 2 月 15 日购入原材料全部投入生产：

借：生产成本——甲产品　　　　　　　　　　　　　100 000
　　贷：原材料　　　　　　　　　　　　　　　　　　100 000

5. 应支付本月生产人员工资 2 万元，车间管理人员工资 1 万元：

借：生产成本　　　　　　　　　　　　　　　　　　20 000
　　制造费用　　　　　　　　　　　　　　　　　　10 000
　　贷：应付职工薪酬　　　　　　　　　　　　　　　30 000

6. 月末生产设备提取折旧 1 万元：

借：制造费用　　　　　　　　　　　　　　　　　　10 000
　　贷：累计折旧　　　　　　　　　　　　　　　　　10 000

7. 月末产成品入库，结转生产成本：

借：库存商品——甲产品　　　　　　　　　　　　　140 000
　　贷：生产成本　　　　　　　　　　　　　　　　　120 000
　　　　制造费用　　　　　　　　　　　　　　　　　20 000

8. 本月出售甲产品取得 22.6 万元，并开据增值税专用发票，货款存入银行：

借：银行存款　　　　　　　　　　　　　　　　　　226 000
　　贷：主营业务收入　　　　　　　　　　　　　　　200 000

　　　　应交税费——应交增值税（销项税额）　　　　　26 000
9. 月末结转已销产品成本：
借：主营业务成本　　　　　　　　　　　　　　　140 000
　　贷：库存商品　　　　　　　　　　　　　　　　140 000
10. 月末提取城建税、教育费附加：
借：税金及附加　　　　　　　　　　　　　　　　　1 300
　　贷：应交税费——城建税　　　　　　　　　　　　　910
　　　　　　——教育费附加　　　　　　　　　　　　 390
11. 结转本月收入：
借：主营业务收入　　　　　　　　　　　　　　　200 000
　　贷：本年利润　　　　　　　　　　　　　　　　200 000
12. 结转本月成本、费用：
借：本年利润　　　　　　　　　　　　　　　　　141 300
　　贷：主营业务成本　　　　　　　　　　　　　　140 000
　　　　税金及附加　　　　　　　　　　　　　　　　1 300

该公司1—2月份业务T型账户如图10-1所示。

借	银行存款	贷
2 000 000		1 000 000
226 000		113 000
2 226 000		1 113 000
1 113 000		

借	生产成本	贷
100 000		120 000
20 000		
120 000		120 000
	0	

借	原材料	贷
100 000		100 000
	0	

借	应付职工薪酬	贷
		30 000
		30 000

借	实收资本	贷
		1 000 000
		1 000 000
		2 000 000
		2 000 000

借	应交税费	贷
13 000		26 000
		910
		390
13 000		27 300
		14 300

借	制造费用	贷
10 000		20 000
10 000		
20 000		20 000
0		

借	累计折旧	贷
		10 000
		10 000

借	主营业务收入	贷
200 000		200 000
200 000		200 000

借	主营业务成本	贷
140 000		140 000
140 000		140 000

借	本年利润	贷
141 300		200 000
		58 700

借	库存商品	贷
140 000		140 000
0		

借	税金及附加	贷
910		1 300
390		
1 300		1 300

借	固定资产	贷
1 000 000		
1 000 000		

图 10-1 1—2 月业务 T 型账户

三、增值税纳税申报表填写

广西佳楠股份有限公司 2 月份增值税纳税申报表填写如表 10-1 至表 10-5 所示。

表 10-1

增值税纳税申报表附列资料（一）

（本期销售情况明细）

税款所属时间：2019年2月1日至2019年2月28日

纳税人名称：（公章）广西佳楠股份有限公司

金额单位：元至角分

项目及栏次			开具增值税专用发票		开具其他发票		未开具发票		纳税检查调整		合计		价税合计	服务、不动产和无形资产扣除项目本期实际扣除金额	扣除后	
			销售额	销项（应纳）税额	销售额	销项（应纳）税额	销售额	销项（应纳）税额	销售额	销项（应纳）税额	销售额	销项（应纳）税额			含税（免税）销售额	销项（应纳）税额
			1	2	3	4	5	6	7	8	9=1+3+5+7	10=2+4+6+8	11=9+10	12	13=11-12	14=13÷(100%+税率或征收率)×税率或征收率
一、一般计税方法计税	全部征税项目	1 13%税率的货物及加工修理修配劳务	200 000	26 000							200 000	26 000				
		2 13%税率的服务、不动产和无形资产														
		3 9%税率的货物及加工修理修配劳务														
		4 9%税率的服务、不动产和无形资产														
		5 6%税率														
	其中：即征即退项目	6 即征即退货物及加工修理修配劳务	—	—	—	—	—	—	—	—	—	—	—	—	—	—
		7 即征即退服务、不动产和无形资产	—	—	—	—	—	—	—	—	—	—	—	—	—	—

续表

			开具增值税专用发票		开具其他发票		未开具发票		纳税检查调整		合计			服务、不动产和无形资产扣除项目本期实际扣除金额	扣除后	
项目及栏次			销售额	销项（应纳）税额	销售额	销项（应纳）税额	销售额	销项（应纳）税额	销售额	销项（应纳）税额	销售额	销项（应纳）税额	价税合计		含税（免税）销售额	销项（应纳）税额
			1	2	3	4	5	6	7	8	9	10	11	12	13	14
二、简易计税方法计税	全部征税项目	6%征收率 8									$9=1+3+5+7$	$10=2+4+6+8$	$11=9+10$	12	$13=11-12$	$14=13\div(100\%+税率或征收率)\times 税率或征收率$
		5%征收率的货物及加工修理修配劳务 9a												—	—	—
		5%征收率的服务、不动产和无形资产 9b												—	—	—
		4%征收率 10												—	—	—
		3%征收率的货物及加工修理修配劳务 11												—	—	—
		3%征收率的服务、不动产和无形资产 12												—	—	—
		预征率% 13a												—	—	—
		预征率% 13b												—	—	—
		预征率% 13c												—	—	—
	其中：即征即退	即征即退货物及加工修理修配劳务 14	—	—	—	—	—	—	—	—				—	—	—
	即征即退项目	即征即退服务、不动产和无形资产 15	—	—	—	—	—	—	—	—				—	—	—

续表

项目及栏次		开具增值税专用发票		开具其他发票		未开具发票		纳税检查调整		合计		价税合计	服务、不动产和无形资产扣除项目本期实际扣除金额	扣除后	
		销售额	销项(应纳)税额	销售额	销项(应纳)税额	销售额	销项(应纳)税额	销售额	销项(应纳)税额	销售额	销项(应纳)税额			含税(免税)销售额	销项(应纳)税额
		1	2	3	4	5	6	7	8	9=1+3+5+7	10=2+4+6+8	11=9+10	12	13=11-12	14=13÷(100%+税率或征收率)×税率或征收率
三、免抵退税	货物及加工修理修配劳务	16	—	—	—	—	—	—	—	—	—	—	—	—	—
	服务、不动产和无形资产	17	—	—	—	—	—	—	—	—	—	—	—	—	—
四、免税	货物及加工修理修配劳务	18	—	—	—	—	—	—	—	—	—	—	—	—	—
	服务、不动产和无形资产	19	—	—	—	—	—	—	—	—	—	—	—	—	—

表 10-2　　　　　　　　　**增值税纳税申报表附列资料（二）**
（本期进项税额明细）

税款所属时间：2019 年 2 月 1 日至 2019 年 2 月 28 日

纳税人名称：广西佳楠股份有限公司（公章）　　　　　　　　　　　金额单位：元至角分

一、申报抵扣的进项税额				
项目	栏次	份数	金额	税额
（一）认证相符的增值税专用发票	1=2+3	1	100 000	13 000
其中：本期认证相符且本期申报抵扣	2	1	100 000	13 000
前期认证相符且本期申报抵扣	3			
（二）其他扣税凭证	4=5+6+7+8a+8b			
其中：海关进口增值税专用缴款书	5			
农产品收购发票或者销售发票	6			
代扣代缴税收缴款凭证	7			—
加计扣除农产品进项税额	8a	—	—	
其他	8b			
（三）本期用于购建不动产的扣税凭证	9			
（四）本期用于抵扣的旅客运输服务扣税凭证	10			
（五）外贸企业进项税额抵扣证明	11	—	—	
当期申报抵扣进项税额合计	12=1+4+11	1	100 000	13 000

二、进项税额转出额		
项目	栏次	税额
本期进项税额转出额	13=14 至 23 之和	
其中：免税项目用	14	
集体福利、个人消费	15	
非正常损失	16	
简易计税方法征税项目用	17	
免抵退税办法不得抵扣的进项税额	18	
纳税检查调减进项税额	19	
红字专用发票信息表注明的进项税额	20	
上期留抵税额抵减欠税	21	
上期留抵税额退税	22	
其他应作进项税额转出的情形	23	

续表

三、待抵扣进项税额				
项目	栏次	份数	金额	税额
（一）认证相符的增值税专用发票	24	—	—	
期初已认证相符但未申报抵扣	25			
本期认证相符且本期未申报抵扣	26			
期末已认证相符但未申报抵扣	27			
其中：按照税法规定不允许抵扣	28			
（二）其他扣税凭证	29=30至33之和			
其中：海关进口增值税专用缴款书	30			
农产品收购发票或者销售发票	31			
代扣代缴税收缴款凭证	32		—	
其他	33			

四、其他				
项目	栏次	份数	金额	税额
本期认证相符的增值税专用发票	34	1	100 000	13 000
代扣代缴税额	35	—	—	

表10-3　　　　　　　增值税纳税申报表附列资料（三）
（服务、不动产和无形资产扣除项目明细）

税款所属时间：2019年2月1日至2019年2月28日

纳税人名称：（公章）广西佳楠股份有限公司　　　　　　　　金额单位：元至角分

项目及栏次		本期服务、不动产和无形资产价税合计额（免税销售额）	服务、不动产和无形资产扣除项目				
			期初余额	本期发生额	本期应扣除金额	本期实际扣除金额	期末余额
		1	2	3	4=2+3	5（5≤1且5≤4）	6=4-5
13%税率的项目	1						
9%税率的项目	2						
6%税率的项目（不含金融商品转让）	3						
6%税率的金融商品转让项目	4						
5%征收率的项目	5						
3%征收率的项目	6						
免抵退税的项目	7						
免税的项目	8						

表 10-4　　　　　　　　　　增值税纳税申报表附列资料（四）
　　　　　　　　　　　　　　　　（税额抵减情况表）
　　　　　　　　税款所属时间：2019 年 2 月 1 日至 2019 年 2 月 28 日

纳税人名称：广西佳楠股份有限公司（公章）　　　　　　　　　　　　　金额单位：元至角分

一、税额抵减情况

序号	抵减项目	期初余额	本期发生额	本期应抵减税额	本期实际抵减税额	期末余额
		1	2	3＝1＋2	4≤3	5＝3－4
1	增值税税控系统专用设备费及技术维护费					
2	分支机构预征缴纳税款					
3	建筑服务预征缴纳税款					
4	销售不动产预征缴纳税款					
5	出租不动产预征缴纳税款					

二、加计抵减情况

序号	加计抵减项目	期初余额	本期发生额	本期调减额	本期可抵减额	本期实际抵减额	期末余额
		1	2	3	4＝1＋2－3	5	6＝4－5
6	一般项目加计抵减额计算						
7	即征即退项目加计抵减额计算						
8	合计						

表 10-5　　　　　　　　　　　　增值税纳税申报表
　　　　　　　　　　　　　　　　（一般纳税人适用）

根据国家税收法律法规及增值税相关规定制定本表。纳税人不论有无销售额，均应按税务机关核定的纳税期限填写本表，并向当地税务机关申报。

税款所属时间：2019 年 2 月 1 日至 2019 年 2 月 28 日　　　　　　填表日期：2019 年 3 月 2 日

　　　　　　　　　　　　　　　　　　　　　　　　　　　　　　　　　金额单位：元至角分

纳税人识别号	123456789023456789	所属行业		制造业	
纳税人名称	广西佳楠股份有限公司	法人代表人姓名	王佳	注册地址	南宁	生产经营地址	南宁
开户银行及账号	中国银行 7859503	登记注册类型	股份有限公司	电话号码	769508

项目		栏次	一般项目		即征即退项目	
			本月数	本年累计	本月数	本年累计
销售额	（一）按适用税率计税销售额	1	200 000			
	其中：应税货物销售额	2	200 000			
	应税劳务销售额	3				

续表

项目		栏次	一般项目		即征即退项目	
			本月数	本年累计	本月数	本年累计
销售额	纳税检查调整的销售额	4				
	(二) 按简易办法计税销售额	5				
	其中：纳税检查调整的销售额	6				
	(三) 免、抵、退办法出口销售额	7			—	—
	(四) 免税销售额	8			—	—
	其中：免税货物销售额	9			—	—
	免税劳务销售额	10			—	—
税款计算	销项税额	11	26 000			
	进项税额	12	13 000			
	上期留抵税额	13				—
	进项税额转出	14				
	免、抵、退应退税额	15			—	—
	按适用税率计算的纳税检查应补缴税额	16				
	应抵扣税额合计	17 = 12 + 13 − 14 − 15 + 16	13 000	—		—
	实际抵扣税额	18 (如 17 < 11, 则为 17, 否则为 11)	13 000			
	应纳税额	19 = 11 − 18	13 000			
	期末留抵税额	20 = 17 − 18				—
	简易计税办法计算的应纳税额	21				
	按简易计税办法计算的纳税检查应补缴税额	22			—	—
	应纳税额减征额	23				
	应纳税额合计	24 = 19 + 21 − 23	13 000			
税收缴纳	期初未缴税额（多缴为负数）	25				
	实收出口开具专用缴款书退税额	26			—	—
	本期已缴税额	27 = 28 + 29 + 30 + 31				
	①分次预缴税额	28		—		—

续表

项目		栏次	一般项目		即征即退项目	
			本月数	本年累计	本月数	本年累计
税收缴纳	②出口开具专用缴款书预缴税额	29			—	—
	③本期缴纳上期应纳税额	30				
	④本期缴纳欠缴税额	31				
	期末未缴税额（多缴为负数）	32 = 24 + 25 + 26 − 27				
	其中：欠缴税额（≥0）	33 = 25 + 26 − 27			—	—
	本期应补（退）税额	34 = 24 − 28 − 29	13 000		—	—
	即征即退实际退税额	35	—			
	期初未缴查补税额	36			—	—
	本期入库查补税额	37			—	—
	期末未缴查补税额	38 = 16 + 22 + 36 − 37			—	—
授权声明	如果你已委托代理人申报，请填写下列资料：为代理一切税务事宜，现授权（地址）为本纳税人的代理申报人，任何与本申报表有关的往来文件，都可寄予此人。授权人签字：		申报人声明		本纳税申报表是根据国家税收法律法规及相关规定填报的，我确定它是真实的、可靠的、完整的。声明人签名：	

主管税务机关： 　　　　　　接收人： 　　　　　　接收日期：

四、财务报表填写

广西佳楠股份有限公司填制的试算平衡表、资产负债表和利润表如表 10 – 6 至表 10 – 8 所示。

表 10 – 6 　　　　　　　　试算平衡表 　　　　　　　　单位：元

会计科目	期初余额		本期发生额		期末余额	
	借方	贷方	借方	贷方	借方	贷方
库存现金						
银行存款			2 226 000	1 113 000	1 113 000	
应收票据						
应收账款						
预付账款						
其他应收款						

续表

会计科目	期初余额 借方	期初余额 贷方	本期发生额 借方	本期发生额 贷方	期末余额 借方	期末余额 贷方
在途物资						
原材料			100 000	100 000		
库存商品			140 000	140 000		
周转材料						
固定资产			1 000 000		1 000 000	
累计折旧				10 000		10 000
在建工程						
短期借款						
应付票据						
应付账款						
预收账款						
应付利息						
应交税费			13 000	27 300		14 300
应付职工薪酬				30 000		30 000
应付利息						
其他应收款						
实收资本				2 000 000		2 000 000
资本公积						
盈余公积						
本年利润			141 300	200 000		58 700
利润分配						
生产成本			120 000	120 000		
制造费用			20 000	20 000		
主营业务收入			200 000	200 000		
主营业务成本			140 000	140 000		
营业外收入						
营业外支出						
税金及附加			1 300	1 300		
管理费用						
财务费用						
所得税费用						
合计			4 101 600	4 101 600	2 113 000	2 113 000

表 10-7　　　　　　　　　　　　　　　　　资产负债表

会企 01 表

编制单位：广西佳楠股份有限公司　　2019 年 2 月 28 日　　　　　　　　　　　　　　单位：元

资产	期末余额	年初余额	负债和所有者权益（或股东权益）	期末余额	年初余额
流动资产：		略	流动负债：		
货币资金	1 113 000		短期借款		
交易性金融资产			以交易性金融负债		
衍生金融资产			衍生金融负债		
应收票据			应付票据		
应收账款			应付账款		
预付款项			预收款项		
其他应收款			应付职工薪酬	30 000	
存货			应交税费	14 300	
持有待售资产			其他应付款		
一年内到期的非流动资产			持有待售负债		
其他流动资产			一年内到期的非流动负债		
流动资产合计	1 113 000		其他流动负债		
非流动资产：			流动负债合计	44 300	
债权投资			非流动负债：		
其他债权投资			长期借款		
长期应收款			应付债券		
长期股权投资			其中：优先股		
投资性房地产			永续债		
固定资产	990 000		长期应付款		
在建工程			预计负债		
生产性生物资产			递延收益		
油气资产			递延所得税负债		
无形资产			其他非流动负债		
开发支出			非流动负债合计		
商誉			负债合计	44 300	
长期待摊费用			所有者权益（或股东权益）：		

续表

资产	期末余额	年初余额	负债和所有者权益（或股东权益）	期末余额	年初余额
递延所得税资产			实收资本（或股本）	2 000 000	
其他非流动资产			其他权益工具		
非流动资产合计	990 000		其中：优先股		
			永续债		
			资本公积		
			减：库存股		
			其他综合收益		
			专项储备		
			盈余公积		
			未分配利润	58 700	
			所有者权益（或股东权益）合计	2 058 700	
资产总计	2 103 000		负债和所有者权益（或股东权益）总计	2 103 000	

表 10-8　　　　　　　　　　　　　利润表

编制单位：广西佳楠股份有限公司　　　2019 年 2 月

会企 02 表　单位：元

项目	本期金额	上期金额
一、营业收入	200 000	
减：营业成本	140 000	
税金及附加	1 300	
销售费用		
管理费用		
研发费用		
财务费用		
其中：利息费用		
利息收入		
加：其他收益		
投资收益（损失以"-"号填列）		

续表

项目	本期金额	上期金额
其中：对联营企业和合营企业的投资收益		
公允价值变动收益（损失以"-"号填列）		
信用减值损失（损失以"-"号填列）		
资产减值损失（损失以"-"号填列）		
资产处置收益（损失以"-"号填列）		
二、营业利润（亏损以"-"号填列）	58 700	
加：营业外收入		
减：营业外支出		
三、利润总额（亏损以"-"号填列）	58 700	
减：所得税费用		
四、净利润（亏损总额以"-"号填列）	58 700	
（一）持续经营净利润（净亏损以"-"号填列）	58 700	
（二）终止经营净利润（净亏损以"-"号填列）		
五、其他综合收益的税后净额		
（一）不能重分类进损益的其他综合收益		
1. 重新计量设定受益计划变动额		
2. 权益法下不能转损益的其他综合收益		
……		
（二）将重分类进损益的其他综合收益		
1. 权益法下可转损益的其他综合收益		
2. 可供出售金融资产公允价值变动损益		
3. 持有至到期投资重分类为可供出售金融资产损益		
4. 现金流量套期损益的有效部分		
5. 外币财务报表折算差额		
……		
六、综合收益总额		
七、每股收益：		
（一）基本每股收益		
（二）稀释每股收益		

第二节 综合案例二

一、资料

3月份,广西佳楠股份有限公司发生如下业务:2日购入电子机器设备5台,取得增值税专用发票不含税价50万元,已安装完成;4日购入原材料30万元已入库并取得增值税专用发票;7日购入包装材料10万元,已入库,货款未支付,月末没有取得购货发票;9日生产车间领用原材料20万元,投入本期生产A产品;本月生产车间人员工资5万元,车间管理人员工资1万元,提取本月生产车间用固定资产折旧1万元,支付管理人员办公费用5 000元,本月生产A产品成本27万元,产品全部入库;本月销售A产品(成本为22万元),收到货币资金33.9万元,其中,现金11.3万元,其余货款收到转账支票一张。

要求:

1. 根据以上业务编制相关的会计分录;
2. 结账(用T字账结出各总账账户本月发生额和期末余额);
3. 填写增值税纳税申报表;
4. 编制3月份试算平衡表;
5. 编制3月份利润表和3月31日资产负债表。

二、相关账务处理

广西佳楠股份有限公司相关账务处理如下:

1. 购入电子机器设备5台,取得增值税专用发票不含税价50万元,已安装完成:

借:固定资产　　　　　　　　　　　　　　　　　　　500 000
　　应交税费——应交增值税(进项税额)　　　　　　 65 000
　　贷:银行存款　　　　　　　　　　　　　　　　　　565 000

2. 购入原材料30万元已入库,并取得增值税专用发票:

借:原材料　　　　　　　　　　　　　　　　　　　　300 000
　　应交税费——应交增值税(进项税额)　　　　　　 39 000
　　贷:银行存款　　　　　　　　　　　　　　　　　　339 000

3. 购入包装材料10万元,已入库,货款未支付,月末没有取得购货发票:

借:周转材料——包装物　　　　　　　　　　　　　　100 000
　　贷:应付账款——周转材料暂估入价　　　　　　　　100 000

4. 生产车间领用原材料20万元,投入本期生产A产品:

借:生产成本——A产品　　　　　　　　　　　　　　200 000

贷：原材料　　　　　　　　　　　　　　　　　　　　200 000
5. 本月计提职工薪酬，生产车间人员工资5万元，车间管理人员工资1万元：
　　借：生产成本——A产品　　　　　　　　　　　　　　50 000
　　　　制造费用　　　　　　　　　　　　　　　　　　　10 000
　　　贷：应付职工薪酬　　　　　　　　　　　　　　　　60 000
6. 提取本月固定资产折旧1万元：
　　借：制造费用　　　　　　　　　　　　　　　　　　　10 000
　　　贷：累计折旧　　　　　　　　　　　　　　　　　　10 000
7. 支付管理人员办公费用5 000元：
　　借：管理费用　　　　　　　　　　　　　　　　　　　5 000
　　　贷：库存现金　　　　　　　　　　　　　　　　　　5 000
8. 本月生产A产品成本27万元，产品本月入库：
　　借：库存商品　　　　　　　　　　　　　　　　　　　270 000
　　　贷：生产成本——A产品　　　　　　　　　　　　　250 000
　　　　　制造费用　　　　　　　　　　　　　　　　　　20 000
9. 本月销售A产品，收到货币资金33.9万元，其中，现金11.3万元，其余货款收到转账支票一张：
　　借：库存现金　　　　　　　　　　　　　　　　　　　113 000
　　　　银行存款　　　　　　　　　　　　　　　　　　　226 000
　　　贷：主营业务收入　　　　　　　　　　　　　　　　300 000
　　　　　应交税费——应交增值税（销项税额）　　　　　39 000
10. 结转销售成本：
　　借：主营业务成本　　　　　　　　　　　　　　　　　220 000
　　　贷：库存商品　　　　　　　　　　　　　　　　　　220 000
11. 结转主营业务成本等：
　　借：本年利润　　　　　　　　　　　　　　　　　　　225 000
　　　贷：主营业务成本　　　　　　　　　　　　　　　　220 000
　　　　　管理费用　　　　　　　　　　　　　　　　　　5 000
12. 结转收入：
　　借：主营业务收入　　　　　　　　　　　　　　　　　300 000
　　　贷：本年利润　　　　　　　　　　　　　　　　　　300 000
13. 缴纳上月税费：
　　借：应交税费——未交增值税　　　　　　　　　　　　13 000
　　　　　　　　——城建税　　　　　　　　　　　　　　910
　　　　　　　　——教育费附加　　　　　　　　　　　　390
　　　贷：银行存款　　　　　　　　　　　　　　　　　　14 300

该公司 3 月份业务 T 型账户如图 10-2 所示。

借	银行存款	贷
226 000		565 000
		339 000
		14 300
226 000		918 300
		692 300

借	主营业务收入	贷
300 000		300 000
300 000		300 000

借	原材料	贷
300 000		200 000
100 000		

借	主营业务成本	贷
220 000		220 000
220 000		220 000

借	生产成本	贷
200 000		250 000
50 000		
250 000		250 000
0		

借	本年利润	贷
225 000		300 000
		75 000

借	制造费用	贷
10 000		20 000
10 000		
20 000		20 000
0		

借	周转材料	贷
100 000		
100 000		

借	库存商品	贷
270 000		220 000
50 000		

借	应交税费	贷
65 000		39 000
39 000		
13 000		
910		
390		
118 300		39 000
79 300		

借	库存现金	贷
113 000		5 000
108 000		

借	固定资产	贷
500 000		
500 000		

借	累计折旧	贷
		10 000
		10 000

借	应付账款	贷
		100 000
		100 000

借	应付职工薪酬	贷
		60 000
		60 000

借	管理费用	贷
5 000		5 000
5 000		5 000

图 10-2 3 月业务 T 型账户

三、增值税纳税申报表填写

广西桂楠股份有限公司 3 月增值税纳税申报表填写见表 10-9 至表 10-13。

第十章 综合实战演练

表10-9 增值税纳税申报表附列资料（一）
（本期销售情况明细）

税款所属时间：2019年3月1日至2019年3月31日

纳税人名称：（公章）广西佳榆股份有限公司

金额单位：元至角分

项目及栏次		开具增值税专用发票		开具其他发票		未开具发票		纳税检查调整		合计			服务、不动产和无形资产扣除项目本期实际扣除金额	扣除后	
		销售额	销项(应纳)税额	销售额	销项(应纳)税额	销售额	销项(应纳)税额	销售额	销项(应纳)税额	销售额	销项(应纳)税额	价税合计		含税(免税)销售额	销项(应纳)税额
		1	2	3	4	5	6	7	8	9=1+3+5+7	10=2+4+6+8	11=9+10	12	13=11-12	14=13÷(100%+税率或征收率)×税率或征收率
一般计税方法计税	全部征税项目	13%税率的货物及加工修理修配劳务 1	300 000	39 000							300 000	39 000	—	—	—	—
		13%税率的服务、不动产和无形资产 2											—	—	—	—
		9%税率的货物及加工修理修配劳务 3											—	—	—	—
		9%税率的服务、不动产和无形资产 4											—	—	—	—
		6%税率 5											—	—	—	—
	其中：即征即退项目	即征即退货物及加工修理修配劳务 6	—	—	—	—	—	—	—	—	—	—	—	—	—	—
		即征即退服务、不动产和无形资产 7	—	—	—	—	—	—	—	—	—	—	—	—	—	—

续表

项目及栏次			开具增值税专用发票		开具其他发票		未开具发票		纳税检查调整		合计			服务、不动产和无形资产扣除项目本期实际扣除金额	扣除后	
			销售额	销项(应纳)税额	销售额	销项(应纳)税额	销售额	销项(应纳)税额	销售额	销项(应纳)税额	销售额	销项(应纳)税额	价税合计		含税(免税)销售额	销项(应纳)税额
			1	2	3	4	5	6	7	8	9=1+3+5+7	10=2+4+6+8	11=9+10	12	13=11−12	14=13÷(100%+税率或征收率)×税率或征收率
二、简易计税方法计税	全部征税项目	6%征收率	8														
		5%征收率的货物及加工修理修配劳务	9a			—	—	—	—	—	—	—	—	—	—	—	—
		5%征收率的服务、不动产和无形资产	9b			—	—	—	—	—	—	—	—	—	—	—	—
		4%征收率	10	—		—		—		—		—		—	—	—	—
		3%征收率的货物及加工修理修配劳务	11	—		—		—		—		—		—	—	—	—
		3%征收率的服务、不动产和无形资产	12	—		—		—		—		—		—	—	—	—
		预征率%	13a	—		—		—		—		—		—	—	—	—
		预征率%	13b	—		—		—		—		—		—	—	—	—
		预征率%	13c	—		—		—		—		—		—	—	—	—
	其中:即征即退项目	即征即退货物及加工修理修配劳务	14	—		—		—		—		—		—	—	—	—
		即征即退服务、不动产和无形资产	15	—		—		—		—		—		—	—	—	—

续表

项目及栏次		开具增值税专用发票		开具其他发票		未开具发票		纳税检查调整		合计			服务、不动产和无形资产扣除项目本期实际扣除金额	扣除后	
		销售额	销项(应纳)税额	销售额	销项(应纳)税额	销售额	销项(应纳)税额	销售额	销项(应纳)税额	销售额	销项(应纳)税额	价税合计		含税(免税)销售额	销项(应纳)税额
		1	2	3	4	5	6	7	8	9=1+3+5+7	10=2+4+6+8	11=9+10	12	13=11-12	14=13÷(100%+税率或征收率)×税率或征收率
三、免抵退税	货物及加工修理修配劳务	16													
	服务、不动产和无形资产	17													
四、免税	货物及加工修理修配劳务	18													
	服务、不动产和无形资产	19													

表 10-10　　　　　　　　增值税纳税申报表附列资料（二）
（本期进项税额明细）

税款所属时间：2019 年 3 月 1 日至 2019 年 3 月 31 日

纳税人名称：（公章）广西佳楠股份有限公司　　　　　　　　　　　　　　金额单位：元至角分

一、申报抵扣的进项税额

项目	栏次	份数	金额	税额
（一）认证相符的增值税专用发票	1＝2＋3	2	800 000	104 000
其中：本期认证相符且本期申报抵扣	2	2	800 000	104 000
前期认证相符且本期申报抵扣	3			
（二）其他扣税凭证	4＝5＋6＋7＋8a＋8b			
其中：海关进口增值税专用缴款书	5			
农产品收购发票或者销售发票	6			
代扣代缴税收缴款凭证	7		—	
加计扣除农产品进项税额	8a		—	—
其他	8b			
（三）本期用于购建不动产的扣税凭证	9			
（四）本期用于抵扣的旅客运输服务扣税凭证	10			
（五）外贸企业进项税额抵扣证明	11		—	
当期申报抵扣进项税额合计	12＝1＋4＋11	2	800 000	104 000

二、进项税额转出额

项目	栏次	税额		
本期进项税额转出额	13＝14 至 23 之和			
其中：免税项目用	14			
集体福利、个人消费	15			
正常损失	16			
简易计税方法征税项目用	17			
免抵退税办法不得抵扣的进项税额	18			
纳税检查调减进项税额	19			
红字专用发票信息表注明的进项税额	20			
上期留抵税额抵减欠税	21			
上期留抵税额退税	22			
其他应作进项税额转出的情形	23			

续表

三、待抵扣进项税额				
项目	栏次	份数	金额	税额
（一）认证相符的增值税专用发票	24	—	—	—
期初已认证相符但未申报抵扣	25			
本期认证相符且本期未申报抵扣	26			
期末已认证相符但未申报抵扣	27			
其中：按照税法规定不允许抵扣	28			
（二）其他扣税凭证	29＝30 至 33 之和			
其中：海关进口增值税专用缴款书	30			
农产品收购发票或者销售发票	31			
代扣代缴税收缴款凭证	32			
其他	33			

四、其他				
项目	栏次	份数	金额	税额
本期认证相符的增值税专用发票	34	2	800 000	104 000
代扣代缴税额	35	—	—	

表 10-11 增值税纳税申报表附列资料（三）

（服务、不动产和无形资产扣除项目明细）

税款所属时间：2019 年 3 月 1 日至 2019 年 3 月 31 日

纳税人名称：（公章）广西佳楠股份有限公司　　　　　　　　　　金额单位：元至角分

项目及栏次		本期服务、不动产和无形资产价税合计额（免税销售额）	服务、不动产和无形资产扣除项目				
			期初余额	本期发生额	本期应扣除金额	本期实际扣除金额	期末余额
		1	2	3	4＝2＋3	5（5≤1 且 5≤4）	6＝4－5
13% 税率的项目	1						
9% 税率的项目	2						
6% 税率的项目（不含金融商品转让）	3						
6% 税率的金融商品转让项目	4						
5% 征收率的项目	5						
3% 征收率的项目	6						
免抵退税的项目	7						
免税的项目	8						

表 10 – 12　　　　　　　增值税纳税申报表附列资料（四）
　　　　　　　　　　　　　　　　（税额抵减情况表）

税款所属时间：2019 年 3 月 1 日至 2019 年 3 月 31 日

纳税人名称：（公章）广西佳楠股份有限公司　　　　　　　　　　　金额单位：元至角分

一、税额抵减情况

序号	抵减项目	期初余额	本期发生额	本期应抵减税额	本期实际抵减税额	期末余额
		1	2	3 = 1 + 2	4 ≤ 3	5 = 3 - 4
1	增值税税控系统专用设备费及技术维护费					
2	分支机构预征缴纳税款					
3	建筑服务预征缴纳税款					
4	销售不动产预征缴纳税款					
5	出租不动产预征缴纳税款					

二、加计抵减情况

序号	加计抵减项目	期初余额	本期发生额	本期调减额	本期可抵减额	本期实际抵减额	期末余额
		1	2	3	4 = 1 + 2 - 3	5	6 = 4 - 5
6	一般项目加计抵减额计算						
7	即征即退项目加计抵减额计算						
8	合计						

表 10 – 13　　　　　　　　　　　增值税纳税申报表
　　　　　　　　　　　　　　　　（一般纳税人适用）

　　根据国家税收法律法规及增值税相关规定制定本表。纳税人不论有无销售额，均应按税务机关核定的纳税期限填写本表，并向当地税务机关申报。

税款所属时间：2019 年 3 月 1 日至 2019 年 3 月 31 日　　　　　填表日期：2019 年 4 月 6 日

　　　　　　　　　　　　　　　　　　　　　　　　　　　　　　金额单位：元至角分

纳税人识别号	123456789023456789	所属行业		制造业	
纳税人名称	广西佳楠股份有限公司	法人代表人姓名	王佳	注册地址	南宁	生产经营地址	南宁
开户银行及账号	中国银行 7859503	登记注册类型	股份有限公司	电话号码	769508

项目		栏次	一般项目		即征即退项目	
			本月数	本年累计	本月数	本年累计
销售额	（一）按适用税率计税销售额	1	300 000			
	其中：应税货物销售额	2	300 000			
	应税劳务销售额	3				

续表

项目		栏次	一般项目		即征即退项目	
			本月数	本年累计	本月数	本年累计
销售额	纳税检查调整的销售额	4				
	(二) 按简易办法计税销售额	5				
	其中：纳税检查调整的销售额	6				
	(三) 免、抵、退办法出口销售额	7			—	—
	(四) 免税销售额	8				
	其中：免税货物销售额	9			—	—
	免税劳务销售额	10			—	—
税款计算	销项税额	11	39 000			
	进项税额	12	104 000			
	上期留抵税额	13			—	
	进项税额转出	14				
	免、抵、退应退税额	15			—	—
	按适用税率计算的纳税检查应补缴税额	16				
	应抵扣税额合计	17 = 12 + 13 − 14 − 15 + 16	104 000	—		
	实际抵扣税额	18（如 17 < 11，则为 17，否则为 11）	39 000			
	应纳税额	19 = 11 − 18				
	期末留抵税额	20 = 17 − 18	65 000		—	
	简易计税办法计算的应纳税额	21				
	按简易计税办法计算的纳税检查应补缴税额	22			—	—
	应纳税额减征额	23				
	应纳税额合计	24 = 19 + 21 − 23				
税收缴纳	期初未缴税额（多缴为负数）	25				
	实收出口开具专用缴款书退税额	26			—	—
	本期已缴税额	27 = 28 + 29 + 30 + 31				
	①分次预缴税额	28		—		—

续表

项目		栏次	一般项目		即征即退项目	
			本月数	本年累计	本月数	本年累计
税收缴纳	②出口开具专用缴款书预缴税额	29		—		—
	③本期缴纳上期应纳税额	30				
	④本期缴纳欠缴税额	31				
	期末未缴税额（多缴为负数）	32 = 24 + 25 + 26 − 27				
	其中：欠缴税额（≥0）	33 = 25 + 26 − 27		—	—	—
	本期应补（退）税额	34 = 24 − 28 − 29	65 000	—		—
	即征即退实际退税额	35	—	—		
	期初未缴查补税额	36		—		—
	本期入库查补税额	37			—	—
	期末未缴查补税额	38 = 16 + 22 + 36 − 37			—	—
授权声明	如果你已委托代理人申报，请填写下列资料： 为代理一切税务事宜，现授权 （地址） 为本纳税人的代理申报人，任何与本申报表有关的往来文件，都可寄予此人。 授权人签字：		申报人声明	本纳税申报表是根据国家税收法律法规及相关规定填报的，我确定它是真实的、可靠的、完整的。 声明人签名：		

主管税务机关：　　　　　　　　　接收人：　　　　　　　　　接收日期：

四、财务报表填写

广西佳楠股份有限公司填制的试算平衡表、资产负债表和利润表如表 10 − 14 至表 10 − 16 所示。

表 10 − 14　　　　　　　　　　试算平衡表　　　　　　　　　　单位：元

会计科目	期初余额		本期发生额		期末余额	
	借方	贷方	借方	贷方	借方	贷方
库存现金			113 000	5 000	108 000	
银行存款	1 113 000		226 000	918 300	420 700	
应收票据						
应收账款						
预付账款						
其他应收款						

续表

会计科目	期初余额 借方	期初余额 贷方	本期发生额 借方	本期发生额 贷方	期末余额 借方	期末余额 贷方
在途物资						
原材料			300 000	200 000	100 000	
库存商品			270 000	220 000	50 000	
周转材料			100 000		100 000	
固定资产	1 000 000		500 000		1 500 000	
累计折旧		10 000		10 000		20 000
在建工程						
短期借款						
应付票据						
应付账款				100 000		100 000
预收账款						
应付利息						
应交税费		14 300	118 300	39 000		65 000
应付职工薪酬		30 000		60 000		90 000
应付利息						
其他应收款						
实收资本		2 000 000				2 000 000
资本公积						
盈余公积						
本年利润		58 700	225 000	300 000		133 700
利润分配						
生产成本			250 000	250 000		
制造费用			20 000	20 000		
主营业务收入			300 000	300 000		
主营业务成本			220 000	220 000		
营业外收入						
营业外支出						
税金及附加						
管理费用			5 000	5 000		
财务费用						
所得税费用						
合计	2 113 000	2 113 000	2 647 300	2 647 300	2 343 700	2 343 700

表 10 – 15　　　　　　　　　　　　　　　资产负债表

会企 01 表

编制单位：广西佳楠股份有限公司　　　2019 年 3 月 31 日　　　　　　　　　　　单位：元

资产	期末余额	年初余额	负债和所有者权益（或股东权益）	期末余额	年初余额
流动资产：			流动负债：		
货币资金	528 700		短期借款		
交易性金融资产			交易性金融负债		
衍生金融资产			衍生金融负债		
应收票据			应付票据		
应收账款			应付账款	100 000	
预付款项			预收款项		
其他应收款			应付职工薪酬	90 000	
存货	250 000		应交税费	-65 000	
持有待售资产			其他应付款		
一年内到期的非流动资产			持有待售负债		
其他流动资产			一年内到期的非流动负债		
流动资产合计	778 700		其他流动负债		
非流动资产：			流动负债合计	125 000	
债权投资			非流动负债：		
其他债权投资			长期借款		
长期应收款			应付债券		
长期股权投资			其中：优先股		
投资性房地产			永续债		
固定资产	1 480 000		长期应付款		
在建工程			预计负债		
生产性生物资产			递延收益		
油气资产			递延所得税负债		
无形资产			其他非流动负债		
开发支出			非流动负债合计		
商誉			负债合计	125 000	
长期待摊费用			所有者权益（或股东权益）：		

续表

资产	期末余额	年初余额	负债和所有者权益（或股东权益）	期末余额	年初余额
递延所得税资产			实收资本（或股本）	2 000 000	
其他非流动资产			其他权益工具		
非流动资产合计	1 480 000		其中：优先股		
			永续债		
			资本公积		
			减：库存股		
			其他综合收益		
			专项储备		
			盈余公积		
			未分配利润	133 700	
			所有者权益（或股东权益）合计	2 133 700	
资产总计	2 258 700		负债和所有者权益（或股东权益）总计	2 258 700	

表 10-16　　　　　　　　　　　　　利润表

会企02表

编制单位：广西佳楠股份有限公司　　　　2019年3月　　　　　　　　　　单位：元

项目	本期金额	上期金额
一、营业收入	300 000	200 000
减：营业成本	220 000	140 000
税金及附加		1 300
销售费用		
管理费用	5 000	
研发费用		
财务费用		
其中：利息费用		
利息收入		
加：其他收益		
投资收益（损失以"-"号填列）		

续表

项目	本期金额	上期金额
其中：对联营企业和合营企业的投资收益		
公允价值变动收益（损失以"-"号填列）		
信用减值损失（损失以"-"号填列）		
资产减值损失（损失以"-"号填列）		
资产处置收益（损失以"-"号填列）		
二、营业利润（亏损以"-"号填列）	75 000	58 700
加：营业外收入		
减：营业外支出		
三、利润总额（亏损以"-"号填列）	75 000	58 700
减：所得税费用		
四、净利润（亏损总额以"-"号填列）	75 000	58 700
（一）持续经营净利润（净亏损以"-"号填列）	75 000	58 700
（二）终止经营净利润（净亏损以"-"号填列）		
五、其他综合收益的税后净额		
（一）不能重分类进损益的其他综合收益		
1. 重新计量设定受益计划变动额		
2. 权益法下不能转损益的其他综合收益		
……		
（二）将重分类进损益的其他综合收益		
1. 权益法下可转损益的其他综合收益		
2. 可供出售金融资产公允价值变动损益		
3. 持有至到期投资重分类为可供出售金融资产损益		
4. 现金流量套期损益的有效部分		
5. 外币财务报表折算差额		
……		
六、综合收益总额		
七、每股收益：		
（一）基本每股收益		
（二）稀释每股收益		

第三节 综合案例三

一、资料

1. 广西桂媛纺股份有限公司为增值税一般纳税人,适用增值税税率为13%,所得税税率为25%;材料采用计划成本进行核算。

2. 2019年8月,广西桂媛纺股份有限公司发生了如下经济业务:

(1) 收到银行通知,用银行存款支付到期的商业承兑汇票1 000 000元。

(2) 购入原材料一批,收到的增值税专用发票上注明的原材料价款为1 500 000元,增值税进项税额为195 000元,款项已通过银行转账支付,材料尚未验收入库。

(3) 收到原材料一批,实际成本1 000 000元,计划成本950 000元,材料已验收入库,货款已于上月支付。

(4) 用银行汇票支付材料采购价款,公司收到开户银行号来银行汇票多余款收账通知,通知上填写的多余款为2 260元,购入材料款及运费998 000元,支付的增值税进项税额为129 740元,材料已验收入库,该批原材料计划成本为1 000 000元。

(5) 销售产品一批,开出的增值税专用发票上注明价款为3 000 000元,增值税销项税额为390 000元,货款尚未收到。该批产品实际成本为1 800 000元,产品已发出。

(6) 公司将交易性金融资产(股票投资)兑现165 000元,该投资的成本为130 000元,公允价值变动为增值20 000元,处置收益为15 000元,均存入银行。

(7) 购入一台不需安装的设备,收到增值税专用发票上注明的设备价款为854 700元,增值税进项税额为111 111元,支付包装费、运杂费10 000元,价款及包装费、运杂费均以银行存款支付,设备已交付使用。

(8) 工程应付薪酬2 280 000元。

(9) 一项工程完工,交付生产使用,已办理竣工手续,固定资产价值14 000 000元。

(10) 基本生产车间一台机床报废,原价2 000 000元,已提折旧1 800 000元,清理费用5 000元,残值收入8 000元,均通过银行存款收支。该项固定资产已清理完毕。

(11) 从银行借入3年期借款10 000 000元,借款已存入银行账户。

(12) 销售产品一批,开出的增值税专用发票上注明的销售价款为7 000 000

元,增值税销项税额为910 000元,款项已存入银行。销售产品的实际成本为4 200 000元。

(13)公司将要到期的一张面值为2 000 000元的无息银行承兑汇票(不含增值税),连同解讫通知单和进账单交银行办理转账。收到银行盖章退回的进账单一联。款项银行已收妥。

(14)公司出售一台不需用设备,收到价款3 000 000元,该设备原价4 000 000元,已提折旧1 500 000元。该项设备已由购入单位运走。

(15)取得交易性金融资产A股票投资,价款1 030 000元,交易费用20 000元,已用银行存款支付。

(16)支付工资5 000 000元,其中包括支付在建工程人员的工资2 000 000元。

(17)分配应支付的职工工资3 000 000元(不包括在建工程应负担的工资),其中,生产人员薪酬2 750 000元,车间管理人员薪酬100 000元,行政管理部门人员薪酬150 000元。

(18)提取职工福利费420 000元(不包括在建工程应负担的福利费280 000元),其中,生产工人福利费385 000元,车间管理人员福利费14 000元,行政管理部门人员福利费21 000元。

(19)基本生产领用原材料,计划成本为7 000 000元,领用低值易耗品,计划成本500 000元,采用一次摊销法摊销。

(20)结转领用原材料应分摊的材料成本差异,材料成本差异率为5%。

(21)计提无形资产摊销600 000元;以银行存款支付基本生产车间水电费900 000元。

(22)计提固定资产折旧1 000 000元,其中,计入制造费用800 000元,计入管理费用200 000元。计提固定资产减值准备300 000元。

(23)收到应收账款510 000元,存入银行。计提应收账款坏账准备9 000元。

(24)用银行存款支付产品展览费100 000元。

(25)计算并结转本期完工产品成本12 824 000元,期末没有在产品,本期生产的产品全部完工入库。

(26)广告费100 000元,已用银行存款支付。

(27)公司采用商业承兑汇票结算方式销售产品一批,开出的增值税专用发票上注明的销售价款为2 500 000元,增值税销项税额为325 000元,收到2 825 000元的商业承兑汇票一张,产品实际成本为1 500 000元。

(28)公司将上述承兑汇票到银行办理贴现,贴现息为200 000元。

(29)公司本期产品销售应交纳的教育费附加为20 000元。

(30)用银行存款交纳增值税1 000 000元;教育费附加20 000元。

(31)本期在建工程应负担的长期借款利息费用2 000 000元,长期借款为分期付息。

（32）提取应计入本期损益的长期借款利息费用 100 000 元，长期借款为分期付息。

（33）归还短期借款本金 2 500 000 元。

（34）支付长期借款利息 2 100 000 元。

（35）偿还长期借款 10 000 000 元。

（36）上年度销售产品一批，开出的增值税专用发票上注明的销售价款为 100 000 元，增值税销项税额为 13 000 元，购货方开出商业承兑汇票，本期由于购货方发生财务困难，无法按合同规定偿还债务。经双方协议，广西桂媛纺股份有限公司同意购货方用产品抵偿该应收票据，用于抵债的产品市价为 80 000 元，适用增值税税率为 13%。

（37）持有的交易性金融资产 A 股票的公允价值为 1 050 000 元。

（38）结转本期产品销售成本 7 500 000 元。

（39）假设本例中，除计提固定资产减值准备 300 000 元造成固定资产账面价值与其计税基础存在差异外，不考虑其他项目的所得税影响。企业按照税法规定计算确定的应交所得税为 1 252 218 元，递延所得税资产为 99 000 元。

（40）将各收支科目结转本年净利润。

（41）按照净利润的 10% 提取法定盈余公积金。

（42）将利润分配各明细科目的余额转入"未分配利润"明细科目，结转本年利润。

（43）用银行存款交纳当年应交所得税。

要求：

1. 根据以上业务编制相关的会计分录；
2. 结账（用 T 字账结出各总账账户本月发生额和期末余额）；
3. 填写增值税纳税申报表；
4. 编制 8 月份试算平衡表；
5. 编制 8 月份利润表（不要上期金额）和 8 月 31 日资产负债表（不要年初余额）。

二、相关账务处理

广西桂媛纺股份有限公司相关账务处理如下：

（1）用银行存款支付到期的商业承兑汇票 1 000 000 元。

借：应付票据　　　　　　　　　　　　　　　　1 000 000
　　贷：银行存款　　　　　　　　　　　　　　　　　1 000 000

（2）购入原材料一批，原材料价款为 1 500 000 元，增值税进项税额为 195 000元，款项已通过银行转账支付，材料尚未验收入库。

借：材料采购　　　　　　　　　　　　　　　　　　　1 500 000
　　　应交税费——应交增值税（进项税额）　　　　　　195 000
　　贷：银行存款　　　　　　　　　　　　　　　　　　1 695 000

（3）收到原材料一批，实际成本 1 000 000 元，计划成本 950 000 元，材料已验收入库，货款已于上月支付。

借：原材料　　　　　　　　　　　　　　　　　　　　950 000
　　材料成本差异　　　　　　　　　　　　　　　　　　50 000
　　贷：材料采购　　　　　　　　　　　　　　　　　　1 000 000

（4）用银行汇票支付材料采购价款，多余款为 2 260 元，购入材料款及运费 998 000 元，增值税进项税额 129 740 元，材料已验收入库，该批原材料计划成本为 1 000 000 元。

借：材料采购　　　　　　　　　　　　　　　　　　　998 000
　　银行存款　　　　　　　　　　　　　　　　　　　　2 260
　　应交税费——应交增值税（进项税额）　　　　　　129 740
　　贷：其他货币资金　　　　　　　　　　　　　　　　1 130 000
借：原材料　　　　　　　　　　　　　　　　　　　　1 000 000
　　贷：材料采购　　　　　　　　　　　　　　　　　　998 000
　　　　材料成本差异　　　　　　　　　　　　　　　　2 000

（5）销售产品一批，增值税专用发票上注明价款为 3 000 000 元，增值税销项税额为 390 000 元，货款尚未收到。

借：应收账款　　　　　　　　　　　　　　　　　　　3 390 000
　　贷：主营业务收入　　　　　　　　　　　　　　　　3 000 000
　　　　应交税费——应交增值税（销项税额）　　　　　390 000

（6）交易性金融资产（股票投资）兑现 165 000 元，成本为 130 000 元，公允价值变动为增值 20 000 元，处置收益为 15 000 元，均存入银行。

借：银行存款　　　　　　　　　　　　　　　　　　　165 000
　　贷：交易性金融资产——成本　　　　　　　　　　　130 000
　　　　　　　　　　　　——公允价值变动　　　　　　20 000
　　　　投资收益　　　　　　　　　　　　　　　　　　15 000

（7）购入一台不需安装的设备，增值税专用发票上注明的设备价款为 854 700 元，增值税进项税额 111 111 元，支付包装费、运杂费 10 000 元，价款及包装费、运杂费均以银行存款支付，设备已交付使用。

借：固定资产　　　　　　　　　　　　　　　　　　　864 700
　　应交税费——应交增值税（进项税额）　　　　　　111 111
　　贷：银行存款　　　　　　　　　　　　　　　　　　975 811

（8）工程应付薪酬 2 280 000 元。

借：在建工程 2 280 000
　　贷：应付职工薪酬 2 280 000

（9）一项工程完工，交付生产使用，已办理竣工手续，固定资产价值14 000 000元。

借：固定资产 14 000 000
　　贷：在建工程 14 000 000

（10）基本生产车间一台机床报废，原价2 000 000元，已提折旧1 800 000元，清理费用5 000元，残值收入8 000元，均通过银行存款收支。该项固定资产已清理完毕。

借：固定资产清理 200 000
　　累计折旧 1 800 000
　　　贷：固定资产 2 000 000
借：固定资产清理 5 000
　　　贷：银行存款 5 000
借：银行存款 8 000
　　　贷：固定资产清理 8 000
借：营业外支出——处置固定资产净损失 197 000
　　　贷：固定资产清理 197 000

（11）从银行借入3年期借款10 000 000元，借款已存入银行账户。

借：银行存款 10 000 000
　　贷：长期借款 10 000 000

（12）销售产品增值税专用发票上注明的销售价款为7 000 000元，增值税销项税额为910 000元，款项已存入银行。

借：银行存款 7 910 000
　　贷：主营业务收入 7 000 000
　　　　应交税费——应交增值税（销项税额） 910 000

（13）公司将要到期的一张面值为2 000 000元的无息银行承兑汇票（不含增值税）办理转账。收到银行盖章退回的进账单一联。款项银行已收妥。

借：银行存款 2 000 000
　　贷：应收票据 2 000 000

（14）公司出售一台不需用设备，收到价款3 000 000元，该设备原价4 000 000元，已提折旧1 500 000元。

借：固定资产清理 2 500 000
　　累计折旧 1 500 000
　　　贷：固定资产 4 000 000
借：银行存款 3 000 000

  贷：固定资产清理   3 000 000
  借：固定资产清理   500 000
    贷：资产处置损益   500 000

（15）取得交易性金融资产 A 股票投资，价款 1 030 000 元，交易费用 20 000 元，已用银行存款支付。

  借：交易性金融资产——A 股票——成本   1 030 000
    投资收益   20 000
    贷：银行存款   1 050 000

（16）支付工资 5 000 000 元，其中包括支付在建工程人员的工资 2 000 000 元。

  借：应付职工薪酬   5 000 000
    贷：银行存款   5 000 000

（17）分配应支付的职工工资 3 000 000 元（不包括在建工程应负担的工资），其中，生产人员薪酬 2 750 000 元，车间管理人员薪酬 100 000 元，行政管理部门人员薪酬 150 000 元。

  借：生产成本   2 750 000
    制造费用   100 000
    管理费用   150 000
    贷：应付职工薪酬   3 000 000

（18）提取职工福利费 420 000 元（不包括在建工程应负担的福利费 280 000 元），其中，生产工人福利费 385 000 元，车间管理人员福利费 14 000 元，行政管理部门人员福利费 21 000 元。

  借：生产成本   385 000
    制造费用   14 000
    管理费用   21 000
    贷：应付职工薪酬   420 000

（19）基本生产领用原材料，计划成本为 7 000 000 元，领用低值易耗品，计划成本 500 000 元，采用一次摊销法摊销。

  借：生产成本   7 000 000
    贷：原材料   7 000 000
  借：制造费用   500 000
    贷：周转材料   500 000

（20）结转领用原材料应分摊的材料成本差异，材料成本差异率为 5%。

  借：生产成本   350 000
    制造费用   25 000
    贷：材料成本差异   375 000

（21）计提无形资产摊销 600 000 元；以银行存款支付基本生产车间水电费

900 000 元。

  借：管理费用——无形资产摊销   600 000
    贷：累计摊销   600 000
  借：制造费用   900 000
    贷：银行存款   900 000

（22）计提固定资产折旧 1 000 000 元，其中，计入制造费用 800 000 元，计入管理费用 200 000 元。计提固定资产减值准备 300 000 元。

  借：制造费用——折旧费   800 000
    管理费用——折旧费   200 000
    贷：累计折旧   1 000 000
  借：资产减值损失——计提的固定资产减值 300 000
    贷：固定资产减值准备   300 000

（23）收到应收账款 510 000 元，存入银行。计提应收账款坏账准备 9 000 元。

  借：银行存款   510 000
    贷：应收账款   510 000
  借：信用减值损失——坏账准备   9 000
    贷：坏账准备   9 000

（24）用银行存款支付产品展览费 100 000 元。

  借：销售费用   100 000
    贷：银行存款   100 000

（25）计算并结转本期完工产品成本 12 824 000 元，期末没有在产品，本期生产的产品全部完工入库。

  借：生产成本   2 339 000
    贷：制造费用   2 339 000
  借：库存商品   12 824 000
    贷：生产成本   12 824 000

（26）广告费 100 000 元，已用银行存款支付。

  借：销售费用——广告费   100 000
    贷：银行存款   100 000

（27）公司采用商业承兑汇票结算方式销售产品一批，开出的增值税专用发票上注明的销售价款为 2 500 000 元，增值税销项税额为 325 000 元，收到 2 825 000 元的商业承兑汇票一张。

  借：应收票据   2 825 000
    贷：主营业务收入   2 500 000
      应交税费——应交增值税（销项税额） 325 000

（28）公司将上述承兑汇票到银行办理贴现，贴现息为 200 000 元。

借：财务费用 200 000
　　银行存款 2 625 000
　　贷：应收票据 2 825 000

(29) 公司本期产品销售应交纳的教育费附加为 20 000 元。

借：税金及附加 20 000
　　贷：应交税费——教育费附加 20 000

(30) 用银行存款交纳增值税 1 000 000 元；教育费附加 20 000 元。

借：应交税费——应交增值税（已交税金） 1 000 000
　　　　　　——已交教育费附加 20 000
　　贷：银行存款 1 020 000

(31) 本期在建工程应负担的长期借款利息费用 2 000 000 元，长期借款为分期付息。

借：在建工程 2 000 000
　　贷：应付利息 2 000 000

(32) 提取应计入本期损益的长期借款利息费用 100 000 元，长期借款为分期付息。

借：财务费用 100 000
　　贷：应付利息 100 000

(33) 归还短期借款本金 2 500 000 元。

借：短期借款 2 500 000
　　贷：银行存款 2 500 000

(34) 支付长期借款利息 2 100 000 元。

借：应付利息 2 100 000
　　贷：银行存款 2 100 000

(35) 偿还长期借款 10 000 000 元。

借：长期借款 10 000 000
　　贷：银行存款 10 000 000

(36) 上年度销售产品一批，开出的增值税专用发票上注明的销售价款为 100 000 元，增值税销项税额为 13 000 元，购货方开出商业承兑汇票，购货方用产品抵偿该应收票据。用于抵债的产品市价为 80 000 元，适用增值税税率为 13%。

借：库存商品 80 000
　　应交税费——应交增值税（进项税额） 10 400
　　营业外支出——债务重组损失 22 600
　　贷：应收票据 113 000

(37) 持有的交易性金融资产 A 股票的公允价值为 1 050 000 元。

借：交易性金融资产——A股票——公允价值变动　　　　20 000
　　　贷：公允价值变动损益　　　　　　　　　　　　　　　　20 000

(38) 结转本期产品销售成本 7 500 000 元。

借：主营业务成本　　　　　　　　　　　　　　　　　　7 500 000
　　　贷：库存商品　　　　　　　　　　　　　　　　　　　　7 500 000

(39) 计算企业所得税。

借：所得税费用——当期所得税费用　　　　　　　　　　1 252 218
　　　贷：应交税费——应交企业所得税　　　　　　　　　　　1 252 218
借：递延所得税资产　　　　　　　　　　　　　　　　　　　99 000
　　　贷：所得税费用——递延所得税费用　　　　　　　　　　　99 000

(40) 将各收支科目结转本年净利润。

借：主营业务收入　　　　　　　　　　　　　　　　　　12 500 000
　　资产处置损益　　　　　　　　　　　　　　　　　　　 500 000
　　公允价值变动损益　　　　　　　　　　　　　　　　　　20 000
　　　贷：本年利润　　　　　　　　　　　　　　　　　　13 020 000
借：本年利润　　　　　　　　　　　　　　　　　　　　　9 524 600
　　　贷：主营业务成本　　　　　　　　　　　　　　　　　7 500 000
　　　　　税金及附加　　　　　　　　　　　　　　　　　　 20 000
　　　　　投资收益　　　　　　　　　　　　　　　　　　　　5 000
　　　　　销售费用　　　　　　　　　　　　　　　　　　　200 000
　　　　　管理费用　　　　　　　　　　　　　　　　　　　971 000
　　　　　财务费用　　　　　　　　　　　　　　　　　　　300 000
　　　　　资产减值损失　　　　　　　　　　　　　　　　　300 000
　　　　　信用减值损失　　　　　　　　　　　　　　　　　　9 000
　　　　　营业外支出　　　　　　　　　　　　　　　　　　219 600
借：本年利润　　　　　　　　　　　　　　　　　　　　　1 153 218
　　　贷：所得税费用　　　　　　　　　　　　　　　　　　1 153 218

(41) 按照净利润的 10% 提取法定盈余公积金。

提取法定盈余公积金 = (13 020 000 - 9 524 600 - 1 153 218) × 10% = 234 218.2
　　　　　　　　　(元)

借：利润分配——提取法定盈余公积金　　　　　　　　　　234 218.2
　　　贷：盈余公积——法定盈余公积　　　　　　　　　　　　234 218.2

(42) 将利润分配各明细科目的余额转入"未分配利润"明细科目，结转本年利润。

借：利润分配——未分配利润　　　　　　　　　　　　　　234 218.2
　　　贷：利润分配——提取法定盈余公积　　　　　　　　　　234 218.2

借：本年利润　　　　　　　　　　　　　　　　　　2 342 182
　　贷：利润分配——未分配利润　　　　　　　　　　2 342 182

（43）用银行存款交纳当年应交所得税。

借：应交税费——应交企业所得税　　　　　　　　　1 252 218
　　贷：银行存款　　　　　　　　　　　　　　　　1 252 218

该公司2019年8月经济业务T型账户如图10-3所示。

借	银行存款	贷		借	原材料	贷
2 260		1 000 000		950 000		7 000 000
165 000		1 695 000		1 000 000		
8 000		975 811		1 950 000		7 000 000
10 000 000						5 050 000
7 910 000		5 000		借	应收账款	贷
2 000 000		1 050 000		3 390 000		510 000
3 000 000		5 000 000		2 880 000		
510 000		900 000		借	材料采购	贷
2 625 000		100 000		1 500 000		1 000 000
		100 000		998 000		998 000
		1 020 000		2 498 000		1 998 000
		2 500 000		500 000		
		2 100 000		借	材料成本差异	贷
		10 000 000		50 000		2 000
		1 252 218				375 000
26 220 260		27 698 029		50 000		377 000
		1 477 769				327 000

借	其他货币资金	贷		借	周转材料	贷
		1 130 000				500 000
		1 130 000				500 000

借	应付票据	贷		借	税金及附加	贷
1 000 000				20 000		20 000
1 000 000				20 000		20 000

借	应收票据	贷		借	主营业务收入	贷
2 825 000		2 000 000		12 500 000		3 000 000
		2 825 000				7 000 000
		113 000				2 500 000
2 825 000		4 938 000		12 500 000		12 500 000
		2 113 000				

借	累计折旧	贷
1 800 000		1 000 000
1 500 000		
3 300 000		1 000 000
2 300 000		

借	累计摊销	贷
		600 000
		600 000

借	制造费用	贷
100 000		2 339 000
14 000		
500 000		
25 000		
900 000		
800 000		
2 339 000		2 339 000

借	应付职工薪酬	贷
5 000 000		2 280 000
		3 000 000
		420 000
5 000 000		5 700 000
		700 000

借	投资收益	贷
20 000		15 000
		5 000
20 000		20 000

借	主营业务成本	贷
7 500 000		7 500 000
7 500 000		7 500 000

借	固定资产清理	贷
200 000		8 000
5 000		197 000
2 500 000		3 000 000
500 000		
3 205 000		3 205 000
0		

借	固定资产减值准备	贷
		300 000
		300 000

借	资产处置损益	贷
500 000		500 000
500 000		500 000

借	盈余公积	贷
		234 218.2
		234 218.2

借	应交税费	贷
195 000		390 000
129 740		910 000
111 111		325 000
1 000 000		20 000
20 000		1 252 218
10 400		
1 252 218		
2 718 469		2 897 218
		178 749

借	固定资产	贷
864 700		2 000 000
14 000 000		4 000 000
14 864 700		6 000 000
8 864 700		

借	销售费用	贷
100 000		200 000
100 000		
200 000		200 000

借	交易性金融资产	贷
1 030 000		130 000
20 000		20 000
1 050 000		150 000
900 000		

借	公允价值变动损益	贷
20 000		20 000
20 000		20 000

借	资产减值损失	贷		借	所得税费用	贷
300 000		300 000		1 252 218		99 000
300 000		300 000				1 153 218
				1 252 218		1 252 218

借	短期借款	贷		借	信用减值损失	贷
2 500 000				9 000		9 000
2 500 000				9 000		9 000

借	营业外支出	贷		借	库存商品	贷
197 000		219 600		12 824 000		7 500 000
22 600				80 000		
219 600		219 600		12 904 000		7 500 000
				5 404 000		

借	在建工程	贷		借	财务费用	贷
2 280 000		14 000 000		200 000		300 000
2 000 000				100 000		
4 280 000		14 000 000		300 000		300 000
		9 720 000				

借	长期借款	贷		借	应付利息	贷
10 000 000		10 000 000		2 100 000		2 000 000
		0				100 000
				2 100 000		2 100 000
						0

借	生产成本	贷		借	递延所得税资产	贷
2 750 000		12 824 000		99 000		
385 000				99 000		
7 000 000						
350 000						
2 339 000						
12 824 000		12 824 000				
		0				

借	管理费用	贷		借	本年利润	贷
150 000		971 000		9 524 600		13 020 000
21 000				1 153 218		
600 000				2 342 182		
200 000				13 020 000		13 020 000
971 000		971 000				0

借	坏账准备	贷		借	利润分配	贷
		9 000		234 218.2		234 218.2
		9 000		234 218.2		2 342 182
				468 436.4		2 576 400.2
						2 107 963.8

图 10 - 3 8 月业务 T 型账户

三、增值税纳税申报表填写

广西桂媛纺股份有限公司 2019 年度增值税纳税申报表填写如表 10 - 17 至表 10 - 21 所示。

表 10-17 增值税纳税申报表附列资料（一）

（本期销售情况明细）

税款所属时间：2019 年 8 月 1 日至 2019 年 8 月 31 日

纳税人名称：（公章）广西桂缎纺织股份有限公司

金额单位：元至角分

项目及栏次			开具增值税专用发票		开具其他发票		未开具发票		纳税检查调整		合计			服务、不动产和无形资产扣除项目本期实际扣除金额	扣除后	
			销售额	销项（应纳）税额	销售额	销项（应纳）税额	销售额	销项（应纳）税额	销售额	销项（应纳）税额	销售额	销项（应纳）税额	价税合计		含税（免税）销售额	销项（应纳）税额
			1	2	3	4	5	6	7	8	9=1+3+5+7	10=2+4+6+8	11=9+10	12	13=11-12	14=13÷(100%+税率或征收率)×税率或征收率
一、一般计税方法计税	全部征税项目	1 13%税率的货物及加工修理修配劳务	12 500 000	1 625 000							12 500 000	1 625 000	—	—	—	—
		2 13%税率的服务、不动产和无形资产														
		3 9%税率的货物及加工修理修配劳务														
		4 9%税率的服务、不动产和无形资产														
		5 6%税率														
	其中：即征即退项目	6 即征即退货物及加工修理修配劳务	—	—	—	—	—	—	—	—	—	—	—	—	—	—
		7 即征即退服务、不动产和无形资产	—	—	—	—	—	—	—	—	—	—	—	—	—	—

续表

项目及栏次			开具增值税专用发票		开具其他发票		未开具发票		纳税检查调整		合计			服务、不动产和无形资产扣除项目本期实际扣除金额	扣除后	
			销售额	销项(应纳)税额	销售额	销项(应纳)税额	销售额	销项(应纳)税额	销售额	销项(应纳)税额	销售额	销项(应纳)税额	价税合计		含税(免税)销售额	销项(应纳)税额
			1	2	3	4	5	6	7	8	9=1+3+5+7	10=2+4+6+8	11=9+10	12	13=11-12	14=13÷(100%+税率或征收率)×税率或征收率
二、简易计税方法计税	全部征税项目	6%征收率	8													
		5%征收率的货物及加工修理修配劳务	9a													
		5%征收率的服务、不动产和无形资产	9b													
		4%征收率	10													
		3%征收率的货物及加工修理修配劳务	11													
		3%征收率的服务、不动产和无形资产	12		—	—	—	—	—	—	—	—	—	12	—	—
		预征率%	13a		—	—	—	—	—	—	—	—	—	—	—	—
		预征率%	13b		—	—	—	—	—	—	—	—	—	—	—	—
		预征率%	13c		—	—	—	—	—	—	—	—	—	—	—	—
	其中：即征即退项目	即征即退货物及加工修理修配劳务	14		—	—	—	—	—	—	—	—	—	—	—	—
		即征即退服务、不动产和无形资产	15		—	—	—	—	—	—	—	—	—	—	—	—

续表

项目及栏次		开具增值税专用发票		开具其他发票		未开具发票		纳税检查调整		合计			服务、不动产和无形资产扣除项目本期实际扣除金额	扣除后	
		销售额	销项(应纳)税额	销售额	销项(应纳)税额	销售额	销项(应纳)税额	销售额	销项(应纳)税额	销售额	销项(应纳)税额	价税合计		含税(免税)销售额	销项(应纳)税额
三、免抵退税 货物及加工修理修配劳务	16	1	2	3	4	5	6	7	8	9=1+3+5+7	10=2+4+6+8	11=9+10	12	13=11−12	14=13÷(100%+税率或征收率)×税率或征收率
三、免抵退税 服务、不动产和无形资产	17	—	—	—	—	—	—	—	—	—	—	—	—	—	—
四、免税 货物及加工修理修配劳务	18	—	—	—	—	—	—	—	—	—	—	—	—	—	—
四、免税 服务、不动产和无形资产	19	—	—	—	—	—	—	—	—	—	—	—	—	—	—

表 10-18　　　　　　增值税纳税申报表附列资料（二）
（本期进项税额明细）

税款所属时间：2019 年 8 月 1 日至 2019 年 8 月 31 日

纳税人名称：广西桂媛纺股份有限公司（公章）　　　　　　金额单位：元至角分

一、申报抵扣的进项税额

项目	栏次	份数	金额	税额
（一）认证相符的增值税专用发票	1=2+3	5	4 760 133.63	618 817.37
其中：本期认证相符且本期申报抵扣	2	5	4 760 133.63	618 817.37
前期认证相符且本期申报抵扣	3			
（二）其他扣税凭证	4=5+6+7+8a+8b			
其中：海关进口增值税专用缴款书	5			
农产品收购发票或者销售发票	6			
代扣代缴税收缴款凭证	7		—	
加计扣除农产品进项税额	8a		—	—
其他	8b			
（三）本期用于购建不动产的扣税凭证	9			
（四）本期用于抵扣的旅客运输服务扣税凭证	10			
（五）外贸企业进项税额抵扣证明	11		—	
当期申报抵扣进项税额合计	12=1+4+11	5	4 760 133.63	618 817.37

二、进项税额转出额

项目	栏次	税额
本期进项税额转出额	13=14 至 23 之和	
其中：免税项目用	14	
集体福利、个人消费	15	
非正常损失	16	
简易计税方法征税项目用	17	
免抵退税办法不得抵扣的进项税额	18	
纳税检查调减进项税额	19	
红字专用发票信息表注明的进项税额	20	
上期留抵税额抵减欠税	21	
上期留抵税额退税	22	
其他应作进项税额转出的情形	23	

续表

三、待抵扣进项税额				
项目	栏次	份数	金额	税额
（一）认证相符的增值税专用发票	24	—		
期初已认证相符但未申报抵扣	25			
本期认证相符且本期未申报抵扣	26			
期末已认证相符但未申报抵扣	27			
其中：按照税法规定不允许抵扣	28			
（二）其他扣税凭证	29＝30 至 33 之和			
其中：海关进口增值税专用缴款书	30			
农产品收购发票或者销售发票	31			
代扣代缴税收缴款凭证	32		—	
其他	33			

四、其他				
项目	栏次	份数	金额	税额
本期认证相符的增值税专用发票	34	5	4 760 133.63	618 817.37
代扣代缴税额	35	—	—	

表 10－19　**增值税纳税申报表附列资料（三）**
（服务、不动产和无形资产扣除项目明细）

税款所属时间：2019 年 8 月 1 日至 2019 年 8 月 31 日

纳税人名称：（公章）广西桂媛纺股份有限公司　　　　　　　　　　　　　　　金额单位：元至角分

项目及栏次		本期服务、不动产和无形资产价税合计额（免税销售额）	服务、不动产和无形资产扣除项目				
			期初余额	本期发生额	本期应扣除金额	本期实际扣除金额	期末余额
		1	2	3	4＝2＋3	5（5≤1 且 5≤4）	6＝4－5
13％税率的项目	1						
9％税率的项目	2						
6％税率的项目（不含金融商品转让）	3						
6％税率的金融商品转让项目	4						
5％征收率的项目	5						
3％征收率的项目	6						
免抵退税的项目	7						
免税的项目	8						

表 10 – 20　　　　　　　　**增值税纳税申报表附列资料（四）**
（税额抵减情况表）

税款所属时间：2019 年 8 月 1 日至 2019 年 8 月 31 日

纳税人名称：广西桂媛纺股份有限公司（公章）　　　　　　　　金额单位：元至角分

一、税额抵减情况

序号	抵减项目	期初余额	本期发生额	本期应抵减税额	本期实际抵减税额	期末余额
		1	2	3 = 1 + 2	4 ≤ 3	5 = 3 – 4
1	增值税税控系统专用设备费及技术维护费					
2	分支机构预征缴纳税款					
3	建筑服务预征缴纳税款					
4	销售不动产预征缴纳税款					
5	出租不动产预征缴纳税款					

二、加计抵减情况

序号	加计抵减项目	期初余额	本期发生额	本期调减额	本期可抵减额	本期实际抵减额	期末余额
		1	2	3	4 = 1 + 2 – 3	5	6 = 4 – 5
6	一般项目加计抵减额计算						
7	即征即退项目加计抵减额计算						
8	合计						

表 10 – 21　　　　　　　　**增值税纳税申报表**
（一般纳税人适用）

根据国家税收法律法规及增值税相关规定制定本表。纳税人不论有无销售额，均应按税务机关核定的纳税期限填写本表，并向当地税务机关申报。

税款所属时间：2019 年 8 月 1 日至 2019 年 8 月 31 日　　　　填表日期：2019 年 9 月 5 日

金额单位：元至角分

纳税人识别号	456321789023456789	所属行业		制造业	
纳税人名称	广西桂媛纺股份有限公司	法人姓名	吴佳　注册地址　南宁	生产经营地址	南宁
开户银行及账号	中国银行 78595986	登记注册类型	股份有限公司	电话号码	763490

项目		栏次	一般项目		即征即退项目	
			本月数	本年累计	本月数	本年累计
销售额	（一）按适用税率计税销售额	1	12 500 000			
	其中：应税货物销售额	2	12 500 000			
	应税劳务销售额	3				
	纳税检查调整的销售额	4				

续表

	项目	栏次	一般项目		即征即退项目	
			本月数	本年累计	本月数	本年累计
销售额	（二）按简易办法计税销售额	5				
	其中：纳税检查调整的销售额	6				
	（三）免、抵、退办法出口销售额	7			—	—
	（四）免税销售额	8			—	—
	其中：免税货物销售额	9			—	—
	免税劳务销售额	10			—	—
税款计算	销项税额	11	1 625 000			
	进项税额	12	618 817.37			
	上期留抵税额	13				
	进项税额转出	14				
	免、抵、退应退税额	15				
	按适用税率计算的纳税检查应补缴税额	16			—	—
	应抵扣税额合计	17 = 12 + 13 − 14 − 15 + 16	618 817.37		—	—
	实际抵扣税额	18（如 17 < 11，则为 17，否则为 11）	618 817.37			
	应纳税额	19 = 11 − 18	1 006 182.63			
	期末留抵税额	20 = 17 − 18			—	
	简易计税办法计算的应纳税额	21				
	按简易计税办法计算的纳税检查应补缴税额	22			—	—
	应纳税额减征额	23				
	应纳税额合计	24 = 19 + 21 − 23	1 006 182.63			
税收缴纳	期初未缴税额（多缴为负数）	25				
	实缴出口开具专用缴款书退税额	26			—	—
	本期已缴税额	27 = 28 + 29 + 30 + 31				
	①分次预缴税额	28			—	—

续表

项目		栏次	一般项目		即征即退项目	
			本月数	本年累计	本月数	本年累计
税收缴纳	②出口开具专用缴款书预缴税额	29	0	—	—	—
	③本期缴纳上期应纳税额	30	0		0	
	④本期缴纳欠缴税额	31	0		0	
	期末未缴税额（多缴为负数）	32 = 24 + 25 + 26 − 27	0		0	
	其中：欠缴税额（≥0）	33 = 25 + 26 − 27	0	—	0	—
	本期应补（退）税额	34 = 24 − 28 − 29	1 006 182.63	—	0	—
	即征即退实际退税额	35	—	—	0	—
	期初未缴查补税额	36	0		—	—
	本期入库查补税额	37	0		—	—
	期末未缴查补税额	38 = 16 + 22 + 36 − 37	0		—	—

授权声明	如果你已委托代理人申报，请填写下列资料：为代理一切税务事宜，现授权（地址）为本纳税人的代理申报人，任何与本申报表有关的往来文件，都可寄予此人。 授权人签字：	申报人声明	本纳税申报表是根据国家税收法律法规及相关规定填报的，我确定它是真实的、可靠的、完整的。 声明人签名：

主管税务机关：　　　　　　　　　　　接收人：　　　　　　　　　　　接收日期：

四、财务报表填写

广西桂媛纺股份有限公司填制的试算平衡表、资产负债表和利润表如表 10 − 22 至表 10 − 24 所示。

表 10 − 22　　　　　　　　　　　　　试算平衡表　　　　　　　　　　　　　单位：元

会计科目	期初余额		本期发生额		期末余额	
	借方	贷方	借方	贷方	借方	贷方
库存现金						
银行存款			26 220 260	27 698 029		1 477 769
其他货币资金				1 130 000		1 130 000
应收票据			2 825 000	4 938 000		2 113 000
应收账款			3 390 000	510 000	2 880 000	
预付账款						

续表

会计科目	期初余额		本期发生额		期末余额	
	借方	贷方	借方	贷方	借方	贷方
其他应收款						
在途物资						
原材料			1 950 000	7 000 000	5 050 000	
材料采购			2 498 000	1 998 000	500 000	
材料成本差异			50 000	377 000		327 000
库存商品			12 904 000	7 500 000	5 404 000	
周转材料				500 000		500 000
固定资产			14 864 700	6 000 000	8 864 700	
固定资产清理			3 205 000	3 205 000		
固定资产减值准备				300 000		300 000
累计折旧			3 300 000	1 000 000		2 300 000
累计摊销				600 000		600 000
交易性金融资产			1 050 000	150 000	900 000	
公允价值变动损益			20 000	20 000		
坏账准备				9 000		9 000
在建工程			4 280 000	14 000 000	9 720 000	
短期借款			2 500 000			2 500 000
应付票据			1 000 000			1 000 000
应付账款						
预收账款						
应付利息						
应交税费			2 718 469	2 897 218		178 749
应付职工薪酬			5 000 000	5 700 000		700 000
应付利息			2 100 000	2 100 000		
其他应付款						0
长期借款			10 000 000	10 000 000		
工程物资						
投资收益			20 000	20 000		
实收资本						

续表

会计科目	期初余额 借方	期初余额 贷方	本期发生额 借方	本期发生额 贷方	期末余额 借方	期末余额 贷方
资本公积						
盈余公积				234 218.2		234 218.2
本年利润			13 020 000	13 020 000		
利润分配			468 436.4	2 576 400.2		2 107 963.8
生产成本			12 824 000	12 824 000		
制造费用			2 339 000	2 339 000		
主营业务收入			12 500 000	12 500 000		
主营业务成本			7 500 000	7 500 000		
资产处置损益			500 000	500 000		
营业外支出			219 600	219 600		
资产减值损失			300 000	300 000		
信用减值损失			9 000	9 000		
税金及附加			20 000	20 000		
管理费用			971 000	971 000		
销售费用			200 000	200 000		
财务费用			300 000	300 000		
递延所得税资产			99 000		99 000	
所得税费用			1 252 218	1 252 218		
合计			152 417 683.4	152 417 683.4	24 447 700	24 447 700

表 10-23　　　　　资产负债表

编制单位：广西桂媛纺股份有限公司　　2019 年 8 月 31 日

会企 01 表
单位：元

资产	期末余额	年初余额	负债和所有者权益（或股东权益）	期末余额	年初余额
流动资产：			流动负债：		
货币资金	-2 607 769	略	短期借款	-2 500 000	略
交易性金融资产	900 000		交易性金融负债		
衍生金融资产			衍生金融负债		
应收票据	-2 113 000		应付票据	-1 000 000	

续表

资产	期末余额	年初余额	负债和所有者权益（或股东权益）	期末余额	年初余额
应收账款	2 871 000		应付账款		
预付款项			预收款项		
其他应收款			应付职工薪酬	700 000	
存货	27 000		应交税费	178 749	
持有待售资产			其他应付款		
一年内到期的非流动资产			持有待售负债		
其他流动资产			一年内到期的非流动负债		
流动资产合计	-922 769		其他流动负债		
非流动资产：			流动负债合计	-2 621 251	
债权投资			非流动负债：		
其他债权投资			长期借款		
长期应收款			应付债券		
长期股权投资			其中：优先股		
投资性房地产			永续债		
固定资产	10 864 700		长期应付款		
在建工程	-9 720 000		预计负债		
生产性生物资产			递延收益		
油气资产			递延所得税负债		
无形资产	-600 000		其他非流动负债		
开发支出			非流动负债合计		
商誉			负债合计		
长期待摊费用			所有者权益（或股东权益）：		
递延所得税资产	99 000		实收资本（或股本）		
其他非流动资产			其他权益工具		
非流动资产合计	643 700		其中：优先股		
			永续债		
			资本公积		
			减：库存股		
			其他综合收益		

续表

资产	期末余额	年初余额	负债和所有者权益（或股东权益）	期末余额	年初余额
			专项储备		
			盈余公积	234 218.2	
			未分配利润	2 107 963.8	
			所有者权益（或股东权益）合计	2 342 182	
资产总计	-279 069		负债和所有者权益（或股东权益）总计	-279 069	

表 10-24　　　　　　　　　　　利润表

编制单位：广西桂媛纺股份有限公司　　　2019 年 8 月　　　　　　　　　会企 02 表　单位：元

项目	本期金额	上期金额
一、营业收入	12 500 000	略
减：营业成本	7 500 000	
税金及附加	20 000	
销售费用	200 000	
管理费用	971 000	
研发费用		
财务费用	300 000	
其中：利息费用	300 000	
利息收入		
加：其他收益	-5 000	
投资收益（损失以"-"号填列）	35 000	
其中：对联营企业和合营企业的投资收益		
公允价值变动收益（损失以"-"号填列）	20 000	
信用减值损失（损失以"-"号填列）	-9 000	
资产减值损失（损失以"-"号填列）	-300 000	
资产处置收益（损失以"-"号填列）	500 000	
二、营业利润（亏损以"-"号填列）	3 715 000	
加：营业外收入		

续表

项目	本期金额	上期金额
减：营业外支出	219 600	
三、利润总额（亏损以"-"号填列）	3 495 400	
减：所得税费用	1 252 218	
四、净利润（亏损总额以"-"号填列）	2 243 182	
（一）持续经营净利润（净亏损以"-"号填列）	2 243 182	
（二）终止经营净利润（净亏损以"-"号填列）		
五、其他综合收益的税后净额		
（一）不能重分类进损益的其他综合收益		
1. 重新计量设定受益计划变动额		
2. 权益法下不能转损益的其他综合收益		
……		
（二）将重分类进损益的其他综合收益		
1. 权益法下可转损益的其他综合收益		
2. 可供出售金融资产公允价值变动损益		
3. 持有至到期投资重分类为可供出售金融资产损益		
4. 现金流量套期损益的有效部分		
5. 外币财务报表折算差额		
……		
六、综合收益总额		
七、每股收益：		
（一）基本每股收益		
（二）稀释每股收益		

第四节 综合案例四

一、资料

广西巴山物流公司为增值税一般纳税人，公司采用权责发生制作为会计核算基础，适用增值税税率为6%，城建税税率为7%，教育费附加提取率为3%，所得税税率为25%。2019年9月末各账户余额如表10-25所示。

表 10-25 总账账户期末余额表

2019 年 9 月 30 日 单位：元

账户名称	借方	贷方
库存现金	80 000	
银行存款	1 200 000	
应收票据	60 000	
应收账款	119 200	
预付账款	26 000	
其他应收款	306 000	
原材料	200 000	
固定资产	5 800 000	
累计折旧		866 000
短期借款		50 000
应付票据		60 000
应付账款		36 000
预收账款		42 000
应交税费		120 000
应付职工薪酬		80 000
其他应付款		20 000
实收资本		5 000 000
资本公积		100 000
盈余公积		50 000
本年利润		900 000
利润分配		467 200
合计	7 791 200	7 791 200

广西巴山物流公司 10 月发生如下经济业务：

（1）10 月 2 日，通过银行转账购入燃料，取得增值税专用发票，价款为 200 000 元，增值税进项税额为 26 000 元；通过银行转账购进轮胎，取得增值税专用发票，价款为 300 000 元，增值税进项税额为 39 000 元。

（2）10 月 3 日在对 D 类商品进行运输前进行分类包装和运输包装，领用包装材料 2 500 元，应支付包装人员工资费用 1 200 元，以现金支出其他包装费用 600 元。

（3）装卸队 10 月领用装支卸过程用的燃料 53 400 元，其中：机械装卸队

48 000 元，人工装卸队 5 400 元。

（4）10 月 6 日，机械装卸队机械操作耗用电力，已付电费 2 000 元。

（5）10 月 6 日，机械装卸队领用外胎 32 000 元，领用内胎、垫带 7 800 元。

（6）10 月 7 日，机械装卸队送保养场零星修补轮胎，分配修补费用 260 元。

（7）10 月 7 日，机械装卸队委托外单位翻新轮胎支付翻新费用 1 000 元。

（8）10 月 8 日，机械装卸队保养修理装卸机械，领用备品配件、润料及其他材料 6 000 元，其中：机械装卸队领用 5 000 元，人工装卸队领用 1 000 元。

（9）10 月 15 日，取得货运代理业务收入 800 000 元，取得增值税专用发票，增值税销项税额 48 000 元，款项已到达银行账户。

（10）10 月 18 日，取得堆存业务收入 700 000 元，取得增值税专用发票，增值税销项税额 42 000 元，款项已到达银行账户。

（11）10 月 20 日，公司开出现金支票从银行提取现金 500 000 元，直接发放工资。

（12）当月机械装卸队送保养厂大修装卸机械，共发生大修理费用 57 300 元。假设均不满足资本化条件。

（13）装卸队 10 月应计提固定资产折旧如下：机械装卸队用装卸机械 38 400 元，人工装卸队用装卸机械 5 760 元，装卸队用房屋 160 元。

（14）装卸队 10 月发生工资如下：机械装卸队司机及助手 100 000 元，保修工人 60 000 元；人工装卸队 150 000 元，保修工人 20 000 元；队部管理人员 80 000 元。

（15）装卸队工资 80 000 元，折旧费 160 元，合计 80 160 元。假设机械装卸与人工装卸分摊比例为 4∶1。

（16）本月份发生场地维护费 50 000 元，保管人员工资 64 000 元，另以现金支付其他销售费用 21 000 元。

（17）在货运代理业务活动中，应负担业务人员工资 30 000 元，以银行存款支付业务费 20 000 元。

（18）计算本月的城建税、教育费附加。

（19）10 月 31 日，公司将本月各项收入转入"本年利润"。

（20）10 月 31 日，公司将本月各项费用转入"本年利润"。

（21）10 月 31 日，公司按 25% 的税率计算本月所得税并予以结转。

（22）10 月 31 日，按公司董事会决议，按全年净利润的 10% 提取盈余公积金。

（23）10 月 31 日，公司年末结转本年利润。

要求：

1. 根据以上业务编制相关的账务处理；

2. 结账（用 T 字账结出各总账账户本月发生额和期末余额）；
3. 填写增值税纳税申报表；
4. 编制 10 月份试算平衡表；
5. 编制 10 月份利润表（不要上期金额）和 10 月 31 日资产负债表。

二、相关账务处理

广西巴山物流公司相关账务处理如下：

（1）10 月 2 日，通过银行转账购入燃料，取得增值税专用发票，价款为 200 000 元，增值税进项税额为 26 000 元；通过银行转账购进轮胎，取得增值税专用发票，价款为 300 000 元，增值税进项税额为 39 000 元。

借：原材料——燃料　　　　　　　　　　　　　　　　200 000
　　　　　——轮胎　　　　　　　　　　　　　　　　300 000
　　应交税费——应交增值税（进项税额）　　　　　　 65 000
　贷：银行存款　　　　　　　　　　　　　　　　　　565 000

（2）10 月 3 日在对 D 类商品进行运输前进行分类包装和运输包装，领用包装材料 2 500 元，应支付包装人员工资费用 1 200 元，以现金支出其他包装费用 600 元。

借：销售费用——包装费　　　　　　　　　　　　　　 4 300
　贷：原材料　　　　　　　　　　　　　　　　　　　 2 500
　　　应付职工薪酬　　　　　　　　　　　　　　　　 1 200
　　　库存现金　　　　　　　　　　　　　　　　　　　 600

（3）装卸队 10 月领用装卸过程用的燃料 53 400 元，其中：机械师装卸队 48 000 元，人工装卸队 5 400 元。

借：主营业务成本——装卸费——机械　　　　　　　　48 000
　　　　　　　　　　　　——人工　　　　　　　　　 5 400
　贷：原材料——燃料　　　　　　　　　　　　　　　 53 400

（4）10 月 6 日，机械装卸队机械操作耗用电力，已付电费 2 000 元。

借：主营业务成本——装卸支出——机械（燃料及动力）　2 000
　贷：银行存款　　　　　　　　　　　　　　　　　　 2 000

（5）10 月 6 日，机械装卸队领用外胎 32 000 元，领用内胎、垫带 7 800 元。

借：主营业务成本——装卸支出——机械（轮胎）　　　32 000
　贷：原材料——轮胎　　　　　　　　　　　　　　　 32 000
借：主营业务成本——装卸支出——机械（轮胎）　　　 7 800
　贷：原材料——轮胎　　　　　　　　　　　　　　　　7 800

（6）10 月 7 日，机械装卸队送保养场零星修补轮胎，分配修补费用 260 元。

借：主营业务成本——装卸支出——机械（轮胎）　　　　　260
　　贷：主营业务成本——辅助营运费用　　　　　　　　　260

（7）10月7日，机械装卸队委托外单位翻新轮胎支付翻新费用1 000元。

借：主营业务成本——装卸支出——机械（轮胎）　　　　1 000
　　贷：银行存款　　　　　　　　　　　　　　　　　　1 000

（8）10月8日，机械装卸队保养修理装卸机械，领用备品配件、润料及其他材料6 000元，其中：机械装卸队领用5 000元，人工装卸队领用1 000元。

借：主营业务成本——装卸支出——机械（保养修理费）　5 000
　　　　　　　　　　　　　　　——人工（保养修理费）1 000
　　贷：原材料　　　　　　　　　　　　　　　　　　　6 000

（9）10月15日，取得货运代理业务收入800 000元，取得增值税专用发票，增值税销项税额48 000元，款项已到达银行账户。

借：银行存款　　　　　　　　　　　　　　　　　　　　848 000
　　贷：主营业务收入　　　　　　　　　　　　　　　　800 000
　　　　应交税费——应交增值税（销项税额）　　　　　48 000

（10）10月18日，取得堆存业务收入700 000元，取得增值税专用发票，增值税销项税额42 000元，款项已到达银行账户。

借：银行存款　　　　　　　　　　　　　　　　　　　　742 000
　　贷：主营业务收入　　　　　　　　　　　　　　　　700 000
　　　　应交税费——应交增值税（销项税额）　　　　　42 000

（11）10月20日，公司开出现金支票从银行提取现金500 000元，直接发放工资。

借：库存现金　　　　　　　　　　　　　　　　　　　　500 000
　　贷：银行存款　　　　　　　　　　　　　　　　　　500 000
借：应付职工薪酬　　　　　　　　　　　　　　　　　　500 000
　　贷：库存现金　　　　　　　　　　　　　　　　　　500 000

（12）当月机械装卸队送保养厂大修装卸机械，共发生大修理费用57 300元。假设均不满足资本化条件。

借：管理费用　　　　　　　　　　　　　　　　　　　　57 300
　　贷：银行存款　　　　　　　　　　　　　　　　　　57 300

（13）装卸队10月应计提固定资产折旧如下：机械装卸队用装卸机械38 400元，人工装卸队用装卸机械5 760元，装卸队用房屋160元。

借：主营业务成本——装卸支出——机械（折旧费）　　　38 400
　　　　　　　　　　　　　　　——人工（折旧费）　　5 760

制造费用——营运间接费用（装卸）	160
贷：累计折旧	44 320

（14）装卸队10月发生工资如下：机械装卸队司机及助手100 000元，保修工人60 000元；人工装卸队150 000元，保修工人20 000元；队部管理人员80 000元。

借：主营业务成本——装卸支出——机械（直接人工）	100 000
——机械（保养修理费）	60 000
——人工（直接人工）	150 000
——人工（保养修理费）	20 000
制造费用——营运间接费用（装卸）	80 000
贷：应付职工薪酬	410 000

（15）装卸队工资80 000元，折旧费160元，合计80 160元。假设机械装卸与人工装卸分摊比例为4:1。

借：主营业务成本——装卸支出——机械（营运间接费用）	64 128
——人工（运营间接费用）	16 032
贷：制造费用——营运间接费用（装卸）	80 160

（16）本月份发生场地维护费50 000元，保管人员工资64 000元，另以现金支付其他销售费用21 000元。

借：主营业务成本——堆放成本	114 000
销售费用——堆放费	21 000
贷：银行存款	50 000
应付职工薪酬	64 000
库存现金	21 000

（17）在货运代理业务活动中，应负担业务人员工资30 000元，以银行存款支付业务费20 000元。

借：主营业务成本——代理成本	50 000
贷：应付职工薪酬	30 000
银行存款	20 000

（18）计算本月的城建税、教育费附加。

进项税额 = 26 000 + 39 000 = 65 000（元）

销项税额 = 42 000 + 48 000 = 90 000（元）

本月应交增值税 = 90 000 - 65 000 = 25 000（元）

本月应交城建税 = 25 000 × 7% = 1 750（元）

本月应交教育费附加 = 25 000 × 3% = 750（元）

借：税金及附加 2 500
　　贷：应交税费——应交城建税 1 750
　　　　　　　　——应交教育费附加 750

(19) 10月31日，公司将本月各项收入转入"本年利润"。

借：主营业务收入 1 500 000
　　贷：本年利润 1 500 000

(20) 10月31日，公司将本月各项费用转入"本年利润"。

借：本年利润 805 620
　　贷：主营业务成本 720 520
　　　　税金及附加 2 500
　　　　销售费用 25 300
　　　　管理费用 57 300

(21) 10月31日，公司按25%的税率计算本月所得税并予以结转。

本年利润总额 = 1 500 000 - 805 620 = 694 380（元）
本月所得税费用 = 694 380 × 25% = 173 595（元）

借：所得税费用 173 595
　　贷：应交税费——应交所得税 173 595

借：本年利润 173 595
　　贷：所得税费用 173 595

(22) 10月31日，按公司董事会决议，按全年净利润的10%提取盈余公积金。

全年净利润额 = 900 000 + 1 500 000 - 805 620 - 173 595 = 1 420 785（元）
提取盈余公积金 = 1 420 785 × 10% = 142 078.5（元）

借：利润分配——提取法定盈余公积 142 078.5
　　贷：盈余公积——法定盈余公积金 142 078.5

(23) 10月31日，公司年末结转本年利润。

借：本年利润 1 420 785
　　贷：利润分配——未分配利润 1 420 785

同时，将"利润分配"科目所属其他明细科目的余额转入本科目"未分配利润"明细科目。结转后，本科目除"未分配利润"明细科目外，其他明细科目应无余额。

借：利润分配——未分配利润 142 078.5
　　贷：利润分配——提取法定盈余公积 142 078.5

该公司 2019 年度 10 月份 T 字账户如图 10-4 所示。

借	库存现金	贷
80 000		
500 000	600	
	500 000	
	21 000	
500 000	521 600	
58 400		

借	银行存款	贷
1 200 000		
848 000	565 000	
742 000	2 000	
	1 000	
	500 000	
	57 300	
	50 000	
	20 000	
1 590 000	1 195 300	
1 594 700		

借	应收票据	贷
60 000		
60 000		

借	累计折旧	贷
	866 000	
	44 320	
	910 320	

借	预付账款	贷
26 000		
26 000		

借	其他应收款	贷
306 000		
306 000		

借	原材料	贷
200 000		
200 000	2 500	
300 000	53 400	
	32 000	
	7 800	
	6 000	
500 000	101 700	
598 300		

借	应收账款	贷
119 200		
119 200		

借	应付职工薪酬	贷
		80 000
500 000		1 200
		410 000
		64 000
		30 000
500 000		505 200
		85 200

借	固定资产	贷
5 800 000		
5 800 000		

借	短期借款	贷
		50 000
		50 000

借	应交税费	贷
		120 000
65 000		48 000
		42 000
		1 750
		750
		173 595
65 000		266 095
		321 095

借	应付票据	贷
		60 000
		60 000

借	其他应付款	贷
		20 000
		20 000

借	盈余公积	贷
		50 000
		142 078.5
		192 078.5

借	应付账款	贷
		36 000
		36 000

借	实收资本	贷
	5 000 000	
	5 000 000	

借	资本公积	贷
	100 000	
	100 000	

借	利润分配	贷
	467 200	
142 078.5	1 420 785	
142 078.5	142 078.5	
284 157	1 562 863.5	
	1 745 906.5	

借	本年利润	贷
	900 000	
805 620	1 500 000	
173 595		
1 420 785		
2 400 000	1 500 000	
	0	

借	主营业务成本	贷
48 000	260	
5 400	720 520	
2 000		
32 000		
7 800		
260		
1 000		
5 000		
1 000		
38 400		
5 760		
100 000		
60 000		
150 000		
20 000		
64 128		
16 032		
114 000		
50 000		
720 780	720 780	

借	税金及附加	贷
2 500	2 500	
2 500	2 500	

借	主营业务收入	贷
1 500 000	800 000	
	700 000	
1 500 000	1 500 000	

借	所得税费用	贷
173 595	173 595	
173 595	173 595	

借	管理费用	贷
57 300	57 300	
57 300	57 300	

借	销售费用	贷
4 300	25 300	
21 000		
25 300	25 300	

借	制造费用	贷
160		
80 000	80 160	
80 160	80 160	

图 10 - 4　10 月业务 T 型账

三、增值税纳税申报表填写

广西巴山物流公司 2019 年度 10 月份增值税纳税申报表填写如表 10 - 26 至表 10 - 30 所示。

表 10-26 增值税纳税申报表附列资料（一）

（本期销售情况明细）

税款所属时间：2019 年 10 月 1 日至 2019 年 10 月 31 日

纳税人名称：（公章）广西巴山物流公司

金额单位：元至角分

项目及栏次		开具增值税专用发票		开具其他发票		未开具发票		纳税检查调整		合计		价税合计	服务、不动产和无形资产扣除项目本期实际扣除金额	扣除后	
		销售额	销项（应纳）税额	销售额	销项（应纳）税额	销售额	销项（应纳）税额	销售额	销项（应纳）税额	销售额	销项（应纳）税额			含税（免税）销售额	销项（应纳）税额
		1	2	3	4	5	6	7	8	9=1+3+5+7	10=2+4+6+8	11=9+10	12	13=11-12	14=13÷(100%+税率或征收率)×税率或征收率
一、一般计税方法计税	全部征税项目														
	1 13%税率的货物及加工修理修配劳务	1 500 000	90 000	—	—	—	—	—	—	1 500 000	90 000	1 590 000	0	1 590 000	90 000
	2 13%税率的服务、不动产和无形资产	—	—	—	—	—	—	—	—						
	3 9%税率的货物及加工修理修配劳务	—	—	—	—	—	—	—	—						
	4 9%税率的服务、不动产和无形资产	—	—	—	—	—	—	—	—						
	5 6%税率	—	—	—	—	—	—	—	—						
其中：即征即退项目	6 即征即退货物及加工修理修配劳务	—	—	—	—	—	—	—	—						
	7 即征即退服务、不动产和无形资产	—	—	—	—	—	—	—	—						

续表

项目及栏次			开具增值税专用发票		开具其他发票		未开具发票		纳税检查调整		合计			服务、不动产和无形资产扣除项目本期实际扣除金额	扣除后	
			销售额	销项(应纳)税额	销售额	销项(应纳)税额	销售额	销项(应纳)税额	销售额	销项(应纳)税额	销售额	销项(应纳)税额	价税合计		含税(免税)销售额	销项(应纳)税额
			1	2	3	4	5	6	7	8	9=1+3+5+7	10=2+4+6+8	11=9+10	12	13=11-12	14=13÷(100%+税率或征收率)×税率或征收率
二、简易计税方法计税	全部征税项目	6%征收率 8														
		5%征收率的货物及加工修理修配劳务 9a														
		5%征收率的服务、不动产和无形资产 9b														
		4%征收率 10														
		3%征收率的货物及加工修理修配劳务 11														
		3%征收率的服务、不动产和无形资产 12														
		预征率% 13a														
		预征率% 13b														
		预征率% 13c														
	其中：即征即退项目	即征即退货物及加工修理修配劳务 14														
		即征即退服务、不动产和无形资产 15														

续表

项目及栏次		开具增值税专用发票		开具其他发票		未开具发票		纳税检查调整		合计			服务、不动产和无形资产扣除项目本期实际扣除金额	扣除后	
		销售额	销项(应纳)税额	销售额	销项(应纳)税额	销售额	销项(应纳)税额	销售额	销项(应纳)税额	销售额	销项(应纳)税额	价税合计		含税(免税)销售额	销项(应纳)税额
		1	2	3	4	5	6	7	8	9=1+3+5+7	10=2+4+6+8	11=9+10	12	13=11-12	14=13÷(100%+税率或征收率)×税率或征收率
三、免抵退税	货物及加工修理修配劳务	16	—	—	—	—	—	—	—	—	—	—	—	—	—
	服务、不动产和无形资产	17	—	—	—	—	—	—	—	—	—	—	—	—	—
四、免税	货物及加工修理修配劳务	18	—	—	—	—	—	—	—	—	—	—	—	—	—
	服务、不动产和无形资产	19	—	—	—	—	—	—	—	—	—	—	—	—	—

表10-27　增值税纳税申报表附列资料（二）
（本期进项税额明细）

税款所属时间：2019年10月1日至2019年10月31日

纳税人名称：（公章）广西巴山物流公司　　　　　　　　　　　　　　　金额单位：元至角分

一、申报抵扣的进项税额				
项目	栏次	份数	金额	税额
（一）认证相符的增值税专用发票	1=2+3	2	500 000	65 000
其中：本期认证相符且本期申报抵扣	2	2	500 000	65 000
前期认证相符且本期申报抵扣	3			
（二）其他扣税凭证	4=5+6+7+8a+8b			
其中：海关进口增值税专用缴款书	5			
农产品收购发票或者销售发票	6			
代扣代缴税收缴款凭证	7		—	
加计扣除农产品进项税额	8a		—	—
其他	8b			
（三）本期用于购建不动产的扣税凭证	9			
（四）本期用于抵扣的旅客运输服务扣税凭证	10			
（五）外贸企业进项税额抵扣证明	11		—	
当期申报抵扣进项税额合计	12=1+4+11		500 000	65 000

二、进项税额转出额		
项目	栏次	税额
本期进项税额转出额	13=14至23之和	
其中：免税项目用	14	
集体福利、个人消费	15	
非正常损失	16	
简易计税方法征税项目用	17	
免抵退税办法不得抵扣的进项额	18	
纳税检查调减进项税额	19	
红字专用发票信息表注明的进项额	20	
上期留抵税额抵减欠税	21	
上期留抵税额退税	22	
其他应作进项税额转出的情形	23	

续表

三、待抵扣进项税额				
项目	栏次	份数	金额	税额
（一）认证相符的增值税专用发票	24		—	
期初已认证相符但未申报抵扣	25			
本期认证相符且本期未申报抵扣	26			
期末已认证相符但未申报抵扣	27			
其中：按照税法规定不允许抵扣	28			
（二）其他扣税凭证	29＝30至33之和			
其中：海关进口增值税专用缴款书	30			
农产品收购发票或者销售发票	31			
代扣代缴税收缴款凭证	32		—	
其他	33			
	34			

四、其他				
项目	栏次	份数	金额	税额
本期认证相符的增值税专用发票	35	2	500 000	65 000
代扣代缴税额	36	—		—

表10－28　　　　　　增值税纳税申报表附列资料（三）
（服务、不动产和无形资产扣除项目明细）

税款所属时间：2019年10月1日至2019年10月31日

纳税人名称：（公章）广西巴山物流公司　　　　　　　　　　　　　金额单位：元至角分

项目及栏次		本期服务、不动产和无形资产价税合计额（免税销售额）	服务、不动产和无形资产扣除项目				
			期初余额	本期发生额	本期应扣除金额	本期实际扣除金额	期末余额
		1	2	3	4＝2＋3	5（5≤1且5≤4）	6＝4－5
13%税率的项目	1						
9%税率的项目	2						
6%税率的项目（不含金融商品转让）	3						
6%税率的金融商品转让项目	4						
5%征收率的项目	5						
3%征收率的项目	6						
免抵退税的项目	7						
免税的项目	8						

表 10－29　　　　　　　　　　增值税纳税申报表附列资料（四）
　　　　　　　　　　　　　　　　（税额抵减情况表）

税款所属时间 2019 年 10 月 1 日 2019 年 10 月 31 日

纳税人名称：（公章）广西巴山物流公司　　　　　　　　　　　　金额单位：元至角分

一、税额抵减情况

序号	抵减项目	期初余额	本期发生额	本期应抵减税额	本期实际抵减税额	期末余额
		1	2	3＝1＋2	4≤3	5＝3－4
1	增值税税控系统专用设备费及技术维护费					
2	分支机构预征缴纳税款					
3	建筑服务预征缴纳税款					
4	销售不动产预征缴纳税款					
5	出租不动产预征缴纳税款					

二、加计抵减情况

序号	加计抵减项目	期初余额	本期发生额	本期调减额	本期可抵减额	本期实际抵减额	期末余额
		1	2	3	4＝1＋2－3	5	6＝4－5
6	一般项目加计抵减额计算						
7	即征即退项目加计抵减额计算						
8	合计						

表 10－30　　　　　　　　　　　　增值税纳税申报表
　　　　　　　　　　　　　　　　　（一般纳税人适用）

根据国家税收法律法规及增值税相关规定制定本表。纳税人不论有无销售额，均应按税务机关核定的纳税期限填写本表，并向当地税务机关申报。

税款所属时间：自 2019 年 10 月 1 日至 2019 年 10 月 31 日　　填表日期：　　年　　月　　日

金额单位：元至角分

纳税人识别号				所属行业：		
纳税人名称	（公章）广西巴山物流公司	法定代表人姓名		注册地址		生产经营地址
开户银行及账号			登记注册类型		电话号码	

	项目	栏次	一般项目		即征即退项目	
			本月数	本年累计	本月数	本年累计
销售额	（一）按适用税率计税销售额	1	1 500 000			
	其中：应税货物销售额	2				
	应税劳务销售额	3	1 500 000			
	纳税检查调整的销售额	4				

续表

	项目	栏次	一般项目		即征即退项目	
			本月数	本年累计	本月数	本年累计
销售额	（二）按简易办法计税销售额	5				
	其中：纳税检查调整的销售额	6				
	（三）免、抵、退办法出口销售额	7			—	—
	（四）免税销售额	8			—	—
	其中：免税货物销售额	9			—	—
	免税劳务销售额	10			—	—
税款计算	销项税额	11	90 000			
	进项税额	12	65 000			
	上期留抵税额	13			—	—
	进项税额转出	14				
	免、抵、退应退税额	15			—	—
	按适用税率计算的纳税检查应补缴税额	16			—	—
	应抵扣税额合计	17 = 12 + 13 - 14 - 15 + 16	65 000		—	—
	实际抵扣税额	18（如17＜11，则为17，否则为11）	65 000			
	应纳税额	19 = 11 - 18	25 000			
	期末留抵税额	20 = 17 - 18			—	—
	简易计税办法计算的应纳税额	21				
	按简易计税办法计算的纳税检查应补缴税额	22			—	—
	应纳税额减征额	23				
	应纳税额合计	24 = 19 + 21 - 23	25 000			
税款缴纳	期初未缴税额（多缴为负数）	25				
	实收出口开具专用缴款书退税额	26			—	—
	本期已缴税额	27 = 28 + 29 + 30 + 31				
	①分次预缴税额	28			—	—
	②出口开具专用缴款书预缴税额	29			—	—

续表

项目		栏次	一般项目		即征即退项目	
			本月数	本年累计	本月数	本年累计
税款缴纳	③本期缴纳上期应纳税额	30				
	④本期缴纳欠缴税额	31				
	期末未缴税额（多缴为负数）	32 = 24 + 25 + 26 − 27	25 000			
	其中：欠缴税额（≥0）	33 = 25 + 26 − 27			—	—
	本期应补（退）税额	34 = 24 − 28 − 29				
	即征即退实际退税额	35	—	—		
	期初未缴查补税额	36			—	—
	本期入库查补税额	37			—	—
	期末未缴查补税额	38 = 16 + 22 + 36 − 37			—	—
授权声明	如果你已委托代理人申报，请填写下列资料：为代理一切税务事宜，现授权（地址）为本纳税人的代理申报人，任何与本申报表有关的往来文件，都可寄予此人。授权人签字：		申报人声明		本纳税申报表是根据国家税收法律法规及相关规定填报的，我确定它是真实的、可靠的、完整的。声明人签字：	

四、财务报表填写

广西巴山物流公司填制的试算平衡表、资产负债表和利润表如表10−31至表10−33所示。

表 10−31　　　　　　　　　　　试算平衡表

2019 年 10 月

会计科目	期初余额		本期发生额		期末余额	
	借方	贷方	借方	贷方	借方	贷方
库存现金	80 000		500 000	521 600	58 400	
银行存款	1 200 000		1 590 000	1 195 300	1 594 700	
应收票据	60 000				60 000	
应收账款	119 200				119 200	
预付账款	26 000				26 000	
其他应收款	306 000				306 000	

续表

会计科目	期初余额 借方	期初余额 贷方	本期发生额 借方	本期发生额 贷方	期末余额 借方	期末余额 贷方
原材料	200 000		500 000	101 700	598 300	
固定资产	5 800 000				5 800 000	
累计折旧		866 000		44 320		910 320
短期借款		50 000				50 000
应付票据		60 000				60 000
应付账款		36 000				36 000
预收账款		42 000				42 000
应交税费		120 000	65 000	266 095		321 095
应付职工薪酬		80 000	500 000	505 200		85 200
其他应付款		20 000				20 000
实收资本		5 000 000				5 000 000
资本公积		100 000				100 000
盈余公积		50 000		142 078.50		192 078.50
本年利润		900 000	2 400 000	1 500 000		0
利润分配		467 200	284 157	1 562 863.50		1 745 906.50
制造费用			80 160	80 160		
主营业务收入			1 500 000	1 500 000		
主营业务成本			720 780	720 780		
税金及附加			2 500	2 500		
管理费用			57 300	57 300		
销售费用			25 300	25 300		
所得税费用			173 595	173 595		
合计	7 791 200	7 791 200	8 398 792	8 398 792	8 562 600	8 562 600

表 10-32　　　　　　　　　　**资产负债表**

编制单位：广西巴山物流公司　　2019 年 10 月 31 日　　　　　　　　单位：元

资产	期末余额	年初余额	负债和所有者权益（或股东权益）	期末余额	年初余额
流动资产：			流动负债：		
货币资金	1 653 100	1 280 000	短期借款	50 000	50 000

续表

资产	期末余额	年初余额	负债和所有者权益（或股东权益）	期末余额	年初余额
交易性金融资产			交易性金融负债		
衍生金融资产			衍生金融负债		
应收票据	60 000	60 000	应付票据	60 000	60 000
应收账款	119 200	119 200	应付账款	36 000	36 000
预付款项	26 000	26 000	预收款项	42 000	42 000
其他应收款	306 000	306 000	应付职工薪酬	85 200	80 000
存货	598 300	200 000	应交税费	321 095	120 000
持有待售资产			其他应付款	20 000	20 000
一年内到期的非流动资产			持有待售负债		
其他流动资产			一年内到期的非流动负债		
流动资产合计	2 762 600	1 991 200	其他流动负债		
非流动资产：			流动负债合计	614 295	408 000
债权投资			非流动负债：		
其他债权投资			长期借款		
长期应收款			应付债券		
长期股权投资			其中：优先股		
投资性房地产			永续债		
固定资产	4 889 680	4 934 000	长期应付款		
在建工程			预计负债		
生产性生物资产			递延收益		
油气资产			递延所得税负债		
无形资产			其他非流动负债		
开发支出			非流动负债合计		
商誉			负债合计	614 295	408 000
长期待摊费用			所有者权益（或股东权益）：		
递延所得税资产			实收资本（或股本）	5 000 000	5 000 000

续表

资产	期末余额	年初余额	负债和所有者权益（或股东权益）	期末余额	年初余额
其他非流动资产			其他权益工具		
非流动资产合计	4 889 680	4 934 000	其中：优先股		
			永续债		
			资本公积	100 000	100 000
			减：库存股		
			其他综合收益		
			专项储备		
			盈余公积	192 078.50	50 000
			未分配利润	1 745 906.50	1 367 200
			所有者权益（或股东权益）合计	7 037 985	6 517 200
资产总计	7 652 280	6 925 200	负债和所有者权益（或股东权益）总计	7 652 280	6 925 200

表 10-33　　　　　　　　　　　利润表

编制单位：广西巴山物流公司　　　2019 年 10 月

会企 02 表
单位：元

项目	本期金额	上期金额
一、营业收入	1 500 000	
减：营业成本	720 520	
税金及附加	2 500	
销售费用	25 300	
管理费用	57 300	
研发费用		
财务费用		
其中：利息费用		
利息收入		
加：其他收益		
投资收益（损失以"-"号填列）		
其中：对联营企业和合营企业的投资收益		
公允价值变动收益（损失以"-"号填列）		

续表

项目	本期金额	上期金额
资产处置收益（损失以"－"号填列）		
二、营业利润（亏损以"－"号填列）	694 380	
加：营业外收入		
减：营业外支出		
三、利润总额（亏损以"－"号填列）	694 380	
减：所得税费用	173 595	
四、净利润（亏损总额以"－"号填列）	520 785	
（一）持续经营净利润（净亏损以"－"号填列）		
（二）终止经营净利润（净亏损以"－"号填列）		
五、其他综合收益的税后净额		
（一）不能重分类进损益的其他综合收益		
1. 重新计量设定受益计划变动额		
2. 权益法下不能转损益的其他综合收益		
……		
（二）将重分类进损益的其他综合收益		
1. 权益法下可转损益的其他综合收益		
2. 可供出售金融资产公允价值变动损益		
3. 持有至到期投资重分类为可供出售金融资产损益		
4. 现金流量套期损益的有效部分		
5. 外币财务报表折算差额		
……		
六、综合收益总额		
七、每股收益：		
（一）基本每股收益		
（二）稀释每股收益		

第五节 综合案例五

一、资料

广西耳顺福股份有限公司为增值税一般纳税人，公司采用权责发生制作为会计核算基础，对原材料、库存商品的收发均按实际成本计价。适用的税率：增值税税率为13%，消费税税率为5%，城建税税率为7%，教育费附加提取率为3%，所得税税率为25%。发出存货的计价方法采用全月一次加权平均法。从银行取得的临时借款的年利率为6%，利息按月计算提取。2019年11月末各账户余额如表10-34所示。

表10-34　　　　　　　　　总账账户期末余额表
2019年11月30日　　　　　　　　　单位：元

账户名称	借方	贷方
库存现金	7 200	
银行存款	1 882 000	
应收账款	1 920 000	
预付账款	1 250 000	
其他应收款	15 004	
原材料	2 816 400	
库存商品	1 125 000	
生产成本	465 000	
固定资产	9 101 800	
累计折旧		1 580 000
短期借款		800 000
应付账款		382 000
预收账款		420 000
应交税费		152 800
其他应付款		79 604
实收资本		10 000 000
资本公积		1 850 000
盈余公积		548 000
本年利润		1 420 000
利润分配		1 350 000
总计	18 582 404	18 582 404

广西耳顺福股份有限公司12月发生如下经济业务：

（1）12月1日，公司开出现金支票从开户银行基本户提取现金5 000元，以备零星开支用。

（2）12月2日，公司用银行存款100 000元预付给友谊工厂订购丙材料。

（3）12月3日，公司接受某投资人的投资500 000元，存入银行，已办妥各种手续。

（4）12月3日，签发并承兑商业汇票购入丁材料，取得增值税专用发票上注明价款350 000元，增值税进项税额45 500元。另外，公司用银行存款5 800元支付丁材料的运杂费。材料尚未到达。

（5）12月4日，上述丁材料验收入库，结转成本。

（6）12月4日，公司用银行存款购入下列材料：

甲材料　6 000千克　单价30元　价款计180 000元

乙材料　3 500千克　单价20元　价款计70 000元

增值税进项税额32 500元。材料尚未到达企业。

（7）12月5日，公司用银行存款7 200元预付明年报刊杂志费。

（8）公司的管理人员出差归来报销差旅费1 680元（原预借1 500元），余款补足现金。

（9）12月8日，公司从某商店购入一台需要安装的设备，其买价260 000元，增值税额33 800元，包装运杂费等4 800元。款项通过银行支付，设备投入安装。

（10）12月9日，公司用银行存款7 600元支付本月购入的甲、乙两种材料的外地运杂费，按材料的重量比例分配，材料验收入库，结转入库材料成本。

（11）12月10日，公司开出现金支票从银行提取现金568 000元直接发放工资。

（12）12月12日，公司向某客户销售一批产品，价款850 000元，增值税销项税额110 500元，另外，公司用银行存款代客户垫付运杂费6 500元。全部款项收到一张已承兑商业汇票。

（13）12月12日，公司本月购入的设备在安装过程中发生的安装费如下：消耗的原材料10 400元，应付本企业安装工人的工资48 000元，福利费6 720元，设备安装完工交付使用，结转工程成本。（假设工程领用的原材料不涉及增值税。）

（14）12月13日，公司的仓库发出原材料，用途如下：生产产品领用甲材料成本650 000元、乙材料成本380 000元，车间一般性耗用甲材料成本28 000元、乙材料成本36 000元，行政管理部门耗用乙材料成本14 000元。

（15）12月14日，公司用现金1 200元购买行政管理部门办公用品。

（16）12月16日，公司职工报销市内交通费600元，付给现金。

（17）12月17日，公司赊销一批产品，取得的增值税专用发票上注明的价款1 280 000元，增值税额166 400元，款项未收到，另外用银行存款5 000元替购买单位垫付运杂费。

（18）12月19日，公司月初预付款的丙材料到货，取得的增值税专用发票上注明材料价款600 000元，增值税进项税额78 000元，不足货款当即通过银行存款支付，材料验收入库。

（19）12月23日，公司合同规定预收某商店订购本公司产品的货款500 000元，存入银行。

（20）12月25日，公司接受某单位投资投入的一台设备，价值880 000元，设备直接投入使用。

（21）12月28日，公司收到银行通知，本月的水电费12 000元，其中，车间水电费8 200元，行政管理部门水电费3 800元。

（22）12月31日，公司提取本月固定资产折旧，其中，车间设备折旧额为24 500元，行政管理部门设备折旧额为12 000元。

（23）12月31日，公司分配本月职工工资，其中，生产工人工资260 000元，车间管理人员工资185 000元，行政管理人员工资75 000元。

（24）12月31日，公司本月发生的职工福利费为：生产工人福利费364 000元，车间管理人员福利费25 900元，行政管理人员福利费10 500元。

（25）12月31日，公司按规定税率计算本月的消费税、城建税和教育费附加。假设本公司的产品为应税消费品。假设公司以前月份增值税已全部抵扣完毕。

（26）12月31日，公司将本月发生的制造费用转入产品生产成本。

（27）12月31日，本月生产的完工产品为1 320 000元，验收入库。根据产品成本计算单结转其实际成本。

（28）12月31日，结转本月已销产品成本1 491 000元。

（29）计算本月应负担利息。

（30）12月31日，公司将本月各项收入转入"本年利润"。

（31）12月31日，公司将本月各项费用转入"本年利润"。

（32）12月31日，公司按25%的税率计算本月所得税并予以结转。

（33）12月31日，根据公司董事会决议，按全年净利润的10%提取盈余公积金。

（34）12月31日，根据公司董事会决议，给股东发放现金红利580 000元。

（35）12月31日，公司年末结转本年利润。

要求：

1. 根据以上业务编制相关的账务处理；

2. 结账（T字账结出各总账账户本月发生额和期末余额）；

3. 填写增值税纳税申报表；

4. 作出12月试算平衡表；

5. 编制12月份利润表（不要本年累计数）和12月31日资产负债表（不要年初数）。

二、相关账务处理

广西耳顺福股份有限公司相关账务处理如下：

(1) 12月1日，公司开出现金支票从开户银行基本户提取现金5 000元，以备零星开支用。

借：库存现金　　　　　　　　　　　　　　　　　　5 000
　　贷：银行存款　　　　　　　　　　　　　　　　　　5 000

(2) 12月2日，公司用银行存款100 000元预付给友谊工厂订购丙材料。

借：预付账款　　　　　　　　　　　　　　　　　　100 000
　　贷：银行存款　　　　　　　　　　　　　　　　　　100 000

(3) 12月3日，公司接受某投资人的投资500 000元，存入银行，已办妥各种手续。

借：银行存款　　　　　　　　　　　　　　　　　　500 000
　　贷：实收资本　　　　　　　　　　　　　　　　　　500 000

(4) 12月3日，签发并承兑商业汇票购入丁材料，发票上注明价款350 000元，增值税进项税额45 500元。另外，公司用银行存款5 800元支付丁材料的运杂费。材料尚未到达。

借：在途物资——丁材料　　　　（350 000+5 800）355 800
　　应交税费——应交增值税（进项税额）　　　　　　45 500
　　贷：应付票据　　　　　　　　　　　　　　　　　　395 500
　　　　银行存款　　　　　　　　　　　　　　　　　　5 800

(5) 12月4日，上述丁材科验收入库，结转成本。

借：原材料——丁材料　　　　　　　　　　　　　　355 800
　　贷：在途物资——丁材料　　　　　　　　　　　　　355 800

(6) 12月4日，公司用银行存款购入下列材料：

甲材料　6 000千克　单价30元　价款计180 000元
乙材料　3 500千克　单价20元　价款计70 000元
增值税进项税额32 500元。材料尚未到达企业。

借：在途物资——甲材料　　　　　　　　　　　　　180 000
　　在途物资——乙材料　　　　　　　　　　　　　　70 000
　　应交税费——应交增值税（进项税额）　　　　　　32 500
　　贷：银行存款　　　　　　　　　　　　　　　　　　282 500

(7) 12月5日，公司用银行存款7 200元预付明年报刊费。

借：预付账款——预付报刊费　　　　　　　　　　　7 200
　　贷：银行存款　　　　　　　　　　　　　　　　　　7 200

(8) 公司的管理人员出差归来报销差旅费 1 680 元（原预借 1 500 元），余额补足现金。

借：管理费用	1 680
贷：其他应收款	1 500
库存现金	180

(9) 12 月 8 日，公司从某商店购入一台需要安装的设备，其买价 260 000 元，增值税额 44 200 元，包装运杂费等 4 800 元。款项通过银行支付，设备投入安装。

借：在建工程 　　　　　　　　　　　（260 000 + 4 800）	264 800
应交税费——应交增值税（进项税额）	33 800
贷：银行存款	298 600

(10) 12 月 9 日，公司用银行存款 7 600 元支付本月购入的甲、乙两种材料的外地运杂费，按材料重量比例分配，材料验收入库，结转入库材料成本。

分配率 = 7 600 ÷ (6 000 + 3 500) = 0.8
乙材料应负担 = 3 500 × 0.8 = 2 800（元）
甲材料应负担 = 7 600 - 2 800 = 4 800（元）

借：在途物资——甲材料	4 800
——乙材料	2 800
贷：银行存款	7 600
借：原材料——甲材料	184 800
——乙材料	72 800
贷：在途物资——甲材料	184 800
——乙材料	72 800

(11) 12 月 10 日，公司开出现金支票从银行提取现金 568 000 元，直接发放工资。

借：库存现金	568 000
贷：银行存款	568 000
借：应付职工薪酬——工资	568 000
贷：库存现金	568 000

(12) 12 月 12 日，公司向某客户销售一批产品，价款 850 000 元，增值税销项税额 144 500 元，另外，公司用银行存款代客户垫付运杂费 6 500 元。全部款项收到一张已承兑商业汇票。

借：应收票据	967 000
贷：主营业务收入	850 000
应交税费——应交增值税（销项税额）	110 500
银行存款	6 500

(13) 12月12日，公司本月购入的设备在安装过程中发生的安装费如下：消耗的原材料10 400元，应付本企业安装工人的工资48 000元，福利费6 720元，设备安装完工交付使用，结转工程成本（假设工程领用的原材料不涉及增值税）。

借：在建工程　　　　　　　　　　　　　　　　　　　　65 120
　　贷：原材料　　　　　　　　　　　　　　　　　　　　10 400
　　　　应付职工薪酬——工资　　　　　　　　　　　　　48 000
　　　　　　　　　　——福利费　　　　　　　　　　　　 6 720
借：固定资产　　　　　　　　　　　（264 800＋65 120）329 920
　　贷：在建工程　　　　　　　　　　　　　　　　　　　329 920

(14) 12月13日，公司的仓库发出原材料，用途如下：生产产品领用甲材料成本650 000元、乙材料成本380 000元，车间一般性耗用甲材料成本28 000元、乙材料成本36 000元，行政管理部门耗用乙材料成本14 000元。

借：生产成本　　　　　　　　　　　　　　　　　　　1 030 000
　　制造费用　　　　　　　　　　　　　　　　　　　　 64 000
　　管理费用　　　　　　　　　　　　　　　　　　　　 14 000
　　贷：原材料——甲材料　　　　　　　　　　　　　　 678 000
　　　　原材料——乙材料　　　　　　　　　　　　　　 430 000

(15) 12月14日，公司用现金1 200元购买行政管理部门办公用品。

借：管理费用　　　　　　　　　　　　　　　　　　　　 1 200
　　贷：库存现金　　　　　　　　　　　　　　　　　　　1 200

(16) 12月16日，公司职工报销市内交通费600元，付给现金。

借：管理费用　　　　　　　　　　　　　　　　　　　　　 600
　　贷：库存现金　　　　　　　　　　　　　　　　　　　　 600

(17) 12月17日公司赊销一批产品，取得的增值税专用发票上注明的价款1 280 000元，增值税额166 400元，款现未收到，另外用银行存款5 000元替购买单位垫付运杂费。

借：应收账款　　　　　　　　　　　　　　　　　　　1 451 400
　　贷：主营业务收入　　　　　　　　　　　　　　　　1 280 000
　　　　应交税费——应交增值税（销项税额）　　　　　 166 400
　　　　银行存款　　　　　　　　　　　　　　　　　　　5 000

(18) 12月19日，公司月初预付款的丙材料到货，发票上注明材料价款600 000元，增值税进项税额78 000元，不足货款当即通过银行存款支付，材料验收入库。

借：原材料——丙材料　　　　　　　　　　　　　　　 600 000
　　应交税费——应交增值税（进项税额）　　　　　　　 78 000

贷：预付账款　　　　　　　　　　　　　　　　　　　　　　100 000
　　　银行存款　　　　　　　　　　　　　　　　　　　　　　578 000

（19）12月23日，公司按合同规定预收某商店订购本公司产品的货款500 000元，存入银行。

借：银行存款　　　　　　　　　　　　　　　　　　　　　　500 000
　　贷：预收账款　　　　　　　　　　　　　　　　　　　　　500 000

（20）12月25日，公司接受某单位投资投入的一台设备，价值880 000元设备直接投入使用

借：固定资产　　　　　　　　　　　　　　　　　　　　　　880 000
　　贷：实收资本　　　　　　　　　　　　　　　　　　　　　880 000

（21）12月28日，公司收到银行通知，本月的水电费12 000元，其中，车间水电费8 200元，行政管理部门水电费3 800元。

借：制造费用　　　　　　　　　　　　　　　　　　　　　　8 200
　　管理费用　　　　　　　　　　　　　　　　　　　　　　3 800
　　贷：银行存款　　　　　　　　　　　　　　　　　　　　　12 000

（22）12月31日，公司提取本月固定资产折旧，其中，车间设备折旧额为24 500元，管理部门设备折旧额为12 000元。

借：制造费用　　　　　　　　　　　　　　　　　　　　　　24 500
　　管理费用　　　　　　　　　　　　　　　　　　　　　　12 000
　　贷：累计折旧　　　　　　　　　　　　　　　　　　　　　36 500

（23）12月31日，公司分配本月职工工资，其中，生产工人工资260 000元，车间管理人员工资185 000元，行政管理人员工资75 000元。

借：生产成本　　　　　　　　　　　　　　　　　　　　　　260 000
　　制造费用　　　　　　　　　　　　　　　　　　　　　　185 000
　　管理费用　　　　　　　　　　　　　　　　　　　　　　75 000
　　贷：应付职工薪酬——工资　　　　　　　　　　　　　　　520 000

（24）12月31日，公司本月发生的职工福利费为：生产工人福利费36 400元，车间管理人员福利费25 900元，行政管理人员福利费10 500元。

借：生产成本　　　　　　　　　　　　　　　　　　　　　　36 400
　　制造费用　　　　　　　　　　　　　　　　　　　　　　25 900
　　管理费用　　　　　　　　　　　　　　　　　　　　　　10 500
　　贷：应付职工薪酬——福利费　　　　　　　　　　　　　　72 800

（25）12月31日，公司按规定税率计算本月的消费税、城建税和教育费附加。

本月增值税销项税额＝110 500＋166 400＝276 900（元）

本月增值税进项税额 = 45 500 + 32 500 + 33 800 + 78 000 = 189 800（元）
本月应交增值税 = 276 900 - 189 800 = 87 100（元）
本月主营业务收入 = 850 000 + 1 280 000 = 2 130 000（元）
本月应交消费税 = 收入 × 税率 = 2 130 00 × 5% = 106 500（元）
本月应交城建税 = (增值税 + 消费税) × 税率 = (87 100 + 106 500) × 7% = 13 552（元）
本月应交教育费附加 = (增值税 + 消费税) × 征收率 = (87 100 + 106 500) × 3% = 5 808（元）

借：税金及附加　　　　　　　　　　　　　　　　125 860
　　贷：应交税费——应交消费税　　　　　　　　　106 500
　　　　　　　　——应交城建税　　　　　　　　　 13 552
　　　　　　　　——应交教育费附加　　　　　　　 5 808

(26) 12 月 31 日，将本月发生的制造费用转入产品生产成本。
本月制造费用 = 64 000 + 8 200 + 24 500 + 185 000 + 25 900 = 307 600（元）

借：生产成本　　　　　　　　　　　　　　　　　307 600
　　贷：制造费用　　　　　　　　　　　　　　　307 600

(27) 12 月 31 日，本月生产的完工产品为 1 320 000 元，验收入库。根据产品成本计算单结转其实际成本。

借：库存商品　　　　　　　　　　　　　　　　1 320 000
　　贷：生产成本　　　　　　　　　　　　　　1 320 000

(28) 12 月 31 日，结转本月已销产品成本 1 491 000 元。

借：主营业务成本　　　　　　　　　　　　　　1 491 000
　　贷：库存商品　　　　　　　　　　　　　　1 491 000

(29) 计算本月应负担利息。
本月利息 = 本金 × 利率 × 期限 = 800 000 × 6% × 1/12 = 4 000（元）

借：财务费用　　　　　　　　　　　　　　　　　4 000
　　贷：应付利息　　　　　　　　　　　　　　　4 000

(30) 12 月 31 日，公司将本月各项收入转入"本年利润"。

借：主营业务收入　　　　　　　　　　　　　　2 130 000
　　贷：本年利润　　　　　　　　　　　　　　2 130 000

(31) 12 月 31 日，公司将本月各项费用转入"本年利润"。

借：本年利润　　　　　　　　　　　　　　　　1 739 640
　　贷：主营业务成本　　　　　　　　　　　　1 491 000
　　　　税金及附加　　　　　　　　　　　　　 125 860
　　　　管理费用　　　　　　　　　　　　　　 118 780

| | 财务费用 | 4 000 |

(32) 12 月 31 日，公司按 25% 的税率计算本月所得税并予以结转。

本月利润总额 = 2 130 000 - 1 739 640 = 390 360（元）

本月所得税费用 = 利润总额 × 税率 = 390 360 × 25% = 97 590（元）

借：所得税费用　　　　　　　　　　　　　　　　97 590
　　贷：应交税费——应交所得税　　　　　　　　　　　　97 590
借：本年利润　　　　　　　　　　　　　　　　　97 590
　　贷：所得税费用　　　　　　　　　　　　　　　　　　97 590

(33) 12 月 31 日，根据公司董事会决议，按全年净利润的 10% 提取盈余公积金。

全年净利润 = 1 420 000 + 2 130 000 - 1 739 640 - 97 590 = 1 712 770（元）

提取盈余公积金 = 1 712 770 × 0.1 = 171 277（元）

借：利润分配——提取法定盈余公积　　　　　　171 277
　　贷：盈余公积——法定盈余公积　　　　　　　　　　171 277

(34) 12 月 31 日，公司董事会决议，给股东发放现金红利 580 000 元。

借：利润分配——应付股利　　　　　　　　　　580 000
　　贷：应付股利　　　　　　　　　　　　　　　　　　580 000

(35) 12 月 31 日，公司年末结转本年利润。

借：本年利润　　　　　　　　　　　　　　　1 712 770
　　贷：利润分配——未分配利润　　　　　　　　　　1 712 770

同时，将"利润分配"科目所属其他明细科目的余额转入本科目"未分配利润"明细科目。结转后，本科目除"未分配利润"明细科目外，其他明细科目应无余额。

借：利润分配——未分配利润　　　　　　　　　751 277
　　贷：利润分配——提取法定盈余公积　　　　　　　171 277
　　　　利润分配——应付股利　　　　　　　　　　　580 000

该公司 2019 年度 12 月份 T 字账如图 10-5 所示。

借	库存现金	贷	借	应收票据	贷
7 200			967 000		
5 000	180		967 000		
568 000	568 000				
	1 200				
	600				
573 000	569 980				
10 220					

借	银行存款		贷
	1 882 000		
	500 000	5 000	
	500 000	100 000	
		5 800	
		282 500	
		7 200	
		298 600	
		7 600	
		568 000	
		6 500	
		5 000	
		578 000	
		12 000	
	1 000 000	1 876 200	
	1 005 800		

借	应收账款		贷
	1 920 000		
	1 451 400		
	1 451 400		
	3 371 400		

借	预付账款		贷
	1 250 000		
	100 000	100 000	
	7 200		
	107 200	100 000	
	1 257 200		

借	原材料		贷
	2 816 400		
	355 800	10 400	
	184 800	678 000	
	72 800	430 000	
	600 000		
	1 213 400	1 118 400	
	2 911 400		

借	其他应收款		贷
	15 004		
		1 500	
		1 500	
	13 504		

借	库存商品		贷
	1 125 000		
	1 320 000	1 491 000	
	1 320 000	1 491 000	
	954 000		

借	累计折旧		贷
		1 580 000	
		36 500	
		36 500	
		1 616 500	

借	固定资产	贷
9 101 800		
329 920		
880 000		
1 209 920		
10 311 720		

借	在途物资	贷
355 800		
180 000	355 800
70 000	184 800
4 800	72 800
2 800	
613 400	613 400
0	

借	在建工程	贷
264 800	329 920
65 120	
329 920	329 920
0	

借	短期借款	贷
	800 000
	800 000

借	其他应付款	贷
	79 604
	79 604

借	预收账款	贷
	420 000
	500 000
	920 000

借	应付股利	贷
	580 000
	580 000

借	应付票据	贷
	395 500
	395 500

借	应付账款	贷
	382 000
	382 000

借	应付利息	贷
	4 000
	4 000

借	应交税费		贷
		152 800	
	45 500	110 500	
(6)	32 500	166 400	
(9)	33 800	106 500	
(18)	78 000		
		13 552	
		5 808	
		97 590	
	189 800	500 350	
		463 350	

借	应付职工薪酬		贷
	568 000	48 000	
		6 720	
		520 000	
		72 800	
	568 000	647 520	
		79 520	

借	盈余公积		贷
		548 000	
		171 277	
		171 277	
		719 277	

借	资本公积		贷
		1 850 000	
		1 850 000	

借	本年利润		贷
		1 420 000	
	1 739 640	2 130 000	
	97 590		
	1 712 770		
	3 550 000	2 130 000	
		0	

借	实收资本		贷
		10 000 000	
		500 000	
		880 000	
		1 380 000	
		11 380 000	

借	利润分配		贷
		1 350 000	
	171 277	1 712 770	
	580 000	580 000	
	751 277	171 277	
	1 502 554	2 464 047	
		2 311 493	

借	生产成本		贷
	465 000		
	1 030 000	1 320 000	
	260 000		
	36 400		
	307 600		
	1 634 000	1 320 000	
	779 000		

借	制造费用	贷		借	主营业务成本	贷
64 000		307 600		1 491 000		1 491 000
8 200						
24 500				1 491 000		1 491 000
185 000						
25 900						
307 600		307 600				
	0					

借	主营业务收入	贷		借	管理费用	贷
2 130 000		850 000		1 680		118 780
		1 280 000		14 000		
2 130 000		2 130 000		1 200		
				600		
				3 800		
				12 000		
				75 000		
				10 500		

借	税金及附加	贷
125 860		125 860
125 860		125 860

				118 780		118 780

借	财务费用	贷		借	所得税费用	贷
4 000		4 000		97 590		97 590
4 000		4 000		97 590		97 590

图 10－5

三、增值税纳税申报书填写

广西耳顺福股份有限公司 2019 年度 12 月份增值税纳税申报表填写如表 10－35 至表 10－39 所示。

表 10-35

增值税纳税申报表附列资料（一）
（本期销售情况明细）

纳税人名称：（公章）广西耳顺福股份有限公司
税款所属时间：2019年12月1日至2019年12月31日

金额单位：元至角分

项目及栏次		开具增值税专用发票		开具其他发票		未开具发票		纳税检查调整		合计			服务、不动产和无形资产扣除项目本期实际扣除金额	扣除后	
		销售额	销项（应纳）税额	销售额	销项（应纳）税额	销售额	销项（应纳）税额	销售额	销项（应纳）税额	销售额	销项（应纳）税额	价税合计		含税（免税）销售额	销项（应纳）税额
		1	2	3	4	5	6	7	8	9=1+3+5+7	10=2+4+6+8	11=9+10	12	13=11-12	14=13÷(100%+税率或征收率)×税率或征收率
一、一般计税方法计税	全部征税项目	1 13%税率的货物及加工修理修配劳务	2 130 000	276 900	—	—	—	—	—	—	2 130 000	276 900	—	—	—	—
		2 13%税率的服务、不动产和无形资产														
		3 9%税率的货物及加工修理修配劳务														
		4 9%税率的服务、不动产和无形资产														
		5 6%税率														
	其中：即征即退项目	6 即征即退货物及加工修理修配劳务	—	—	—	—	—	—	—	—	—	—	—	—	—	—
		7 即征即退服务、不动产和无形资产	—	—	—	—	—	—	—	—	—	—	—	—	—	—

续表

项目及栏次			开具增值税专用发票		开具其他发票		未开具发票		纳税检查调整		合计			服务、不动产和无形资产扣除项目本期实际扣除金额	扣除后	
			销售额	销项(应纳)税额	销售额	销项(应纳)税额	销售额	销项(应纳)税额	销售额	销项(应纳)税额	销售额	销项(应纳)税额	价税合计		含税(免税)销售额	销项(应纳)税额
二、简易计税方法计税	全部征税项目	6%征收率	8	1	2	3	4	5	6	7	8	9=1+3+5+7	10=2+4+6+8	11=9+10	12	13=11-12	14=13÷(100%+税率或征收率)×税率或征收率
		5%征收率的货物及加工修理修配劳务	9a	—	—	—	—	—	—	—	—	—	—	—	—	—	—
		5%征收率的服务、不动产和无形资产	9b	—	—	—	—	—	—	—	—	—	—	—	—	—	—
		4%征收率	10	—	—	—	—	—	—	—	—	—	—	—	—	—	—
		3%征收率的货物及加工修理修配劳务	11	—	—	—	—	—	—	—	—	—	—	—	—	—	—
		3%征收率的服务、不动产和无形资产	12	—	—	—	—	—	—	—	—	—	—	—	—	—	—
		预征率%	13a	—	—	—	—	—	—	—	—	—	—	—	—	—	—
		预征率%	13b	—	—	—	—	—	—	—	—	—	—	—	—	—	—
		预征率%	13c	—	—	—	—	—	—	—	—	—	—	—	—	—	—
	其中:即征即退项目	即征即退货物及加工修理修配劳务	14	—	—	—	—	—	—	—	—	—	—	—	—	—	—
		即征即退服务、不动产和无形资产	15	—	—	—	—	—	—	—	—	—	—	—	—	—	—

续表

项目及栏次		开具增值税专用发票		开具其他发票		未开具发票		纳税检查调整		合计			服务、不动产和无形资产扣除项目本期实际扣除金额	扣除后	
		销售额	销项(应纳)税额	销售额	销项(应纳)税额	销售额	销项(应纳)税额	销售额	销项(应纳)税额	销售额	销项(应纳)税额	价税合计		含税(免税)销售额	销项(应纳)税额
		1	2	3	4	5	6	7	8	9=1+3+5+7	10=2+4+6+8	11=9+10	12	13=11−12	14=13÷(100%+税率或征收率)×税率或征收率
三、免抵退税	货物及加工修理修配劳务	16														
	服务、不动产和无形资产	17	—	—	—	—	—	—	—	—	—	—	—	—	—
四、免税	货物及加工修理修配劳务	18	—	—	—	—	—	—	—	—	—	—	—	—	—
	服务、不动产和无形资产	19	—	—	—	—	—	—	—	—	—	—	—	—	—

表 10－36　　　　　　　　　增值税纳税申报表附列资料（二）
（本期进项税额明细）

税款所属时间：2019 年 12 月 1 日至 2019 年 12 月 31 日

纳税人名称：（公章）广西耳顺福股份有限公司　　　　　　　　金额单位：元至角分

一、申报抵扣的进项税额

项目	栏次	份数	金额	税额
（一）认证相符的增值税专用发票	1＝2＋3	2	1 460 000	189 800
其中：本期认证相符且本期申报抵扣	2	2	1 460 000	189 800
前期认证相符且本期申报抵扣	3			
（二）其他扣税凭证	4＝5＋6＋7＋8a＋8b			
其中：海关进口增值税专用缴款书	5			
农产品收购发票或者销售发票	6			
代扣代缴税收缴款凭证	7		—	
加计扣除农产品进项税额	8a		—	—
其他	8b			
（三）本期用于购建不动产的扣税凭证	9			
（四）本期用于抵扣的旅客运输服务扣税凭证	10			
（五）外贸企业进项税额抵扣证明	11		—	
当期申报抵扣进项税额合计	12＝1＋4＋11		1 460 000	189 800

二、进项税额转出额

项目	栏次	税额		
本期进项税额转出额	13＝14 至 23 之和			
其中：免税项目用	14			
集体福利、个人消费	15			
非正常损失	16			
简易计税方法征税项目用	17			
免抵退税办法不得抵扣的进项税额	18			
纳税检查调减进项税额	19			
红字专用发票信息表注明的进项税额	20			
上期留抵税额抵减欠税	21			
上期留抵税额退税	22			
其他应作进项税额转出的情形	23			

续表

三、待抵扣进项税额				
项目	栏次	份数	金额	税额
（一）认证相符的增值税专用发票	24	—	—	—
期初已认证相符但未申报抵扣	25			
本期认证相符且本期未申报抵扣	26			
期末已认证相符但未申报抵扣	27			
其中：按照税法规定不允许抵扣	28			
（二）其他扣税凭证	29 = 30 至 33 之和			
其中：海关进口增值税专用缴款书	30			
农产品收购发票或者销售发票	31			
代扣代缴税收缴款凭证	32		—	
其他	33			
	34			
四、其他				
项目	栏次	份数	金额	税额
本期认证相符的增值税专用发票	35	2	1 460 000	189 800
代扣代缴税额	36	—	—	

表 10 – 37 增值税纳税申报表附列资料（三）

（服务、不动产和无形资产扣除项目明细）

税款所属时间：2019 年 12 月 1 日至 2019 年 12 月 31 日

纳税人名称：（公章）广西耳顺福股份有限公司　　　　　　　　　　　　　　　金额单位：元至角分

项目及栏次		本期服务、不动产和无形资产价税合计额（免税销售额）	服务、不动产和无形资产扣除项目				
			期初余额	本期发生额	本期应扣除金额	本期实际扣除金额	期末余额
		1	2	3	4 = 2 + 3	5（5≤1 且 5≤4）	6 = 4 – 5
13% 税率的项目	1						
9% 税率的项目	2						
6% 税率的项目（不含金融商品转让）	3						
6% 税率的金融商品转让项目	4						
5% 征收率的项目	5						
3% 征收率的项目	6						
免抵退税的项目	7						
免税的项目	8						

表 10-38　　　　　　　　**增值税纳税申报表附列资料（四）**
（税额抵减情况表）

税款所属时间：2019 年 12 月 1 日至 2019 年 12 月 31 日

纳税人名称：（公章）广西耳顺福股份有限公司　　　　　　　　金额单位：元至角分

一、税额抵减情况

序号	抵减项目	期初余额	本期发生额	本期应抵减税额	本期实际抵减税额	期末余额
		1	2	3=1+2	4≤3	5=3-4
1	增值税税控系统专用设备费及技术维护费					
2	分支机构预征缴纳税款					
3	建筑服务预征缴纳税款					
4	销售不动产预征缴纳税款					
5	出租不动产预征缴纳税款					

二、加计抵减情况

序号	加计抵减项目	期初余额	本期发生额	本期调减额	本期可抵减额	本期实际抵减额	期末余额
		1	2	3	4=1+2-3	5	6=4-5
6	一般项目加计抵减额计算						
7	即征即退项目加计抵减额计算						
8	合计						

表 10-39　　　　　　　　　　**增值税纳税申报表**
（一般纳税人适用）

根据国家税收法律法规及增值税相关规定制定本表。纳税人不论有无销售额，均应按税务机关核定的纳税期限填写本表，并向当地税务机关申报。

税款所属时间：自 2019 年 12 月 1 日至 2019 年 12 月 31 日　填表日期：　年　月　日

金额单位：元至角分

纳税人识别号				所属行业			
纳税人名称	（公章）广西耳顺福股份有限公司		法定代表人姓名		注册地址		生产经营地址
开户银行及账号			登记注册类型		电话号码		

项目		栏次	一般项目		即征即退项目	
			本月数	本年累计	本月数	本年累计
销售额	（一）按适用税率计税销售额	1	2 130 000			
	其中：应税货物销售额	2	2 130 000			
	应税劳务销售额	3				

续表

项目		栏次	一般项目		即征即退项目	
			本月数	本年累计	本月数	本年累计
销售额	纳税检查调整的销售额	4				
	（二）按简易办法计税销售额	5				
	其中：纳税检查调整的销售额	6				
	（三）免、抵、退办法出口销售额	7			—	—
	（四）免税销售额	8			—	—
	其中：免税货物销售额	9			—	—
	免税劳务销售额	10			—	—
税款计算	销项税额	11	276 900			
	进项税额	12	189 800			
	上期留抵税额	13				—
	进项税额转出	14				
	免、抵、退应退税额	15				
	按适用税率计算的纳税检查应补缴税额	16				
	应抵扣税额合计	17 = 12 + 13 - 14 - 15 + 16	189 800	—		—
	实际抵扣税额	18（如17＜11，则为17，否则为11）	189 800			
	应纳税额	19 = 11 - 18	87 100			
	期末留抵税额	20 = 17 - 18				—
	简易计税办法计算的应纳税额	21				
	按简易计税办法计算的纳税检查应补缴税额	22			—	—
	应纳税额减征额	23				
	应纳税额合计	24 = 19 + 21 - 23	87 100			
税款缴纳	期初未缴税额（多缴为负数）	25				
	实收出口开具专用缴款书退税额	26			—	—
	本期已缴税额	27 = 28 + 29 + 30 + 31				
	①分次预缴税额	28			—	—

续表

项目		栏次	一般项目		即征即退项目	
			本月数	本年累计	本月数	本年累计
税款缴纳	②出口开具专用缴款书预缴税额	29		—		—
	③本期缴纳上期应纳税额	30				
	④本期缴纳欠缴税额	31				
	期末未缴税额（多缴为负数）	32 = 24 + 25 + 26 − 27	87 100			
	其中：欠缴税额（≥0）	33 = 25 + 26 − 27				
	本期应补（退）税额	34 = 24 − 28 − 29				
	即征即退实际退税额	35	—	—		
	期初未缴查补税额	36			—	—
	本期入库查补税额	37			—	—
	期末未缴查补税额	38 = 16 + 22 + 36 − 37			—	—
授权声明	如果你已委托代理人申报，请填写下列资料：为代理一切税务事宜，现授权（地址）为本纳税人的代理申报人，任何与本申报表有关的往来文件，都可寄予此人。授权人签字：		申报人声明		本纳税申报表是根据国家税收法律法规及相关规定填报的，我确定它是真实的、可靠的、完整的。声明人签字：	

四、财务报表填写

广西耳顺福股份有限公司填制的试算平衡表、资产负债表和利润表如表 10 − 40 至表 10 − 42 所示。

表 10 − 40 试算平衡表
2019 年 12 月 单位：元

会计科目	期初余额		本期发生额		期末余额	
	借方	贷方	借方	贷方	借方	贷方
库存现金	7 200		573 000	569 980	10 220	
银行存款	1 882 000		1 000 000	1 876 200	1 005 800	
应收票据			967 000		967 000	
应收账款	1 920 000		1 451 400		3 371 400	
预付账款	1 250 000		107 200	100 000	1 257 200	
其他应收款	15 004			1 500	13 504	

续表

会计科目	期初余额 借方	期初余额 贷方	本期发生额 借方	本期发生额 贷方	期末余额 借方	期末余额 贷方
在途物资			613 400	613 400	0	
原材料	2 816 400		1 213 400	1 118 400	2 911 400	
库存商品	1 125 000		1 320 000	1 491 000	954 000	
固定资产	9 101 800		1 209 920		10 311 720	
累计折旧		1 580 000		36 500		1 616 500
在建工程			329 920	329 920		0
生产成本	465 000		1 634 000	1 320 000	779 000	
短期借款		800 000				800 000
应付票据				395 500		395 500
应付账款		382 000				382 000
预收账款		420 000		500 000		920 000
应付利息				4 000		4 000
应交税费		152 800	189 800	500 350		463 350
应付职工薪酬			568 000	647 520		79 520
应付股利				580 000		580 000
其他应付款		79 604				79 604
实收资本		10 000 000		1 380 000		11 380 000
资本公积		1 850 000				1 850 000
盈余公积		548 000		171 277		719 277
本年利润		1 420 000	3 550 000	2 130 000		0
利润分配		1 350 000	1 502 554	2 464 047		2 311 493
制造费用			307 600	307 600		
主营业务收入			2 130 000	2 130 000		
主营业务成本			1 491 000	1 491 000		
税金及附加			125 860	125 860		
管理费用			118 780	118 780		
财务费用			4 000	4 000		
所得税费用			97 590	97 590		
合计	18 582 404	18 582 404	20 504 424	20 504 424	21 581 244	21 581 244

表 10–41　　　　　　　　　　　　　资产负债表

编制单位：广西耳顺福股份有限公司　　2019年12月31日　　　　　　　　　　　　　会企01表
　　单位：元

资产	期末余额	年初余额	负债和所有者权益（或股东权益）	期末余额	年初余额
流动资产：			流动负债：		
货币资金	1 016 020	1 889 200	短期借款	800 000	800 000
交易性金融资产			交易性金融负债		
衍生金融资产			衍生金融负债		
应收票据	967 000		应付票据	395 500	
应收账款	3 371 400	1 920 000	应付账款	382 000	382 000
预付款项	1 257 200	1 250 000	预收款项	920 000	420 000
其他应收款	13 504	15 004	应付职工薪酬	79 520	
存货	4 644 400	4 406 400	应交税费	463 350	152 800
持有待售资产			其他应付款	663 604	79 604
一年内到期的非流动资产			持有待售负债		
其他流动资产			一年内到期的非流动负债		
流动资产合计	11 269 524	9 480 604	其他流动负债		
非流动资产：			流动负债合计	3 703 304	1 834 404
债权投资			非流动负债：		
其他债权投资			长期借款		
长期应收款			应付债券		
长期股权投资			其中：优先股		
投资性房地产			永续债		
固定资产	8 695 220	7 521 800	长期应付款		
在建工程			预计负债		
生产性生物资产			递延收益		
油气资产			递延所得税负债		
无形资产			其他非流动负债		
开发支出			非流动负债合计		
商誉			负债合计	3 703 304	1 834 404

续表

资产	期末余额	年初余额	负债和所有者权益（或股东权益）	期末余额	年初余额
长期待摊费用			所有者权益（或股东权益）：		
递延所得税资产			实收资本（或股本）	11 380 000	10 000 000
其他非流动资产			其他权益工具		
非流动资产合计	8 695 220	7 521 800	其中：优先股		
			永续债		
			资本公积	1 850 000	1 850 000
			减：库存股		
			其他综合收益		
			专项储备		
			盈余公积	719 277	548 000
			未分配利润	2 311 493	2 770 000
			所有者权益（或股东权益）合计	16 260 770	15 168 000
资产总计	19 964 744	17 002 404	负债和所有者权益（或股东权益）总计	19 964 744	17 002 404

表 10－42　　　　　　　　　　　　利润表

编制单位：广西耳顺福股份有限公司　　　2019 年 12 月

会企 02 表
单位：元

项目	本期金额	上期金额
一、营业收入	2 130 000	
减：营业成本	1 491 000	
税金及附加	125 860	
销售费用		
管理费用	118 780	
研发费用		
财务费用	4 000	
其中：利息费用	4 000	
利息收入		

续表

项目	本期金额	上期金额
加：其他收益		
投资收益（损失以"-"号填列）		
其中：对联营企业和合营企业的投资收益		
公允价值变动收益（损失以"-"号填列）		
资产处置收益（损失以"-"号填列）		
二、营业利润（亏损以"-"号填列）	390 360	
加：营业外收入		
减：营业外支出		
三、利润总额（亏损以"-"号填列）	390 360	
减：所得税费用	97 590	
四、净利润（亏损总额以"-"号填列）	292 770	
（一）持续经营净利润（净亏损以"-"号填列）		
（二）终止经营净利润（净亏损以"-"号填列）		
五、其他综合收益的税后净额		
（一）不能重分类进损益的其他综合收益		
1. 重新计量设定受益计划变动额		
2. 权益法下不能转损益的其他综合收益		
……		
（二）将重分类进损益的其他综合收益		
1. 权益法下可转损益的其他综合收益		
2. 可供出售金融资产公允价值变动损益		
3. 持有至到期投资重分类为可供出售金融资产损益		
4. 现金流量套期损益的有效部分		
5. 外币财务报表折算差额		
……		
六、综合收益总额		
七、每股收益：		
（一）基本每股收益		
（二）稀释每股收益